佐藤健二著

柳田国男の歴史社会学

続・読書空間の近代

せりか書房

柳田国男の歴史社会学

続・読書空間の近代◉目次

プロローグ　再び「柳田国男の老い」をめぐって

この本もなぜか、もういちど柳田国男の晩年を話題にするところからはじまる。

＊

『読書空間の近代』という本を出して、二ヵ月も経たないころだったと思う。現代風俗研究会の例会の報告で、この書物のプロローグを話題にした。緊張した話し手（私のことである）と、その場に集まった聞き手とのあいだに、やがて場ちがいの違和感がひろがっていく。

現代風俗研究会の井上章一氏の要請に応じて、私自身が用意した「柳田国男の老い」という発表は、研究会がかかげた（どことなくわかったようでわからない）「異文化老人の探検」というテーマと、微妙にしかし決定的なところですれちがっていた。私にとって、柳田国男の老いた日の証言がもっていた意味は、極言すればただこの思想家がつくりあげてきた「方法」に注目するための糸口にすぎなかった。柳田国男という個人にとって「老い」がいかなる経験としてあったのかという問題や、「異文化」として意味づけられるような「老人」の風俗は、ほぼまったくといっ

てよいほど主題化されていなかったからである。(1)

(1) もちろん、その当然ありうべきすれちがいに私も気づいていなかったわけではない。にもかかわらず、そのとき「老人」を自称していた多田道太郎さんから「羊頭狗肉」と褒められる（?）題名のうしろに隠して、二ヵ月前にできたばかりの書物の一節を書いた素材のまま発表してみたかった、自分だけの理由があった。

あれは法然院の現風研の会であった。正確な日時は忘れてしまったが一九八一年の初冬だったと思う。私は尊敬する「鶴見俊輔」という思想家の前に坐っていた。「敗戦の社会史的解明：柳田国男に関連して」という、当時の私には精一杯の小論を手わたして、すこし昂奮していた。鶴見さんは、その場でパラパラとめくって読んでくれた。そのときもらったコメントは、かつての転向共同研究を踏まえたものだったような気がするが、じつはあまりよく覚えていない。なによりも記憶にきざみこまれたのは、その表情である。大きく目を開いて質問し、私自身のたぶんにあがりきった回答は、聞くのが苦痛ともいわんばかりの苦い表情でむかえられた。うまく話せなかったと思った。

そして七年ほどが経ち、かつて緊張にふるえながら差しだした論文は、新しい書物の一章にまで成長していた。「柳田国男の老い」という素材も、そうした成長のなかから生まれてきた。それゆえにこそ、現風研での発表とは、私ひとりのこだわりのなかでふさわしい場所であった。別にうまく自分の関心をあらわすことができなかった出会いのリターンマッチを意識していたわけではない。長老衆への尊敬はそのままに、私の柳田国男の解釈がどんなふうにコメントされるか、ばくぜんと楽しみにしていただけである。とりわけ『読書空間の近代』に三ヵ所にわたり引用させてもらった桑原武夫さんの柳田国男経験は、私の解読の構築において決定的なヒントになっていた。この解釈の当否をふくめて直接に確かめられる機会となることをひそかに期待していたのだが、桑原さんは一九八八年一月のその会にはおられなかった。四月になって、突然の訃報に接した。その機会を永遠に失ってしまったことが悔しかった。

発表は、『読書空間の近代』の冒頭のエピソードの紹介と解釈とからはじまった。

せっかくだから、要点だけくりかえしておこう。「草餅の記」〔中野重治 一九六八：二〕と題された中野重治の小さな文章には、同じ話をくりかえすようになった老人としてのふるまいが描かれている。君はタカボコ村の生まれだったね、という出身地の問いのくりかえしにであい、中野はどんなふうにふるまってよいのかわからないほどの悲しみにおそわれる。

晩年の柳田国男には、今日でいう「ボケ」、老人性の認知症の症候があらわれていた。先ほど訊いた同じことをくりかえしたずねる。そうした事態は、柳田の思想や研究を論ずるなかではそれまでほとんど取りあげられてこなかった。当時にしても、この思想家の周囲にいた研究者たちにとっては、信じられないほどの大きな衝撃であったにちがいない。偉大さを尊敬すればするほど、そんな老残を語るべきでないとする黙契にしたがい、親しさを信じれば信じるほど、病んだありさまを筆にすることに対する禁圧はつよかったのだろう。

私は残念なことに、柳田の謦咳に直接に触れえた世代ではなかった。ただ残された書物の文字の解読をつうじてしか、その人物の世界に知りえない時代に研究者となった。人格的な接触によくも悪くもしばられない目で、多くの人びとの回想記を読みなおしてみると、尊敬にあつく塗りこめられた文章のかたすみにではあるが、老いた日の柳田国男が見える。
たとえば、次のようなさまざまな証言である。

▼たいへん記憶力のよい方なのに、昨年あたりから、私がいま話したことをくりかえしてお聞きになるのがしばしばなので、さすがに年をおとりになったとは思ったが、これが御不幸の近づく前ぶれであったとは気がつかなかった。一見御壮健なのに、大樹の根は枯れはじめていたのである。〔白石凡 一九六二：六五〕

▼先生は、私が一時間もいなかったくらいの間に、このこと〔坪田の出身地である岡山に自分も若い時行き、一夏を過ごしたこと〕を三度もお話しになり、先生のお歳のほどが感じられました。先生がいかにも子供らしくなられたという感じでもあり、また、今言ったことをすぐお忘れになるようにも受け取られました。〔坪田譲治 一九六二：九〇〕

▼三木〔茂〕君は戦後もよく御宅を訪ねたらしいが、どうも最近は私に同じことをたずねられるといった。三十分前の話をくりかえしたりして、どうも衰弱が感じられると残念がった。柳田さんのような澄明な頭の持ち主が、と意外だった。〔津村秀夫 一九六三：一三二〕

▼先生のお顔は一見以前の通りで、先着の加能民俗学会の長岡博男氏らと歓談なされていた。しかし、お話の中で同じことを二度くりかえされるのが、にわかに不安になった。（中略）考えてみると、このひと時が、わたしの予感した通り、先生にお目にかかる最後となってし

まい、それから三ヵ月して先生は忽然この世を去られた。〔桂井和雄 一九六三：一五〇〕

▼最後に柳田のおじさんにお会いしたのは、逝くなられる一ヵ月くらい前のことだった。おばさんから前もって注意があったのだが、あれほどの記憶のよい人が、話の間に同じことを幾度もききかえされるのが悲しかった。〔飯島小平 一九六三：一七九〕

▼柳田先生にお会いした最後は、なくなられる一年半ぐらい前だったように思う。（中略）そのとき、柳田先生は「『言語生活』はまだやっているのかね」と尋ねられた。（中略）これを聞いて私は少しも動揺しなかったが、少々さびしかった。その数ヵ月前、岩淵悦太郎氏が訪ねられたときも、「『言語生活』はやめてしまったのか」という御下問で、驚いた岩淵部長が研究所に引き返して担当者を詰問されたことがある。うっかり送り忘れていたのではないかという疑いである。しかし、担当者は、柳田国男自筆の受取証を見せることができて、事態の認識は一変した。〔柴田武 一九八四：六三〕

▼最後にお目にかかったのは、昨（一九六一）年十月、吉野源三郎さんと一緒にお宅にお邪魔したときである。そのとき先生にはどこか疲労が見えたが、私に生国をきかれたのには驚いた。一時間半ほどいるうちに、その問いを三遍もくりかえされるに及んで、この強靱無比な頭脳も衰えは免れえぬのかと悲しかった。〔桑原武夫 一九八〇：三六二〕

話がもどりまわるのは、むしろ一般的な症状だろう。けれども、それが以前の記憶力のすさまじさとの対比において、なによりも印象として強調されて描写された。症状は事実であったのだと思う。しかしながら、ここに書かれたコンテクストのままであれば、異様だがしかたのない老いのすがたへのショックという以上のなにものでもない。

そのようにしか読まれないなら、見聞を書かなかった人びとをささえていた個人的心情、すなわち「死者に鞭うつようなことをすべきではない……」という忌避にも一理ある。

*

であればこそ、問いかけは記されたそこからなにを読みとるのかに移っていく。そこへの注目に、柳田個人の晩年の気の毒に還元されない、どんな意味があるというのか。あえてとりあげる側の問題設定と読解とに、するどくつきつけられる。

私がそこに読みこんだのは、方法のあらわれである。

多くの人びとが証言しているボケ症状としての「くりかえし」を、柳田の学問の記憶構築の「方法」性にむすびつける。それは私の立場の選択の決断であり、意味のえがきだしであった。

詳細はもともとの論考を読んでもらえばよいので、あまり細かくは論じない。しかし中野重治のばあいも、それから桑原武夫の経験でも、またさらにここで引用した坪田譲治のばあいも、くりかえし尋ねられたのが「出身地」であったことには固有の意味があると、私は主張した。出身地がくりかえしの重要な要素となったのは偶然ではなく、また地名という固有名詞が忘れられやすいという以上の理由があった。

その問いかけこそが、柳田国男の方法であったからだ。

会ったすべての人ひとりひとりに出身地を聞き、覚え、確かめながら、その人の研究にかかわる情報や、地域・テーマにかかわる情報を出し入れする。出身地を話題にするというなかに、彼の学問の方法上の慣習がひそんでいたのである。すなわち、出身地＝地名は、研究者という主体と、民俗という対象とを、分類して蓄積する、いわば生きた「カード・ボックス」であった。

柴田武の観察にある『言語生活』という「雑誌」へのこだわりも、彼の独自の研究人生のなかで身体化していった方法と無縁ではない。雑誌は、運動としての民俗学を象徴し、そのネットワークを維持する広場だったからである。

『郷土研究』をはじめとするたくさんの雑誌の主宰は、読者としての研究者を組織してゆく実践であっただけではない。この思想家にとって、雑誌はまた全国に散らばる同志に、発表と問答の場を設定するテクノロジーでもあった。[2] たとえば『民間伝承』誌の劈頭に「小さな問題の登録」という文章をかかげている。今日でいえばメールの共有やブログへの投稿にも似た「はがき」通信の理想をかかげたのも、そのひとつ。であればこそ、読者のネットワークを維持する雑誌は取りくむべき問題のファイリング・システムに近く、その継続は知識の共通の場をつくりだす実践を意味していた。

（2）たとえば、昭和三六年（一九六一）一〇月号に載ったというから、死去の一年ほど前の、ちょうど柴田や岩淵の体験と相前後する時期であろう。柳田は「豊かな国語のために」という談話を『言語生活』に残している。そのなかで、この雑誌自体について触れ、つぎのように述べている。「創刊号で、私は研究所の若い人たちと「日本語をどうするか」ということで話し合ったことを記憶しているが、あれから、もう十年が経っているとは、まったく驚くほかない。言葉の雑誌が十年もつづいたという例は、この雑誌を除いては、ほかにはないのではあるまいか。それだけでも大した功績といわねばなるまい。これは、創刊の意図が正しく、国語につよい関心を寄せる国民が実際に多数あったこと、さらにその数を増加させたことを物語るものである。編集発行にたずさわってきた人々の信念・情熱と忍耐とを思うとき、私はその人たちの背中を撫でてやりたい気持ちに駆られる」［柳田国男　一九六一　全集33：五四〇］。この同情は、自らの若き日の雑誌の編集発行に対する愛惜と自恃とに発するものであろうけれど、このような雑誌への思いと「『言語生活』はやめてしまったのか」という淋しい問いとが、時間的には同時に現象していたことをどう考えるべきであろうか。あるいは、新しくつぎつぎと加わる毎月の論文を、その細部の具体性において追う力は柳田もすでになかったのかもしれない。しかし、雑誌という形式には、可能性を信じ興味をつないでいたのではないか。これはじつは『郷土研究』という雑誌をめぐっての、南方熊楠との応酬の根にあった問題でもある。

くりかえされた問いかけは、その最初の入力だったのである。「カード・ボックス・システム」でもあり、「記憶蓄積システム」でもあり、「問題（テーマ）のファイリング・システム」でもある、知識と人の蓄積を動かすための手つづき、データ通信のプロトコルだったのではないか。つまり、彼の学問の本体ともいうべき頭の中のシステムを立ちあげ、固有のプログラムを走らせる。そのための操作を、柳田国男はその老いのなかでくりかえしていたのだ、というのが私の独創に属する解読であった。

この老いを、「方法への回帰」と呼んだのは、そのためである。

＊

もちろん、そんなふうに「方法」を読みこむのは、極端な強調かもしれない。人間としての老いの「病理」というなら、その全体をとらえなければならない、そうした立場からすれば、あきらかに強引に見える。あまりに恣意的に「意味」を読みこみ、症候の一部分だけを拡大した解釈であるかのように映るかもしれない。

だが当時の私には、この選択をささえる思想のような、二つの小さなこだわりがあった。

ひとつは、老いによるボケという事態を、脳細胞の破壊の偶然性において了解して、終わりにしてしまうことがやりきれなかった。そしてただただ、その不運を書かれたままに悲しむ立場を取りたくなかった。その点で、老いとはたしかに思想の単純化であるが、その単純化の方向はその人の生きかたがどこかで選びとるものであるとする見方［鶴見俊輔 一九八〇：二四］に、もうひとつの救いを感じていたのかもしれない。

この思想家の解釈においても、できるならその可能性を探ってみたかったのである。

老いという状況は、その思想家がもっともこだわったもののありかを、拡大鏡で見せてくれている。たとえば折口信夫の弟子のひとりは、折口が死の床の朦朧のなかで、柳田国男に対する「詫

びごと」をどれほどくりかえし、対談でとりあげる予定であった話題の切れはしを口ばしってい
たか、を回想している。

「それが「先生すみません……快くなりましたなら……」というとぎれとぎれのことばになって出るのだった。（中略）やっとの思いで寝台車でおつれした慶應病院の病室を、もはやどこかのホテルと幻覚されるほどの先生だったが、柳田先生との対談でテーマにする予定だったらしいようなことをすら、しきりに、断続しいしいながら口ばしっておいでなのである。それがはっきり柳田先生に対しての申し立て――しかもあたかも目の前にしていられるようなということがわかるだけに、私どもひそかに暗涙にむせばずにはいられなかった。折口先生は危篤の迫るが迫るまで、柳田先生を〝意識〟していられたのである。」［伊馬春部一九六二：五六］

もちろん危篤の無意識状態は、ボケ状態とは異なる。しかしこのエピソードは、折口の人生をつらぬいていたこだわりのなにものかのひとつを、ひどく象徴的な形で暗示している。

＊

もうひとつ、たぶんこちらのほうがつよい動機なのだが、柳田を論ずるものたちのなかにしのびよる「実体への回帰」ともいうべき立場を批判したかった。

ここでいう回帰とは、そのひとの思想がけっきょくのところで頼っていくなにものかをめぐる問いである。その意味では「依存」といっても、問題意識はあまりずれないだろう。探究する自己が拠りどころとすべきは、実体として価値をもつなにかなのか、それとも身について使いこなされている方法としてのなにかなのか。私はもともとの論考において、晩年に曲玉を魂の形だと信じたという思想家のうわさを取りあげて、伝統を実体化してそこに帰ってしまうような言説の類型を登場させた。それは「方法への回帰」と対比される態度を暗示するものであった。

回帰の問題は救済でもあって、柳田を研究することに限られた課題ではない。研究するという行為は、プロテスタンティズムにおける救済とおなじように、ある意味で根源的な不安に呪われている。なんの役に立つのか、どのように解決するのか、という性急なしかし正当なる詰問に、多くのばあい明確な形では答えられない。そうした知識の途上の蓄積状態のまま、自らがなにをなしうるかを問い、また人からもその効用が問われる。そうした緊張や不安に対し、価値を外在化し実体化してひとまず解決し、安心しようとする誘惑はつねに存在している。かつての「人民」や「革命」の概念同様、「常民」や「伝統」や「日本」といった表象もまた、究極において意味を保証するものとして設定されていく。実体の設定である。

じっさい、こうしたいくつかの基本概念は、実体的な価値の源泉として言及され、無意識なまま説明の文体に組みこまれることが多い。「柳田国男」自体（あるいはその批判者）を、そうした価値実体としての「伝統」や「民俗」や「固有信仰」（あるいは「比較」や「非常民」）の発見者としてかかげようとする、心情的ナロードニキや民俗学思想家も少なくない。彼らは、たとえば「常民」という実体に回帰し依存することで安心を得ようとする。

だがそうしたいくえもの想像の枠組みの共有にもとづく実体化は、想像という実践それ自体をささえる方法に対して、あまりに無意識である。そのために、まことにあやうい。けっきょくはそれぞれの方法への理解においてのみ開かれる知識の共通の場を、既存の仲間うちの言説にかこいこみ、探究者の言語をして、ただ同じ信仰をもつものばかりの隠語空間にしてしまう。閉じられた知識人の集団のなかで、教祖化という事態が起こる。

しばしば批判される柳田国男の教祖化も、その反転像としての植民地主義者としての批判も、そのようにして生みだされた実体化、すなわち「実体への回帰」の副作用ではなかったか。

研究会の質疑応答で、老いる過程と、権威的にモノをいうようになってゆく過程との相関という問題が井上章一さんから出されたのを思い出す。実体への回帰とは、一面において、みずからの思想表現選択がもってしまう権威に対して、自己検証することなき精神のありさまを生みだしてしまうのである。

であればこそ、柳田の老いが暗示している「方法への回帰」を、そうした「実体への回帰」からの解放として構成したかったのである。

＊

もういちど現代風俗研究会が要請した「老い」そのものの主題にかえって、柳田国男にそって論じた「方法への回帰」が、この思想家自身の八〇歳をはるかに越えて使われた身体にとって解放として機能していたのか、と問えば、残念ながら否と言わざるをえない。問いから運動しはじめる知識すらささえつくせないという点において、私の読みこんだ「方法」は、すでに柳田国男自身にとって、方法ではなくなっていた。発表において構築してきたコンテクストからいえば、そう考えざるをえないであろう。

議論の「すれちがい」も、ここにあるのかもしれない。

「柳田国男の老い」に現れた方法への回帰を、探究する主体の知識の解放につながるひとつの選択であると説き納得してもらったところで、そこに描写された「老い」がかかえる機能不全は癒されないだろう。それに対する救いの模索はすこしばかり課題が重すぎるが、そこにおける老人の境地も論じられていない。

正直なところ、私が当時（そしていまも）持ちあわせている知恵で「老い」の救済を論じられるとは思わない。救済があるにせよ、はっきりと把握されておらず、それを論ずるためのデータや実感の採集が、どんなふうに可能なのかについてすら、力およぶとは思えなかった。だから、自分をささえるすべての方法が折れつくしたとき、なおそこに成立するタイプをも視野にいれてゆくことが必要でしょうという鶴見俊輔さんの会場でのコメントは重かった。いまは、どんなふうに受け止めてよいのか、もういちど考えてみたいとしか答えようがない。(3)

（3）鶴見俊輔さんは、しかし私の読みこみを正面からもっとも深く受けとめ、評価してくれた。しかも他人へのコメントとして言い放って終えるのではなく、自らの課題として受けとめる思想家としての誠実さには感動する。あれはもうずいぶん前になる。モノにはならなかった企画だが、ある出版社と一緒に、かつての「限界芸術論」を素材としたインタビューに訪ねたときのこと、終わり際に「君が来るというからと……」と話を転じて、伝えてあった主題とは別に「ボケ」をどう考えるか、用意したメモをもとに話してくれた。「柳田国男の老い」のエピソードについても、『埴谷雄高』に収めた「晩年の埴谷雄高：観念の培養地」という文章に「中野重治よりはるかに若く、柳田と私的つきあいのなかった社会学者佐藤健二は、同じ逸話にちがう角度から近づく」と〈方法〉への注目を解説し、「昔読んだゴードン・オルポートの研究は、老人の思想への接近方法を私に示唆した。その後、佐藤健二から、ぼけを入口とする研究の可能性に眼をひらかれた」［鶴見俊輔 二〇〇五：二〇〇―二］と書いてくれている。

ただひとつ、見聞記のなかに、こんな一節を見つけたことをつけ加えておきたい。

死去の年の五月一〇日、友達を連れて訪ねてきた佐多稲子に、柳田は「この頃私は、同じことを何度も言うらしいのですよ」［佐多稲子 一九六二：五四］と話しかけ、突然の客人の訪問をくりかえしめずらしがったという。柳田国男自身もまた、くりかえすという形での自らのボケを、半分は意識していたのである。自らをささえる方法が半分以上も折れてしまっていることを、どこかで自覚していたようにも聞こえる。

その感覚は、なおかすかな救いへとつながる手がかりかもしれない。

＊

すこし柳田国男の現実としての老いから離れ、この思想家が自らの老いをふくめて人間の老いをどのように感じ、どう論じていたのかをたどってみよう。老いつつある自らの身体と、この思想家がどのように向かいあおうとしたのかが論じられるかもしれない。じゅうぶんな論述の用意はないが、できるなら「柳田国男における老い」として期待されたであろう、異文化理解としてのもうひとつの展開について、かんたんなノートを残しておきたい。

正面からの分析は不可能である。私が素材としたような証言の「断片」ではない、晩年の正確な見聞記や観察記録がないからである。素材の限界は「この頃私は、同じことを何度も言うらしいのですよ」という発言を、それ以上深めてゆけないことに端的にあらわれている。別な迂回路の構築が必要であろう。

そのとき可能なただひとつの道として、この思想家の書いたもののなかで「老い」にどんな意味をこめて論じられているのかを探るというアプローチが浮かびあがる。

もちろん、すでにして予想される困難がある。

第1には、文体上の障害である。

たとえば、これも研究会の席上で出た質問のひとつだが、柳田国男に「老い」を論じたまとまった著作があるのだろうか。「無い」と断定しても、それほどの批判は受けない。「老い」そのものをテーマ化した書物名をあげることはできないからである。

にもかかわらず、こうした種類の質問にまた、「論じていない」「そんな視点はなかった」と自信をもって否定できないところに、柳田の文体の多面体的な特質がからんでいる。じつに細かな一節に、大きな思考の断片が隠されていると感じた経験も、一度や二度ではなかった。その意味において、柳田国男の文体は、彼自身にとってなお巨大な「貼りまぜ屏風」［鶴見俊輔 一九八七：一〇六―一一二］であると思う。だから、もしその解読の志を立てるものがあれば、明確なテーマ設定のもとで、あの旺盛な文筆活動をあらためて読みぬき選りわける作業が必要であろう。


第2に、定本柳田国男集の「索引」がもつ問題点である。

定本索引は柳田の膨大なテクスト空間をさぐろうとするときに利用できる、現時点ではほぼ唯一のツールである。もし柳田が生産した書物群を、そのままにたどるのが不可能に近いなら、けっきょくは、定本の索引をたよりにさがし読み、捜索の範囲をひろげてゆく以外、間にあわせの方法はない。そのばあい、索引の力能がかならずしも充分でないのは、すこしばかり心ぼそい。

それは、鶴見和子が「意味論的索引」の必要から指摘した「単語分類法」の限界［鶴見和子 一九七七：六二―六三］という、高度な要求以前の問題である。むしろ「単語分類法」にもとづく索引として、充分とはいえないことこそが問題になる。当時の作成手法の限界から無理もないこととはいえ、その項目の本文中の用例をすべて機械的にひろいつくしていない。しかもその抽出があまりにも民俗学的な問題意識を前提としているために、「記憶」「解放」「拘束」などといった普通名詞的な概念の捜索は、あまり重視されていない。「老いる」というごくごく普通の動詞もまた同様である。

この総索引編成が弟子たちの献身的な努力の産物であり、テクスト探索のための共通の遺産であることは認めつつも、個別のテーマをかかげて利用したときの不十分を手がかりに、まだまだその方法を改善する余地がある。その改善は、電子テクストになれば「自動的に」解決してしまうようなものではない。しかし、その議論に深入りするのは別な機会にしよう。いずれにせよそうした改善が、索引そのものを豊かにしてゆくような研究の蓄積法を、今後の柳田国男研究は構想すべきところにさしかかっている。

*

とにかくに、柳田自身は「老い」をどのようにとらえていたのか。不十分ながらもやってみなければなにもはじまらない。

『定本柳田国男集　別巻5』の総索引を開いてみよう。

「老い」という項目はないが、「老人」は二ヵ所からひろわれ、連語として「老人の言葉」「老人の智恵」「老人の夜咄」「老人語」「老人国」という項目があげられている。「老人」が二ヵ所にしかないということ自体、この索引の本文把握力の水準を疑わせるが、そのことはここでは問題にしない。これ以外に、関連する単語として、あるていど非固有名詞的な意味でひろわれているものに、「老翁」「老嫗」「老樹」「老女」「老鼠」「老婆」「老婆石」「老木」などがある。「老衰語」という、なかなかに想像力をかきたてる項目もくわえておこう。

しかし大部分が、一ヵ所しか参照の指示がない。単語別の検討は数量が不十分なこともあってむずかしい。そこで、この「老」を共有する用語群の全体を混ぜあわせ、はば広く関連づけながら考えてみることにしよう。

＊

第1に、「老婆石」というすこし奇妙な用語が目をひく。

一般に「老い」が人間だけの現象ではなく、木やねずみやことばにまで拡げられているが、石にまでおよぶ視野に、この思想家のことばから学ぶべき広さがあると感じる。

柳田が興味をもったのが、老いた人が石になるという民間に流布していた表象だったことはおもしろい。大正時代に書かれた「老女化石譚」〔柳田国男 一九一六〕というやや中国風の題名の論文や、その七年後の「比丘尼石の話」〔柳田国男 一九二三〕などが、比較的まとめてあつかっている。

ただ、この論文も細かく論理をおってゆくと、「老い」はむしろ本質的な説明要素ではないことがわかる。山の結界思想のほうが強調され、巫女の信仰の問題がテーマであったらしい。その意味では、ひとがなぜ老いて石になり、そこにとどまるのか。その観念連合の根拠は、むしろ解説されないままにのこされているとすらいえる。

一方に、「老樹」や奇岩が夢幻の機会に乗じて、やってきて話しかけるという経験譚があるのを見ると、この石という表象も、われわれの物質的で無機質的な理解を超える、なんらかのメタファーでありうる。

＊

第2に、実在か幻想かの境は微妙ながら、山に住む老人の存在もまた、柳田の用法のなかで一つの塊を構成している。

ときに白髪の長く、また身のたけの一丈に高く、そしておそろしく、あるいは無限の富をもたらす山姥・山爺のたぐいである。索引はあまり熱心にひろっていないが、『山の人生』のなかに出てくる「老人」やら「老女」やらの語の多くは、この山の奥ふかくに生きる異人的な存在を指ししめしている。

ただし、ここでも「老い」そのものは、正面からとらえられているわけではない。

幻想であるかどうかは重要な問題ではないにせよ、山姥たちの存在感の特質を、すぐにその時代の人びとの「老い」の観念にむすびつけるのはむずかしい。逆にウバという尊称から、それを老人としてイメージする間接的な意味増殖が起こった部分も少なくないからである。

ことさらに了解をいそぐあまり、ただただ山を異界と解し、そこに生きるなにものかを異人としつつ、里人の生から老病死の異端を語るのでは、「異文化」の探究というテーマにとってすら、不毛なトートロジーに過ぎないだろう。この要素から「老い」のテーマを結晶化させるためには、

「山」が人間にとってもつ内在的な意味がさぐられなければならない。ここでも周到な解読の計画が必要になる。

＊

第3に、「老人の智恵」という用法の、いうならば比較的穏当なる用い方がある。経験をもち知恵に豊かであることが評価されている。

これも、ほうぼうの土地で語られている昔話を素材としている。あらすじを話すまでもないとは思うが、話はこう展開する。

年寄りは役に立たないからみな棄ててしまえと命じた国があって、ひとりの孝行者はどうしても親を見棄てることができず、そむいてかくし、ひそかに食いものを運んでやしなっていた。そうこうするうちに、敵の国から智恵だめしの難問をつきつけられる。王はこまって広く、その難題を解く智恵をもとめた。難問の内容はそれぞれの語りで異なるが、「七曲がりの玉に糸を通す」（アリの腰に糸をむすび蜜で誘って通り抜けさせる）とか、馬の親子・棒の本末・蛇の雌雄を見分ける、象の重さの計りかた、灰で縄をなう方法、あるいは「打たぬ太鼓の鳴る太鼓」（中にたくさんのハチを入れて解決）など、インドの『雑宝蔵経』起源そのままのものや日本の『神道集』で工夫されたものが混じっている。ポイントは、その方法をかくまっていた老人が教えてくれたという点にあり、結末は王もまた老人は賢いものと認め、めでたしめでたし、となる。

柳田国男の感覚からすると、この話には大きな構成のどこかに打算がかくされている。老人の知識に学べば褒美すらもらえる、だから大事にする、棄てるのは損だといわんばかりの構成は「考えてみると誠にいやな話」［「親棄山」一九四五 全集14：四八三］(4)にも聞こえる。だが聞き手の興味はそんな構成より、むしろ謎解きの工夫のおもしろさにあったと述べている。子ども相手に昔ばなしの折りかさなった地層を説く論文だからだろうか、この解読の結末は家族のきずなに向かっていく。すなわち、山に棄てられてゆく老女に感情移入する母の語りのなかの「孝行」の心情を摘出するところにたどりついている。

（4）「親棄山」の論述は、勘定づくの親孝行とも解しかねない部分を外来の接ぎ穂としてとらえ、その台木となったもうひとつ古い孝行譚を説きだすという方向に向かってゆく。台木となった古い形の観念とは、家の不和から山に送られたが、老人が常日頃心がけのよい人だったために、山の神の恵みを受けて不思議な幸運を得たという素朴な構成のものらしい。

老人を知識の保有者ととらえ、現行の知識とは異なる蓄積においてうやまい学ぼうとする。その姿勢は、この民間学者が一方において堅持しつづけたものでもある。「老人の言葉」を若き「標準語」に対比して、土台とすべき過去の経験の集積ととらえるのも、その延長である。「老媼」という語は、たとえば次のような文章にあらわれる。

「村に淋しく冬の夜を語る人々にいたっては、その点［科学的にありえぬとの決めつけによって説話を語らず、消滅させてゆく傾向］において、やや自由であった。彼らはたくさんな自分の歴史を持たぬ。そうして昨日の向こう岸を、茫洋たる昔々の世界につなぎ、必ずしも分類せられざるいろいろの不思議を、そのなかに放して置いて眺めた。いったん不用になって老媼の親切なるものなどが、孫どもの寝つかぬ晩のために貯えていた話も、時としては成人教育の教材に供せられる場合があった」〔「ダイダラ坊の足跡」一九二七 全集7：五八六〕

ただこのような「老い」の境地が、すでに変質しつつある「故老」という概念同様、現代において牧歌的か、観念的にしか受け取られないこともまた事実であろう。

＊

そうした老人それ自体の変質を、柳田自身がじゅうぶん警戒していた。そこから第4の「老い」のとらえかたともいうべき、方法論をつよく意識した「老人」批判がうかびあがる。

索引のひとつは、次のような文章にゆきつく。

「また老人などは、話好きでも物忘れが常の事であります。事情に疎い外部の者が、誇張と不精確とを見出す機会もなく、長談義に耳を傾けるのは、時として有害であります」〔「村を観んとする人の為に」一九一八a 全集3：一五三―四〕

聞かずともよい老人の昔がたりもあるという採集調査論上の批判は、一方で柳田の保守主義の時間軸の長さをものがたっている。

『郷土誌論』におさめられた「相州内郷村の話」でも、大正時代の村の故老はすなわち明治初年の若い衆にすぎない、文明開化と称して無形のチョン髷からどうにかして脱皮しようとしていた時代に育っており、その時代効果を見落としてはならぬ［一九一八b 全集3：一四四］と警告する。ある時代の惰性でしかない「老人」を批判する筆鋒の鋭さは、これまでもなんどとなく引用された『木綿以前の事』の一節、日本近代の一部の「老人のしきりに愛惜する昔風は、いわば彼ら自身の当世風」［「昔風と当世風」一九二八 全集9：四五六］にすぎないという認識と呼応する。また、長い戦国時代が終わってこれから新しい文化を建設しようというころ「老人の夜咄」が流行ったが、そこでは前代を賛美するような物語はかえって少なかったという。すなわち、特定の時代の効果にすぎぬ村老の尚古趣味的な感想をしりぞける用例は多い。

索引にひろわれた「老人語」「老人国」という用例も、この延長上にあるといってよいだろう。「老人語」は、偏執と惰性とをその一部にふくむいわば権威語、もったいをつけた用語という意味をこめて使われている。「日本は有名な老人国、髭でもなければ言うことを聴いてくれぬ国」［「当面の国際語問題」一九二五 全集26：四七七］という批判に明らかなように、ともに「老い」のなかに隠れひそむ権威に焦点をあてた新語(5)である。

（5）もちろん、この権威を逆手にとって「教育勅語」批判の話までを人に聴かせてしまう、老人と自称すること多かったこの思想家の政治には、あるいは鶴見俊輔さんのいうような「コントロールされた愚かさ」をとらえるべき側面があるかもしれない。

「老人＝年取った若い衆」という、そのまま聞けばたんにうがった見方とも受けとられかねない主張への注目が、真贋をためされざるをえないのは、問題を暦や時計の抽象的な量では測れない、つぎのフェーズへと発展させてゆくときである。

＊

つまり、身体が古びてゆく一〇〇年前後の過程を、そのまま「老い」と認めないなら、「老い」はどんなプロセスを意味するといえるのか。人類史へと拡がってゆくこの思想家の時間解読の視角のなかで、「老いる」という過程は、これまでと異なるどんな新しい要素をもちはじめるのか。これは、われわれの解読につきつけられるべき問いである。

いま提示できるのは、まだひかえめな予断の可能性にすぎない。

柳田国男が故老とともに子どもを方法上とりわけ重視したことは、重要な手がかりである。自らの身体感覚にもっとも近いところからはじまる、第5の素材が注目されるのも、その意味においてである。

柳田国男は、自分の「独り言」現象に気づき、そこから「老い」を感じるが、その意味をだれもが経験する「幼年期」の普遍性と重ねてゆく。

『独り言』という問題では、私は多少経験している。年をとると意志の抑制が弱くなって、ことに一人でいる時間の多い自分などは、おりおり相手なしに物を言って、はっと思うことがあるが、若いうちはそういう癖はなかったように記憶する。他人の独語も、まれには耳にせぬこともないが、これを発するのは概して異常状態で、したがってこれには感動詞と省略句ばかりが多い。独語を根本的な談話、または基礎的な形態と言われるのは、人から揚足を取られそうな懸念がある。これは言葉の分類のしかたが悪いからではなかろうかと思う。触れ言葉というのは、盲人の点字のことと思われるが、そんなものを入れる代わりに（三）考えことばというものがあげたかった。独語は要するにその考えことばの落ちこぼれ、または切れっぱしだからである。子どもの考えことばがどう成育しているかを、探り知るべき一つの兆候に過ぎぬからである。」［「話せない人を作る教育」一九四〇 全集18：四二六］(6)

注目すべき点は、三つある。

一つ目はすでに述べた、年とった自らの「独り言」現象に自分でもおどろきつつ、しかしそれを子どもの独り言と共通の基盤のうえにのせていること。二つ目は、意志の抑制のすきまからあふれる、いわば身体的といっていいような側面で独り言をとらえ、ひとりでいることの多い自分の時間のすごしかたとも結びつけていること。三つ目はこの思想家の国語論の内奥深くに発する論理でもあるのだが、「独り言」を考えことばの切れっぱしととらえ、人間にとって「ことば」

がもつ力の普遍性に関連づける立論をしていること、である。

（6）この論考のコンテクストに関しては、やや解説が必要であろう。昭和一五（一九四〇）年、柳田六六歳のときのもので、話しことば教育の推進者であった国語教育学者の輿水実の問題提起の論文を受けた「誌上シンポジウム」の発言として書かれた。とつぜんに「（三）考えことば」などという表記が出てくるのも、それゆえである。もともとの問題提起を含めた「話し方教育の動向と対策」と題した誌上シンポジウムは、雑誌『コトバ』の昭和一五年三月号に掲載されている。

もちろん、こうした柳田の思考から自らの「老い」をほんとうには認めようとしなかった、負けずぎらいの明治人を感じることも可能である。「老衰語」という用語を忘れられつつある考えことばとしての古語にもちい、その若がえりを望むようなメタファーの利用傾向もないわけではないからだ。たしかに全体として論理は「切れっぱし」に分解してゆく方向よりも、考えことばにもとづく秩序の成育の方へと、組み立てられている。

しかし一方において、その秩序がまた、「切れっぱし」の存在を広く承認したうえに成り立つということを、不当に軽視すべきではないだろう。このように「独り言」現象のまだわかっていない可能性を置くことは、「教育勅語」イデオロギーにあらわれているような成育＝成長の画一化の批判に、確かな根をあたえうるものだったのではないか。

近代はその一般性の水準において、立身・立志の無限運動を望む青年のつよい意志を舞台の中心にすえた時代である。子どもも老人も、その意志の秩序の生産に従属する、周辺的な存在でしかなかった。独り言現象がもつ意味の暗示は、そんな近代の制約を超えて、声をもつ人間の普遍性へと土台を掘り下げてゆく。そして、意志の抑制のスキマからあふれる考えことばの「切れっぱし」を貼りまぜながら、「老い」は「子ども」だった日のそれぞれの方法と響きあう何かを、それとなく指ししめそうとするのである。(7)

(7) ということは、反面からいえば、必然的に民俗学の見方にも設定の拡大が要求されるだろう。つまりその「子ども」期に、それぞれがどんな思考や感覚の秩序をつくりあげていったか、そしてこれからは？　というもうひとつの大きな問題との関連に、伝承論の視野は拡がらざるをえない。たしか宮本常一『民俗学の旅』[一九七八]のなかだったと思う、宮本は自分の経験として、民俗学という学問の本質を幼少年期の知と感覚とにもとめていた。その延長に、幼少年期の変化と民俗学という学問の変化を相関させるべき論点がある。その可能性が、ただ危機意識からだけではなく、今日を生きる「民俗学者」によって語られねばならなかったはずである。子どもであったという記憶もまた、生涯をかけて選択するものであるからである。柳田国男と徳川夢声との対談で、柳田はこう言う。「年をとるほど、大きくなるもんですよ、記憶というものは。わたしなんか、津和野にひと晩とまったきりですけれど、そのときの記憶にもってきて、いろんなものがくっついて、こけむしてきましたからね。(笑)」(柳田国男・徳川夢声「問答有用」[長浜功編 一九八三：七九])。

「この頃私は、同じことを何度も言うらしいのですよ」という告白は、「自分などは、おりおり相手なしに物を言って、はっと思うことがある」という自覚の、すこし老いて衰弱した状態のようにも思う。しかしながら、なおそこに寄り添う他者たちが「考えことばの落ちこぼれ、または切れっぱし」として、まだ解けない謎の手がかりを読んでくれるかもしれない。その希望こそがあるいは柳田の最晩年の「方法への回帰」だったのではないか。

この寄り添う他者たちの読みの可能性から、『読書空間の近代』の四半世紀のちの続編として、この書物がはじまる。

第一章　テクスト空間の再編成――『柳田国男全集』の試み

　すでに一年近くも新全集刊行のための検討が、後藤総一郎・宮田登・伊藤幹治・赤坂憲雄の四氏で続けられていた編集委員会に、あとからくわわることとなったのは一九九四年である。編集部の旧知の編集者からの打診があったとき、正直なところ、社会学者には荷が重い作業になるだろうなと思った。

　迷っていたのは、先行する文庫版『柳田国男全集』の編集方針の不明確さと資料批判の不十分さが気にかかっていたからである。引き受けるのなら、どのような編集方針を立ち上げるのかというところから、『定本柳田国男集』（以下『定本』と略す）をやりなおし、根底からのりこえなければならない。そうしなければ私自身が、構築への意思の誠実さを問われてもしかたがない、実践のレベルにふみこんだ批判を、すでに文庫版全集の解題を引きうけ書くなかで公言してきてしまっていた。

　いろいろと考えたあげく、私がことわってももっとよい全集ができる可能性がひらかれるとは思えず、けっきょくその出来映えを批判するようなことになるならば、かかわって充実させるのがスジだろうと、書誌学的な研究や伝記・年譜研究を地道に進めてきた人たちを編集委員として増やすことなどを条件に、およばずながらと力をつくすと伝えたのはもう夏ではなかったか。七月二九日に編集会議が開かれたとき、私自身の心覚えとしての「柳田国男全集（仮称）の編集方針を論議するために」というメモを提出した。(1) 編集者からも編集委員の一部からも、ずいぶん小生意気な若僧だと思われたらしいことは、かなりあとになってから聞いた。ともあれ『遠野物語』の文献学的な研究ですでに知られていた石井正己氏と、後藤総一郎氏をリーダーとした柳田国男の伝記研究のグループから小田富英氏の参加を要請することになって、本格的な編集のための基礎作業がはじまったのは、九月だったと思う。石井氏には私が直接に依頼にいった。

その後、「柳田国男全集」とはどうあるべきかをめぐって、なんども行きあたり、なんどもぶつかり、なんども挫折した。その経緯は、いまはまだ細かく語るべき時期ではない。もっとよい処理方法があったかもしれないとの後悔をのこしたいくつかの問題についても、歴史として確定してしまうのは早すぎる。他方で、強いられた探索やテクストとの格闘から、見えてきたものも数おおくある。

ここでは、全集というテクスト空間の構築について、いまなお進行中の試みとして述べてみたい。

（1）私自身は「編集方針」がすでに議論されているものとばかり思っていたが、私の問題提起を受ける形で当日メモとして配られた赤坂憲雄氏の「佐藤健二氏の問題提起を受けて」という短いレジュメには、「これまで語る機会のなかった「編集方針」」という表現が出てきているので、こうした基本方針についての論議が、私の参加以前にはなかったのかもしれないとも思う。

なぜ新しい全集なのか

新しい『柳田国男全集』につきつけられる基本的な問いは、私もまた直観的にそう反応したように、なぜ『定本』も『文庫版全集』もある今、新たな集成として「全集」を編集し公刊するのかであった。

私が参加したとき、新しい全集の存在意義については、すでに充分に検討されて共有され、出版社も了解しているものだと思っていた。しかし、必ずしもそうではなかったことがしだいに明らかになる。当初は意外にも思ったが、しずかに考えてみるなら「全集」としてもういちど出版する意義が明確でなかったからこそ、編集方針を議論することも、刊行の意義を高く掲げることもできなかったのである。先行する『定本』の問題点についてすら、あまり自覚的に検討されたとは思えない。谷沢永一［一九八六a：一五二］［一九九四：七五―八八］などによって断片的にその書誌学的な不明確さが指摘され、またばくぜんと気づかれていただけであった[2]。まだ組織的体系的にはとりくまれていなかったのである。

（2）今回、この論考に文献情報や注等を補う作業で原典をさかのぼって確認するなかで、谷沢永一がこの文章でも取り上げる『炉辺叢書解題』の改訂について、すでに見落としを指摘しているることにあらためて気づいた。「時代ト農政」の前後をめぐる問題提起［谷沢永一 一九六二］や単行本著作目録作成［谷沢永一 一九八六b：八〇九―八一六］など、柳田国男のテクストの文献学的検討における谷沢の貢献は大きい。

そうした現状で「新たな編集方針を」とだけお題目をとなえても、「これまで以上に網羅的に」というていどの観念的な抽象性しか立ち上げようがない。そうであるかぎり、たとえ背伸びして「決定版」を名のったとしても、けっきょくのところ落ち穂ひろいの消極性をまぬかれることはできない。

規定方針なしの「白紙からの出発である」と取りつくろえば聞こえがいいが、前提なし制約なしの構築の自由など、残念ながらありえない楽観である。現象学から構築主義にいたる認識論が批判的に明らかにしたとおり、いっけん白紙のように見える「無条件」の言説は、じつは無自覚や無知にじっくりと染めあげられている。「白紙」それ自体が、すでにさまざまな固定観念がすりこまれた、慣習の織物である。

私自身、具体的なテクストを前にした編集のプロセスにおいて、既存の解釈のしかたやカテゴリーの通念にいかに深くしばられていたかに気づいた経験も、一回二回のことではなかった。あえて問うならば、これまでの読者たちは、既存の「柳田国男」論の根拠となってきたテクストや、『定本』として集成されたテクスト空間のもった意味を、どこまで問うてきたのだろうか。

そこを疑うところに、新たなる編集の本当の方法的な出発があったと思う。

文献学の自覚から主張された石井正己の「テクストとしての柳田国男」〔石井正己、一九九七〕という立場も、私自身の社会学者として宣言であった「方法としての柳田国男」〔佐藤健二、一九八七〕という立場も、双方ともにいわば「読み」の解放をめざしている点において共闘していた。解放の必要性は、のちに登場する図式通りの批判をくりかえす植民地主義論者の陰謀理論に対してばかりではない。すでに定着した文学としての賛美から、常民万歳主義のロマンまでは広い立場に散らばる崇拝者の無批判にも、さらには『定本』が用意してくれた便利に自足しながら柳田国男論の終焉をはやばやと宣言する立ち位置にも向けられていた。

だからこそ、そもそも「全集」というかたちでのテクスト集成の意義を、独自に立ちあげなければならない、と思った。「全集」のもつ社会的・テクスト論的・認識論的な意味とはいかなるものなのか。

どのような形の全集が、どのような意味で、どのような読者に必要なのか。

私自身は、そうした問いの複合的な深さから、編集方針を構築したいと願った。

一　定本の読書空間――二次的な集成に固有の課題をめぐって

なぜそのような深さから考えなおさなければならないのか。
端的にいって、先行する『定本』を明晰かつ自覚的にのりこえることが必要だからである。『定本』に基礎をおくテクスト空間が、柳田国男をめぐる言説のひとつの下部構造として成立してしまっているからである。この資料空間そのものを脱構築するモメントを含まない研究実践や出版活動は、おそらく人びとを無自覚なまま、既存の読書空間のなかに閉じこめていくにちがいないからである。

しかし大藤時彦・鎌田久子らが中心になったという『定本』の編者たちに、この閉塞の責任があると断罪することは、あまり積極的な意味がない。テクストの全体量がおぼろげという水準ですら見えていなかったあの時代に、ここまでの集成を刊行するためにどれだけの努力と苦労をしたか。その達成を認めずに批判するだけのあらさがしが貧しいと思うからばかりではない。すでに触れてきているように、読者にも相応の責任があると思うからだ。そもそも『定本』がひとつの構成された世界として、ひとつの全体として読まれたのかどうか。むしろ部分的に関心のあるジャンルからだけ読まれ、あるいは索引だよりで必要な語句ばかりが飛び飛びに利用されただけなのではないか。

『定本』が結果的にどこか内閉した読書空間になってしまった、その責任の一部はわれわれ読者の側にもある。そして『全集』の編集に参加するかぎり、その閉塞からの方法的な脱出をいかに共有するかの課題が、ひとりの読者としての私につきつけられることになる。

なにが切断されるべきか

いま社会学者としてふりかえってみると、二つほど論議の焦点があったと思う。

第1に、たぶん柳田国男のテクストの研究が、柳田国男自身の「御意向」の忖度や解釈から解放されなければならないという論点である。「柳田国男」は編集の対象とされるべき素材であって、テクストの意味を統括する主体の場所に位置づけられるカテゴリーではない。その局面における認識論的な切断を徹底しないかぎり、テクストの総体は、対象として浮かびあがってこない。

第2に、日本の出版資本主義の展開や市場の存在形態が作り上げた「全集」というカテゴリーの慣習的制約が乗り越えられなければならないという論点である。それはまた、「著者」や「一般読者」等の曖昧な主体カテゴリーの措定を疑うことであり、「本文」とすべきものの範囲、また「挿絵」や「目次」をどうあつかうかにまでおよぶことを意味した。むしろそれら「全集」をささえてきた慣行のカテゴリーの権力を明晰に把握し、相対化することなしに、テクストの総体は対象として浮かびあがってこない。

第1の論点は、主体としての著者「柳田国男」から、対象としてのすなわちテクストとしての「柳田国男」への転換ということになろう。思想家＝主体の思想内容そのものではなく、印刷等を通じて公開複製され、配布され流通した「テクスト」を中心にするという原則はここから生まれる。ここにおいて、定本が結果的に重要な限界とせざるをえなかった「先生の強い御意向」

をどう切断できるのかが問題になる。この点はもういちどあとで触れよう。

それ以上に深く脱構築されなければならなかったのは、じつは第2の論点の「全集」という文化の拘束であった。これまでの日本の「全集」の文化は、円本全集型の名著アンソロジーの形式の上に、小説など文芸作品の作家の個人全集の商品化が重なりあうかたちで形成されてきた。そのために、文字テクスト中心の「作品」主義にもとづく内容ジャンル別編成ともいうべき態度が深く染みついてしまっている。そこで想定される読者も、円本全集が生みだす教養を追いかけるような読者であった。

これに対して、われわれが考えた「柳田国男」の全集はすこし異なる。柳田国男の新たな読み方を生みだすような、テクスト空間の再組織化になるべきだと考えたからである。

いささか前だおしの提示になるが、われわれが理想としたのはデータアーカイブ型の全集であり、リレーショナル・データベースのような広義のテクストの二次的な集積である。

二次的集成の蓄積とその揺れ動き

もちろん、われわれの試みも先行するさまざまな努力の恩恵をこうむっている。柳田のテクストが、著作集などの二次的な集成のなかで再構成されていく、その歴史を簡単にふりかえってみよう。

表（資料1－1）にまとめたのは、これまでの二次的集成の歴史である。

その最初の形態が一九三一年の改造社の『現代日本文学全集』という「文学全集」であったこ

資料 1-1　柳田国男テクストの二次的集成

＊『現代日本文学全集』第 58 篇（改造社、1931）の「柳田国男集」
○創元社選書（1938 年 12 月～）における「著作集」の意識。1951 年までに 17 種。
○実業之日本社による『柳田国男先生著作集』12 冊（1947 年 5 月～ 1953 年 3 月）
＊『柳田国男・笠信太郎集』現代随想全集、第 1 巻（創元社、1954）
◎『定本柳田国男集』の刊行（1962 年 1 月～ 1964 年 11 月、別巻 5 は 1971 年 5 月）
　さらに、セットとしての再販売もなんどか行われた。
　→新装版（1968 ～ 71）　→生誕百年記念版（1975）
　→愛蔵版（[＋資料編 5 冊] の全 41 冊、1980）
＊『柳田国男』現代日本思想大系、第 29 巻（筑摩書房、1965）
＊『柳田国男集』日本現代文学全集、第 36 巻（講談社、1968）
＊『柳田国男・斎藤茂吉・折口信夫』日本の文学、第 26 巻（中央公論社、1969）
○修道社による『柳田国男選集』全 8 巻（1971 年 12 月～ 1972 年 7 月）
＊『柳田国男集』日本近代文学大系、第 45 巻（角川書店、1973）
＊『柳田国男』日本の名著、第 50 巻（中央公論社、1974）
＊『柳田国男集』近代日本思想大系、第 14 巻（筑摩書房、1975）
○『新編柳田国男集』全 12 巻（筑摩書房、1978 ～ 79）[＋初期新体詩]
◎文庫版『柳田国男全集』全 32 巻（筑摩書房、1989 ～ 91）[＋単行本口述部分]
◎『柳田国男全集』1997 年 10 月から刊行開始　全 36 巻を予定。

＊は一冊のアンソロジー、○は選集・著作集、◎は全集の試み

とは、あるいは象徴的かもしれない。(3) 戦後の講談社、中央公論社、角川書店のものも「文学」の全集の一冊であり、創元社は現代随想全集の一冊である。しかしながら「文学」も「随想」も、柳田国男のテクスト世界の全体を支えるカテゴリーとしては、限定されている。

もちろん二次的な集成として、いわゆる文学全集の一巻という形式は、著作集としてもっと大規模にまとめる企画に比して小規模である、と同時に外在的なものでもあろう。柳田自身にも、内在的に二次的な集成をつくる欲望がなかったわけではない。

(3) 円本全集ブームの火付け役でもあった改造社の『現代日本文学全集』は、アメリカ出版市場での教養の商品化としての『ハーバード・クラシックス』をひな形としている。プラトンの『ソクラテスの弁

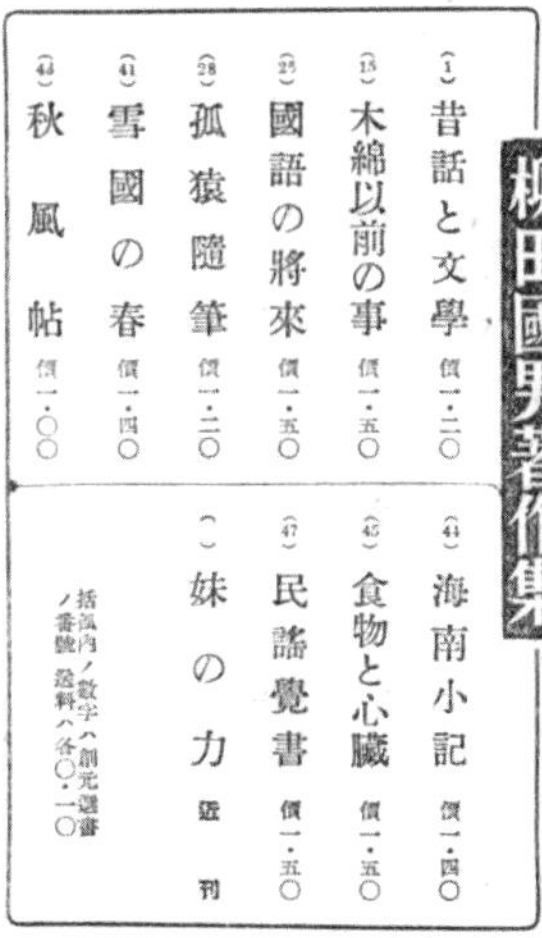

柳田國男著作集

(1) 昔話と文學 價一・二〇
(13) 木綿以前の事 價一・五〇
(23) 國語の將來 價一・五〇
(28) 孤猿隨筆 價一・二〇
(41) 雪國の春 價一・四〇
(44) 秋風帖 價一・〇〇
(44) 海南小記 價一・四〇
(45) 食物と心臟 價一・五〇
(47) 民謠覺書 價一・五〇
( ) 妹の力 近刊

括弧内ノ數字ハ創元選書ノ番號 送料ハ各〇・一〇

資料 1-3-1『柳田国男著作批評集』
創元社 1940 年 7 月発行

柳田國男四著

昔話と文學 定價一・二〇 送料〇・一〇
昔話の中からわれわれの遠祖の自然觀や生活理想を究明せる書。 內容 竹取翁 花咲翁 笑はれ聟 かちかち山 霧くべ長者と鉢 笛吹き聟 うつぼ守の王女 鉢女房・魚女房 猿地藏 鳥言葉の昔話 初管と昔話 その他

木綿以前の事 定價一・五〇 送料〇・一〇
內容 木綿以前の事 昔風と當世風 家の光 何を着て居たか 働く人の着物 團子と昔話 餅と臼と擂鉢 團爐側談 火吹竹のことなど 女と煙草 酒の飲みやうの變遷 生活の俳諧 女性史學 古宇利島の物語 遊行女婦のこと

國語の將來 定價一・五〇 送料〇・一〇
內容 國語の將來 國語の成長といふこと 昔の國語教育 敬語と兒童 形容詞の近世史 方言の成立 鴨と鐵 語形と語音 國語教育への期待。＝國語の本當の愛護について、文化の正しい歩みについて語られた書。

孤猿隨筆 定價一・二〇 送料〇・一〇
獸と人間の歷史を獨自の方法で尋ねた好著。 內容 猿の皮 松島の狐、狐飛脚の話 坂川彥左衞門 サン・セバスチヤン 猫の島 對州の猪 どら猫觀察記 旅二題 狼史雜話 モリの實驗 狼のゆくへ

最近刊
柳田國男著
雪國の春 海南小記 秋風帖 食物と心臟

東京市四谷區愛住町十九
振替東京一五六五
創元社

資料 1-2　創元選書広告
『旅と伝説』1940 年 2 月号

創元選書
柳田國男著作集

昔話と文學 價一・二〇 送〇・一〇
民俗學の泰斗たる柳田先生が、昔話と文學との間の未決着な諸問題を、豐富な資料から究明し、わが民族の過去に於ける精神生活を明瞭ならしめた。

孤猿隨筆 價一・二〇 送〇・一〇

木綿以前の事 價一・五〇 送〇・一四

雪國の春 價一・四〇 送〇・一四

國語の將來 價一・五〇 送〇・一四

海南小記 價一・四〇 送〇・一四

最近の良書 中谷宇吉郎

秋風帖 價一・〇〇 送〇・一〇

食物と心臟 價一・五〇 送〇・一四

民謠覺書 價一・五〇 送〇・一四

近刊
妹の力

以下續刊
柳田先生の御著作は右の他にも多數ありますが、凡て小社から逐次刊行の許しを得て居り「此れが全部揃つた曉には柳田國男全集として柳田學」の全體系を打ち樹てるものです。

資料 1-3-2　創元選書広告
『旅と伝説』1940 年 8 月号

柳田の著書が創元選書のかたちで発行されはじめて、2 年ほどたった 1940 年 2 月の広告（1-2）は著作集を打ち出していない。8 月の段階（1-3-2）では「凡そ小社から逐次刊行の許しを得て居り」と明確な形で「柳田国男著作集」を広告している。創元選書に投げ込みとして入れられた小冊子『柳田国男著作批評集』（1-3-1）での言挙げもほぼ同じ時期のものであろう。

資料 1-4 「創元選書」著作集と『柳田国男先生著作集』

創元選書	発行日	新編	再録	元版
『昔話と文学』	1938.12.10	○		
『木綿以前の事』	1938.05.17	○		
『国語の将来』	1939.09.15	○		
『孤猿随筆』	1939.12.17	○		
『雪国の春』	1940.03.20		○	岡書院（1928.02.10）
『秋風帖』	1940.03.30		○	梓書房（1932.11.10）
『海南小記』	1940.04.15		○	大岡山書店（1925.04.24）
『食物と心臓』	1940.04.22	○		
『民謡覚書』	1940.05.20	○		
『妹の力』	1940.08.29	○		
『豆の葉と太陽』	1941.01.18	○		
『菅江真澄』	1942.03.06	○		
『方言覚書』	1942.05.30	○		
『蝸牛考』	1943.02.25		○	刀江書院（1930.07.01）
『毎日の言葉』	1946.07.01			
『島の人生』	1946.09.15	○		
『俳諧評釈』	1951.12.30		○	民友社（1947.08.10）
『新版 毎日の言葉』	1956.07.31			

柳田国男先生著作集	発行日	新編	再録	元版
『山の人生』	1947.05.1		○	郷土研究社（1926.11.15）
『地名の研究』	1947.10.15		○	古今書院（1936.01.18）
『信州随筆』	1948.02.01		○	山村書院（1936.10.05）
『時代ト農政』	1948.05.25		○	聚精堂（1910.12.08）
『木思石語』	1948.09.10		○	三元社（1942.10.20）
『北国紀行』	1948.11.20	○		
『女性と民間伝承』	1949.02.05		○	岡書院（1932.12.15）
『退読書歴』	1949.04.10		○	書物展望社（1933.07.20）
『老読書歴』	1950.01.10	○		
『神を助けた話』	1950.05.20		○	玄文社（1920.02.20）
『大白神考』	1951.09.01	○		
『神樹篇』	1953.03.10	○		

明』など哲学からダーウィンの『種の起源』やアダム・スミスの『国富論』までを含む集成であり、狭い意味での詩・小説の「文学」に限定されたものではなかった。

一九三八年年末からの創元選書には、広告[4]（資料1―3）に明確に打ちだされるように「著作集」の意味づけが濃厚にあった。出版社もそうした意図のもとで選書の枠組みを活用したが、著者にもその意思があったにちがいない。さらに一九四七年からの実業之日本社版の『柳田国男先生著作集』は一二冊を出したところでとぎれてしまったけれども、題名から明らかなように著作集を容認したものである。

しかし、この二つの試みは全集ではなく、著作集であった。

創元選書の「著作集」も実業之日本社版著作集も、細かな構成に踏み込んでみると、かつてのテクストをそこにあったままに測量し位置づけようとする集成作業に、まだまだ現役であった著者の本づくりへの意思が収まりきっていない（資料1―4）。新しい構成の書物をくわえ、あるいは改訂や改版の手をくわえていて、むしろ現在という時点での本づくりへの強いこだわりがうかがえる。[5]

（4）単行本編でその著作物の並びをみると、柳田の初期の本づくりは『遠野物語』に象徴されるように、じつは「私家版」中心であった。聚精堂、甲寅叢書刊行所、郷土研究社、大岡山書店、地平社書房、岡書院などいずれも商業的な出版でない同人・同志の色彩が強い。もうひとつ特徴的なのは「講義録」である。大日本実業学会（後に実業之日本社へと発展していくもの）から出された『産業組合』がその始まりだが、農政学・農業政策関係のものを早稲田大学や中央大学から出している。それらは、じつは今日でいう「通信教育」の回路を通じての刊行である。同志に向けた「私家版」も、通信教育の「講義録」も、出版資本主義市場での書物の流通のしかたとはかなり異なった性格を有する。柳田国男が多くの読者を獲得したのは、じつは創元社の選書を通じてではなかったかと思う。

（5）資料1-4にまとめたように、「創元選書」でも『柳田国男先生著作集』でも、一方にこれまで書いてきた論考を編集して新しい一冊にする本づくりと、すでにまとめた一冊として刊行しているものを再録しようとする本づくりとが共存している。創元選書はもともとは前者を中心に出発しながら、『雪国の春』や『海南小記』を取り入れたあたりで、著作集の意識を強めたのであろう。反対に『柳田国男先生著作集』は、もともと著作集として後者を中心に構想されながら、結局そこには留まらず、新編の論文集へと傾いていった。

こうした現在への強いこだわりは、晩年の『定本』にいたるまで続いたと思われる。

高藤武馬の「訪問記」［一九八九］の一九六一（昭和三六）年一月三〇日、全集の件で柳田を訪ねた時のメモに「○既刊のものをたゞ全集という形で出すことには不賛成」とある。柳田個人は、晩年にいたるまで「全集」という形での過去形での完結を、つまりテクストの集積として一覧されてしまうことを、基本的には嫌いつづけたのだと思う。(6)

（6）同様のこだわりについて、大藤時彦も定本の索引の別巻第五以外が刊行し終わった一九六四年一二月二八日の読売新聞に「柳田先生は全集を出すことについては賛成されなかった。方々の出版社からその計画を持ち込まれたが、いずれも許可されなかった」と述べ、全集はダメだとした理由のひとつは「古く書いたものには、のちに説が変わったものがあるから、最近のものを読んでもらわねば困る、なにもかも集めて出すことは迷惑だ」という思いだったと述べている。そこから『山島民譚集』は人が知らないような本をわざとあげたペダンティックな書物だと排され、『最新産業組合通解』も許可されず、初期の「抒情詩」や「新体詩」の作品は強硬な反対に会い、『文芸界』の小品も削られたと書く。

個人の心情としては理解できるようにも思うが、研究という実践に対して開かれたテクスト・データアーカイブとしての全集という立場からすれば、この「意向」は一つのテクストとして記録され、やがて解釈の対象となるべき素材にすぎない。

『定本』は、基本的にはまず選集としての著作集の発想のもとで出発した。柳田国男の死をはさみ、その枠組みを保持したまま収録範囲を拡大する動きがもういちど生まれる。全集へと成長しようとしながら、「故先生の強い御意志及び御遺族の希望」（一九六四年七月の『月報31』）の前に、挫折していく。そのプロセスを石井正己［二〇〇〇］が丹念に明らかにしている。

そう考えてみると『定本』もまた、けっして一枚岩の均質な存在ではない。さまざまな力学のもとでの矛盾の調停、折り合いの産物である。

『定本』の地層学

だから、そのテクスト空間の歴史的な構築と現状もまた、地層を分析するようにして探られな

資料 1-5-1　内容見本 I

資料 1-5-2　内容見本 II

資料 1-5-3　内容見本 III

資料 1-6　生誕百年記念版

ければならない。

高藤武馬が証言している一九六一年の一月あたりからはじまる、筑摩書房の「全集」のはたらきかけをめぐる動きはめまぐるしい。柳田自身の衰えすなわち「承諾の様子なれど明瞭ならず」とか「先生の考えが始終ぐらついているので皆々困却」といったさまざまな曲節をふくみながら、八月あたりまでつづく。「三十二巻案」（五月二七日段階）から「二十三巻案」（八月三日段階）、さらに「全二十三巻別巻索引一冊」での承認（九月四日段階）という準備段階での事前の動きだけではない。(7) 宣伝として配布された内容見本の「全二十五巻別巻三冊」（内容見本Ⅰ、一九六一年末か。資料1－5－1）から、「全三〇巻別巻五冊」（内容見本Ⅱ、一九六三年七月には中身が確定し八月には配布されていた。資料1－5－2）への変化も明確にたどられなければならない。そして最終的に、雑纂編が一冊増えて今日ある「全三十一巻別巻五冊」（内容見本Ⅲ、資料1－5－3）の現状にまでたどりつく。このプロセスは、『定本』というテクストの空間もまた、それなりの歴史や矛盾や対抗をかかえこんだ歴史的・社会的存在であることを物語っている。

（7）石井正己は、この九月四日段階の「全二十三巻別巻索引一冊」の段階から、内容見本Ⅰの全二五巻別巻三冊のあいだに増えたものについて、本巻二巻分の増補内容はわからないものの、別巻に増えた二巻については、スクラップが保存されていた「新聞論説集」と、口述をまとめた「故郷七十年（増補版）」であったことを論じている［石井正己二〇〇〇：二七〇］。

とりわけこれまであまり注目されてこなかったのは、内容見本Ⅰから内容見本Ⅱへの変化である。

内容的にみると、①『日本の伝説』と『日本の昔話』、『後狩詞記』、『最新産業組合通解』と『農政学』などの単行本の追加、②雑纂編を二巻分増やし、朝日新聞論説を二巻分別巻にくわえ、③日記・書簡の収録と、④書誌・著作目録の増補を含む。

石井正己［二〇〇〇］の検討によると、月報レベルで増補の検討中という動きが報告されてくるのは、一九六三年五月の第一七回配本に付された『月報17』においてである。それが部分的な内容見本の形で『月報』に公表されるのが七月。おそらくは、五月の公表に先立ってすでに動きがあったと思われるが、そのあたりの詳細についてはまだ明らかにしなければならない問題が残されているという。

稿本として残されている水木書誌（『柳田国男先生著述年譜』福崎町立柳田国男・松岡家記念館所蔵）との関連についても不明な部分が多い。

第三一巻という形での雑纂編の増加が内容見本Ⅱの公刊以降のできごとであることから、石井は「編者が内容見本Ⅱを出した後で、水木直箭が長年かけて作ってきた「書誌」を見たからではないかと考えられる」と推定している。たしかに「これだけまとまった文章が見つかる理由は、それ以外に想像することができない」という推理は正しく、「この第三一巻は別巻第四よりも後にまわしているから、かなりあわてて集めたもの」［石井 二〇〇〇：二七七］であるのも事実だろう。ただ一方で鎌田久子がすでに一九六二年一二月以前の段階で、水木の「柳田先生著述年譜稿」の存在を知り参照していたことは、その「柳田国男国語学関係著述論文目録」の「はしがき」に明らかである。柳田の没後のさまざまな追悼の交錯、雑誌の特集号や『月報』での追悼等々の回顧の動きのなかで、この丹念で網羅的な「書誌」の存在が定本関係者の視界に入ってきたように思える。内容見本IIの増補の検討段階で水木書誌を大藤らが見ていなかったかどうかの判断はむずかしいが、のちに雑纂の一巻が増える結果に見られるように、詳細なテクストの質・量の具体的な検討があとまわしにされていたことは明らかだろう。

書誌の発展も、一覧表（資料1−7−1）に見られるように、データアーカイブとしての全集にいたる重要な知識の蓄積の系譜である。しかしながら、内容見本Iに「著作目録」がないことに象徴されるように、当初構想された『定本』では書誌はあまり重要なものとしてとらえられていなかった。

くりかえしになるが、『定本』がつくりあげたテクストの空間それ自体もまた、けっしてきちんと解読され評価されているわけではない。新全集がその編集方針においてのりこえるべきものとして『定本』をどうとらえたかを論ずる前に、その事実を指摘しておきたいと思う。大藤氏や鎌田氏の『定本』構築の努力がなかったなら、[8] また水木氏の書誌作成の蓄積がなかったならば、新しい全集を構想することすら不可能であったにちがいないからである。

資料 1-7-1　柳田国男著作論考の書誌の発展

水木直箭　1929「柳田国男先生論文随筆目録稿」上・中・下、『愛書趣味』4-3, 4-5, 4-6.
橘正一　1930「柳田先生方言関係論文目録」『方言と土俗』6.
水木直箭　1931「柳田先生著作年譜」1・2、『旅と伝説』4-3, 4-6.
鷲尾三郎　1935「柳田国男先生著作目録」『陳書』5.
水木直箭　1935『柳田国男先生著作目録』大阪民俗談話会.
柳田国男　1935「柳田国男著作目録」『郷土生活の研究法』刀江書院.
森山太郎　1948「戦後に於ける（二〇・八以降）柳田国男先生著作目録」『書物展望』15-1.
森山太郎　1948「柳田国男先生著作目録（東京朝日新聞社々説之部）」『書物展望』15-2.
大藤時彦　1951「柳田国男先生著作目録」喜寿記念会編『後狩詞記』実業之日本社.
無署名　1962「柳田国男著書目録」『日本古書通信』9、10 月号.
林大・鎌田久子　1962「柳田国男国語学関係著述論文目録」『国語学』51.
谷沢永一　1968「柳田国男書目補遺」『愛書家くらぶ』7.
谷沢永一　1969「柳田国男著作目録（第 20 巻の補）」『現代日本文学大系 20　柳田国男集』月報 10 の投げ込み（→ 1986『谷沢永一書誌学研叢』）.
水木直箭　1971「書誌」『定本柳田国男集』別巻 5.
水木直箭　1973「柳田国男編著目録解題」『随筆折口信夫』角川書店.
柳田国男研究会　1988「『定本柳田国男集』書誌未掲載論文･講演･談話･座談」『［別冊］柳田国男伝　年譜・書誌・索引』三一書房.
田中正明　1994『柳田国男書目書影集覧』岩田書院.

資料 1-7-2
稿本『柳田国男先生著述年譜』

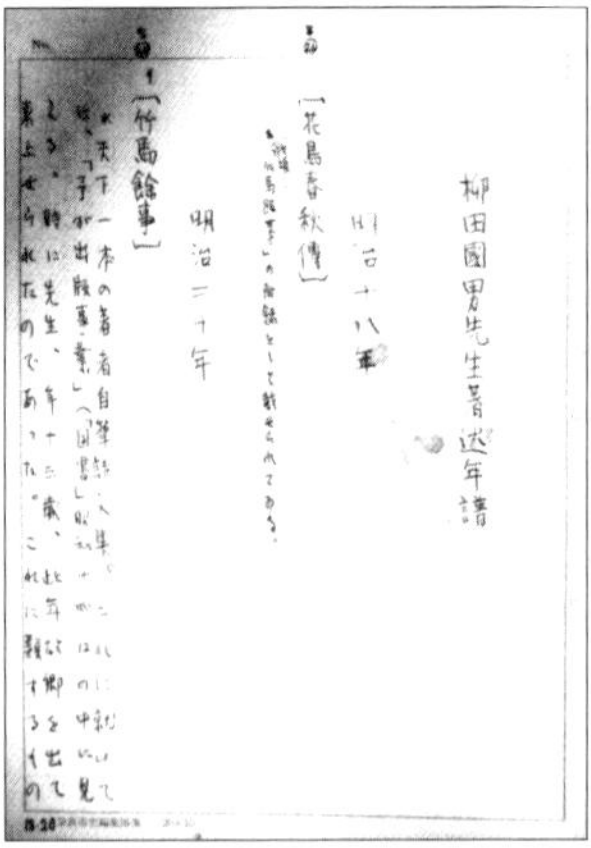

柳田国男の書誌の充実において水木直箭の果たした役割はおおきい。福崎町の柳田国男松岡家顕彰記念館に所蔵されている稿本の『柳田国男先生著述年譜』は、水木の収集の最終的な集大成であった。

（8）であればこそ、大藤時彦氏や鎌田久子氏が遺した資料群の公開と研究とが必ずしも進んでいないのは、残念であるといわざるをえない。

二 『定本』がかかえこんだ問題点の自覚化

テクストの二次的集成の歴史や書誌の発展を表の一覧でふりかえってみると、一九六〇年代の前半に『定本』という資料空間、すなわちテクストの空間が作られたあと、乱暴に言ってしまえば四〇年近く、この空間そのものを根本から組みかえるようなテクスト生産の動きはなかったといっていい。皮肉なことに『定本』が水木直箭の圧倒的な収集によって実現してしまっているかなりの網羅性は、容易にのりこえられるものではなかった。むしろ新しい研究の視野設定にむすびつく発見の努力のハードルを上げてしまった現状もまた、見のがされてはならないと思う。『定本』の資料空間およびそこに内属する読者たちの読書空間は、以下のような5つの問題点を有していたと私は考える。

第1は「先生の強い御意向」の神話化で、編者の主体性だけでなく、読者の批判力に不要な制約をかけることになった。第2に、その限定的な「著者」主義は編者としての柳田国男や語り手としての柳田国男、あるいは聞き手としての柳田国男を排除してしまった。第3の「本文テクスト中心主義」がいかにテクストの集積としての本づくり全体の認識をゆがめてしまったか、それは第4の定本テクストの「特権化」という副作用を生むこととともなった。それは複合的にからみあいつつ、第5のジャンル別テーマ別編制という定本の分類が、読者の読書空間を分断していったという問題につながっていく。

「御意向」の神話化

さて触れるべき第1は、「先生の強い御意向」の神話化である。それは結果として、編集する主体・出版する主体の介入を見えにくいものにし、その責任の潜在化・背後化という効果を引き起こした。また書誌学的・実証的批判を可能にする情報の提供が不十分であったというもうひとつの事実と相まって、後世の読者の批判力を封ずるような方向に作用した。

具体的には、内容見本Ⅰが「特色」（資料1－8）を説明するなかで、「網羅」を強調しつつ「但し先生の強い御意向により、収録されなかつたものが若干あります」と記し、完結が見えてきたころに『月報31』が、「故先生の強い御意志及び御遺族の希望」もあって新体詩や文学界所載の小品の収録を取りやめると述べた。そうした事実などにもとづいて、この神話がテクストの大前提に置かれるようになった。

この「特色」の理解は、やがて収録されていない事実を「強い」意向や意志とむすびつけて

本集六つの特色

★本集には、柳田國男先生八十餘年の業績が網羅されております。但し先生の強い御意向により、収錄されなかつたものが若干あります。

★原稿は、先生所藏の自筆書き入れ本に基き、また原則として先生の執筆にかかるものにかぎり、口述筆記の類は省きました。

★本集の構成は、ジャンル別を採用しました。但し編集の都合上、單行本の原初の内容配列を變更した場合もあります。

★既刊の單行本とともに、未刊の雜誌掲載論文及び未發表原稿を收錄します。

★字體、カナづかいは、原稿通りに統一しました。

★別卷の第三として詳細な年譜と總索引を作成します。

資料 1-8　内容見本で掲げられた編集方針

解釈するような平板な研究を生みだす。しかし、当初の計画において、初期新体詩と農政学講義録と『日本の昔話』とが入れられていなかった、そのそれぞれは同じ理由ではないように思う。そして定本の形成それ自体が、多くの関係者の他界によってすでに歴史の語られない部分に送られてしまっている以上、単純な脱落や未見による欠落なのか、「御意向」による排除なのかが、じつは見分けがつかず、検証できない。

　意図の読みこみを、資料の存在形態に関するじゅうぶんな情報なしに、またその妥当性の検討なしにおこなうことはあやうい。思想の表明や欠落において無意識の検閲があることは否定しないけれども、恣意的に「無意識」の概念を使えば、乱暴な決めつけや陰謀の不用意な捏造をみちびきいれることになるからである。

　もちろん「御意向」による制限を、原理的・一般的レベルで批判しない論者は、おそらくだれもいないだろう。だれだって、そんな制限は不合理だという。しかし、具体的な方法のレベルにおいて、どう「御意向」というカテゴリーを解体できるのかという実践となると、そこであらわれてくる問題は見かけほど単純明快ではない。「全部」「すべて」を入れて「網羅」すればよいというような観念的な言い方ではけっしてのりこえられない、また「透明なテクストづくり」などという空虚なフレーズでは太刀打ちができない、さまざまな具体的な形態のなかにその「ご意向」につながる問題があらわれるからである。

二つだけ、具体的な例をあげておこう。連名と無署名である。

「連名」という署名のなかの著者

たとえば「拝啓　近いうちに御目にかかって」［全集26：四〇八―一一〇］という仮の題名をつけて掲載した、雑誌『民族』の創刊趣意書にあたる印刷書簡のばあい、それが柳田国男をふくむ五名の「連名」であることが問題になった。同じく「頒布会の開催について」［全集29：一〇二］は橋浦泰雄の画家としての展覧会で催された頒布会の趣意書で、柳田は発起人の五名の一人として名を連ねている。後者などは、弟子の橋浦の催しものへの宣伝文でさらに重要とは思えないという意見もあった。

連名のテクストをどうあつかうかという議論のなかにも、じつは著者の「御意向」を仮定するような論理が容易にまぎれこんでくる。

「連名は、柳田以外の人間が書いた（つまり柳田が書かなかった）可能性があるのだから」入れるべきではない、という。その他筆の可能性を排除する論理は、掘り下げていくと「連名はその全部にわたって責任ある署名ではない。人はいろいろなところに名前をだすものだが、すべてに積極的にかかわっているわけではない（だからこんなものを収録されたら、柳田先生に迷惑だろう）」という説得方法とつながっていったりする。後者の説得の論理にはすでに主体としての著者の「御意向」ともいえるようなものが、じつは先取りして設定されている。そこから書いたかどうかの認定の誤りを回避し、帰責に関する誤読を防御するためだという論理が顔をだす。そこに収録があまりに多くなり過ぎることを無意識のうちにも拒む、出版資本主義の論理もまぎれこんでいるかもしれない。しかし、書いた可能性と書かなかった可能性は、どちらもひとしくいまだ決定されていない可能性にすぎない。

もっと始末に悪い官僚主義的・一般原則的な解決も、しばしばなに食わぬ顔でまぎれこんでくる。執筆をめぐる状況がわからず、明らかにしうるかどうかもわからない情報過小の状態が、そもそもの問題の原点にある。だから、このような著者同定の難問が起こりそうなばあい、すぐに「連名は原則として収録しないと宣言してしまえば形が整えられる」という形式的な理屈に依存した解決が顔を出し、方針としての「一貫性」を主張しはじめる。「全集に入れれば、必ず柳田が直接に執筆したと誤解する読者がでてくるから」入れるべきではないという、一見思いやりの正論のようでいて、じつは逆立した議論すらあらわれてくる。結果としてみるかぎり、それは問題そのものの排除であり、隠蔽という効果しか生みださないからである。

連名は、書いたかどうかよりも、そこに名を連ねて公表したということ自体において、むしろ社会的にはすでに一定の責任が構成されてしまうと考えるほうが自然である。なるほど考えられる事情はいろいろとあって、線引きが難しいという感覚は理解できる。たとえば五名の連名は多すぎるという感想も、心情としてわからないわけではない。しかし二人でも迷わざるをえないことは同じである。『近世奇談全集』の序［全集23：15］など「編者」とあるが、柳田国男と田山花袋の共編なので、さてどちらを意味するのか連名と考えるべきか迷う。しかしそのテクストを収録するか否か、その一つ一つを決定しなければならない以上、連名すべてを切り捨てるという一般化された形式的な統一よりは、署名がそこにあるというテクスト上の事実にもとづいて収録するという原則のほうが、柳田研究の今後にとっては意味があると私は判断している。書いたかどうかの疑義は解題で言及すればよいのであり、解題を読まずに早とちりをする読者の誤解をおそれて収録しないという決定は、本末転倒の理不尽である。しかしここで強調しておきたいのは、こうした論議のなかに、柳田が書いたものにかぎるとか、柳田が迷惑だろうという、変形したかたちでの「御意向」があらわれてくる事実である。

創刊趣意書だからとか、広告宣伝だからとか、チラシにすぎないとか、形態や内容に踏み入った「こんなもの」という直観に内在している価値判断は、誰が書いたかの推定以上に危険かつ恣意的な裁断である。著者自らの意志や意味づけ（すなわちここでいうところの「御意向」）によって制限をされない「全部」に、収録すべきテクストをどう具体的に拡大するのか。その思考は、このようにさまざまなかたちでの「わからなさ」をかかえたままでの方針選択の決断をふくまざるをえないのである。

無署名の記事の著者

もうひとつ、たとえば『郷土研究』や『民族』における無署名記事を例に挙げておこう。柳田が編集者として深くかかわったこのふたつの雑誌のばあい、いくつか記事の特徴的な形態(9)が存在する。

(9) ここでは指摘するだけにとどめるが、「問答」という形式もまた、雑誌としての特質を活かす郷土研究の運動のしかけであったが、これを全集にどう取り入れるかも論点となった。やがてこの交流のしかけは、民間伝承の会の機関誌における「小さな問題の登録」という工夫につながっていく。『郷土研究』の特徴あるこの欄に、柳田は自身でもさまざまな問いを出し、また気づいた答えをいくつかの筆名で寄稿している。しかしながら、明確に柳田のある記事についても、定本は収録しなかった。短すぎるという判断が先にたったためであろうか。

ひとつは投稿された論考や報告に付けられた「編者付記」である。「柳田曰く」と始まるケースもあれば、「編者曰く」とあるもの、ただなんの名乗りもなく付記として付けられているものなど、さまざまがある。これらは、コミュニケーションの場としての雑誌を考えたばあい、たい

資料 1-9

『郷土研究』	定本収録	書誌		署名	無署名	定本未収録	署名	無署名	計
雑報・批評・小通信	109	有	88	11	77	158	3	155	267
		無	21	17	4				
郷土会記録関係	4	有	3	2	1	16	1	15	20
		無	1	0	1				
計	113			30	83	174	4	170	287

へん重要な応答の公開であるが、「柳田曰く」と明確にあるばあいですら『定本』はあまり熱心に採っていない。

別なひとつが無署名の文章である。「雑報及批評」とか「小通信」という括りのもとで『郷土研究』に載せられている。

これも、分析してみると定本でのあつかい方は複雑である。全体で二九四の記事のなかで、明らかに別な筆者の署名のある紹介記事の七本を抜くと二八七になるが、そのうち定本が収録しているのは一一三に過ぎない。理解が難しいのは、この内の少なからぬ数が、まったくの無署名であるにもかかわらず『定本』に採られていることである。さらに書誌が掲載しているもの八八と、『定本』がテクストに採っているもの一一三との相互の関係が、集計分析表（資料1－9）に見られるように、署名の有無を規準とするような単純な包含関係の論理では片づけられないズレを有している。このことも事情を複雑にしている。普通は書誌が指摘していても、口述等々の問題のために定本が採っていないという関係が基本であるのに、ここでは書誌が指摘していないにもかかわらず、定本が採用しているものがリスト（資料1－10）のように二一タイトルに達する。

やや踏み込んだ推定をするならば、定本書誌が指摘している雑報はい

資料 1-10

分類	題名	巻	号	定本	筆名
雑誌及批評	第三十八回郷土会	3	12	30	
小通信	「紙上問答」の中止	4	1	30	（編者）
小通信	「裏日本」	4	1	30	
小通信	「渋江抽斎」	4	2	30	（柳田国男）
小通信	「信濃郷土史研究会」	4	2	30	（柳田国男）
小通信	美濃の祭礼研究	4	2	30	（柳田国男）
小通信	「出雲方言」の編輯	4	3	30	
小通信	ソリコと云ふ舟	4	3	30	
小通信	八郎権現の出身地に就て	4	4	30	（山崎千束）
小通信	川口君の「杜鵑研究」	4	4	30	（柳田国男）
小通信	黒木と筏に就て	4	4	30	（柳田国男）
小通信	屋根を葺く材料	4	5	30	（安東危西）
小通信	松井七兵衛君より	4	5	30	（山崎千束）
小通信	童話の変遷に就て	4	6	30	
小通信	土佐高知より	4	7	30	（柳田国男）
小通信	勝善神	4	7	30	（柳田国男）
小通信	結婚年齢の定め	4	7	30	（板橋小棠）
小通信	摘田耕作の手間	4	8	30	（田原藤吾）
小通信	タウボシに非ざる赤米	4	8	30	（安東危西）
小通信	長者と池	4	8	30	（榎木御杖）
小通信	楊枝を売る者	4	8	30	（尾芝古樟）
小通信	風俗問状答書	4	9	30	（柳田国男）

ずれにせよすべて、増巻分の定本に収録されている。そのことから、定本編者は基本的に水木直箭の書誌に依存したと考えてよいだろう。そのうえで編者である大藤時彦が、郷土会関係記事の一本と「小通信」の柳田の筆名と思われる署名記事一七本と主題から柳田執筆と思われる無署名の四本に気づいてくわえたのではないかと思う。しかし、その増補が組織的でなかったことは、未収録の一五八の記事の存在にあらわれている。そのなかには「板橋小棠」など収録した筆名と同じ署名がある記事も混じっている。

柳田国男のテクストであるという認定を、『定本』所収であるからという論理にもとめる解決もなんどとなく主張された。形式として明確な線引きであるかのようにも見えるが、じつは「切り捨てる」判断の基準を『定本』という他者に押しつけただけである。内容的にみるとこれまでの理解を踏み出すことがなく、なんの積極性もない。そもそも全集をいま刊行することの意味は、定本ののりこえにあったのではないか。

しかも『定本』の判断基準そのものが、すでに述べたように曖昧であるという事実と向きあっていない。一定の長さ以上の論考で民俗学的に意味のありそうなものというあたりで、いささか恣意的に決められたのではないかと疑われるだけに、『定本』依存でテクストを処理しようとする方針には根本的に疑問がある。

われわれは、ここでは「編者としての柳田国男」の実践をまるごとかかえこむような方向で、署名があるかどうかという規準とは別に、また内容の真贋鑑定のような論点に入りこまずに、これらの雑誌については編者付記という形式と雑報および通信欄の無署名のすべてを『全集』に入れることにし、その判断の根拠について解題で述べるという形で合意に達した。

執筆者としての著者

こうした判断は、じつは『定本』の第2の問題点である、純粋なる執筆の成果に限定するという狭義の「著者」主義の限界認識とも無縁でない。

しばしば指摘されるように、『定本』は「原則として先生の執筆にかかるものにかぎり、口述筆記の類ははぶきました」（内容見本Ⅰ）という立場をとった。なぜならばの理由も一応は理解できる。それは他人が書いたものなので、基本的に「柳田国男」ではないからである。その結果、柳田の著書単行本として出された『民間伝承論』は「序」と「第一章」しかテクストとして載せられなかった。同じ論理にもとづいて著者の単行本であっても口述筆記の部分がはずされ、論考でも校閲を経ていないと思われる講演記録などが省略された。

単行本というまとまりの内部にまで介入して選別するという、いささか厳密なまでの直接執筆あるいは柳田の直接の認知承認へのこだわりは「御意向」重視の一つのバリエーションである。しかしながら、読者には率直かつ素朴な疑問を起こさせるものでもあったらしい。刊行開始当初の『月報3』（一九六二年三月）が「収録著作の内容についてお問い合せも多いのですが、現在の方針として、柳田先生が直接に筆をとられたものでない著作、たとえば「民間伝承論」（第一章以外）などは、一応省くことにいたしております」とあらためて断ったにもかかわらず、ほぼ最終の配本の『月報35』（一九六四年一一月）においても「本定本に収録いたしました作品は、先生の自筆及び御自分の校訂のあった筆記原稿に限っております。その点よろしくご承知下さい」とあらためて述べ、かさねて弁明せざるをえなかった。

『定本』が、徹底して純粋著者主義の原則を貫こうとしたのはひとつの見識だが、結論だけを押しつける結果となっている点では、ほんとうは読者の疑問にこたえていない。口述であるのかどうか、さらに口述記録に柳田自身が手を入れたかどうか、『定本』の編集時でさえすでに事情をたどれないものが多かったにちがいない。経緯のわからないテクストに対して、いったいどのような判断したのか。さらに、そもそもどのテクストが経緯不明なのか。そうした情報が解題として具体的に記されていないために、けっきょくのところ読者が根拠にさかのぼって検討したり考えたりすることができないのである。

純粋執筆主義をささえている「著者」概念の自明性は、個人全集の文化のひとつとして出版社や編集者の常識というか「イデオロギー」に深く入りこんでいる問題であって、柳田国男の『定本』だけの問題はない。

断片的なエピソードにすぎないが、『定本』がそうしたように、たとえば序文などの「柳田国男」の署名を自動的に省くことは「全集」に入れる際には「あたりまえ」の処理なのだと公言する、全集づくりの「ベテラン」を自称する編集者もいた。このあたりまえの前提として主張されたのは、すべての収録文章は「柳田国男」が書いたものなのだから、あらためて「柳田国男」の署名を入れるのは無意味で冗長で美しくないという判断であった。そうした考え方からすれば、柳田がさまざまに使い分けた筆名など、解題まわしのあつかいでよい従属的なテクストになってしまうのは当然だろう。それほどに「全集」において、執筆者としての著者というカテゴリーが自明なものになっていた。

しかしながら柳田の書物づくりにおいては、『郷土会記録』のように、著者と執筆との関係を揺るがすような事例も含まれているので、そうした慣習的な常識によりかかるのはあやうい。『郷土会記録』は簡単にいえば、郷土会という研究会においてのさまざまな人びとの発表を、柳田が聞き取ってまとめた、いわば記録ノートである。表面上の著者は、それぞれの発表者である。だから雑誌『郷土研究』への初出段階では、たとえば「小田内通敏」を著者とする「大山及び三峯の村組織」という論文の形で出されている。しかし筆記しまとめたのは、誰あろう柳田国男であるのだから、もし直接に執筆したものの公刊という意味でなら疑いえない柳田の作品である。そしてまとめ方それ自体に、聴衆としての、あるいは読者としての柳田国男の個性が表現されている。新しい『全集』では、『郷土会記録』を収録する予定であるが、『定本』はなぜこの一冊をまるごと排除したのか、その論理は必ずしも透明でないのである。(10)

(10) 書誌と索引とを収めた『定本』の最終巻は、本文篇の完結のあと七年を隔てて刊行されたが、その月報36(一九七一年六月)に載せられた座談会で、鎌田久子が『郷土会記録』の欠落を指摘したのに対し、大藤は「あれは知っていたけどね。話者の名前で発表されているでしょう」と応じ、鎌田は「でも文章そのものは先生がご自分で書いたと書いてあります」と食い下がっている。

本文テクスト中心主義

第3に「本文テクスト中心主義」ともいうべき問題点がある。これは別な側面から第2の「著者とはだれか」の問題と深くかかわる。それは、いうならば「テクストとはなにか」の問題であり、『定本』がいささか無自覚なまま採用した本文（＝文字テクスト）中心主義による「テクスト」の内閉である。

いささか無自覚なまま、といった理由は、これが内容見本に載せられた「本書の六つの特色」のなかに出てくるものではないからである。そこでは意識化されていなかったのであろう。むしろ個々のテクストの処理のなかで選択された特質である。

たとえば『火の昔』の所収において「原本には挿絵があるが、今回は省いた」と書き、『村のすがた』では「原本には、題目毎に野口恵氏の挿絵があるが、今回は本文に言及してあるものだけに限った」（『定本』第21巻、あとがき）と挿絵の収録を制限する。

明記してあるばあいは、まだよい。削除や省略に自覚的だからである。『日本の昔話』『日本の伝説』のばあいなど、『定本』では諸版の挿絵をいずれも採らなかったけれど、『定本』第26巻のあとがきはそのことにまったく触れていない。つまり挿絵省略の問題など言及すべき主題として、認識すらしていないのである。

また本書の第四章でもういちど取り上げる『明治大正史世相篇』は、8枚の工夫ある写真が本文に挟まるように載せられていて、それに添えられたキャプションは間違いなく柳田が付けたものだと思われる。しかし、これについて『定本』第24巻はテクストとして省略したばかりか、原本における存在にも言及していない。定本の編者も出版社側の編集者も「このていどの写真」に

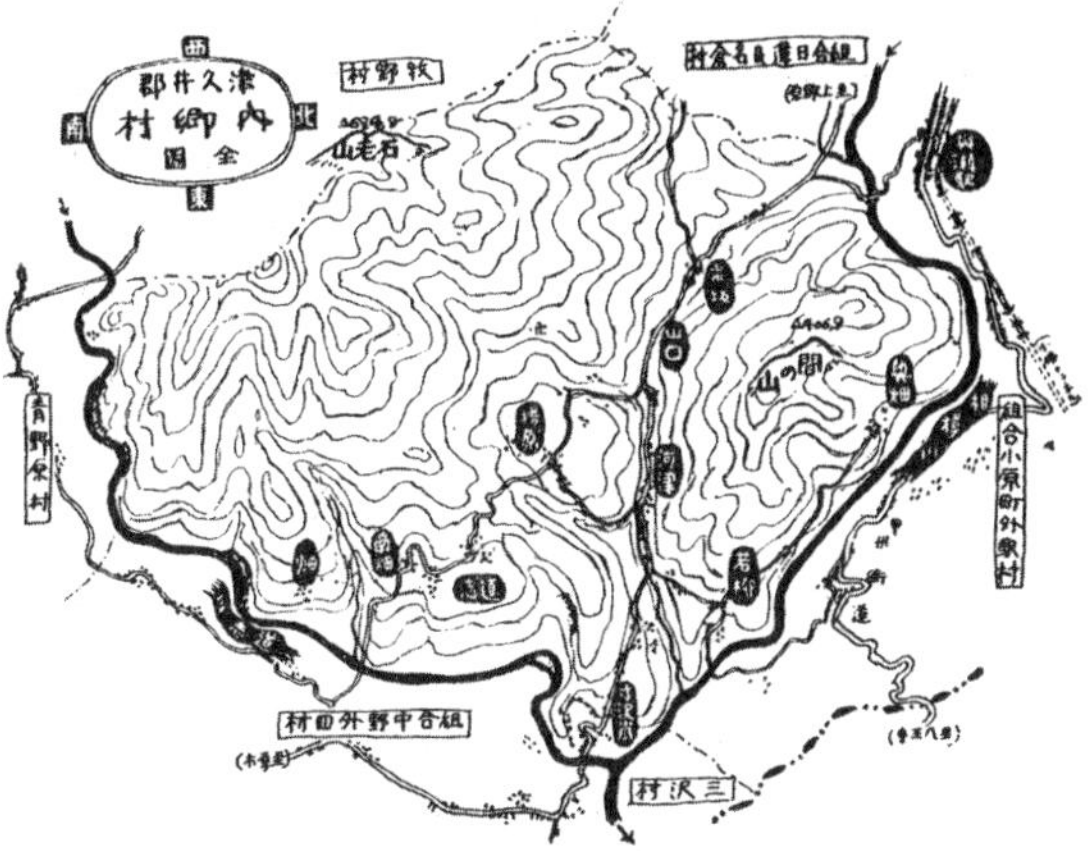

資料 1-11　『郷土誌論』初版地図

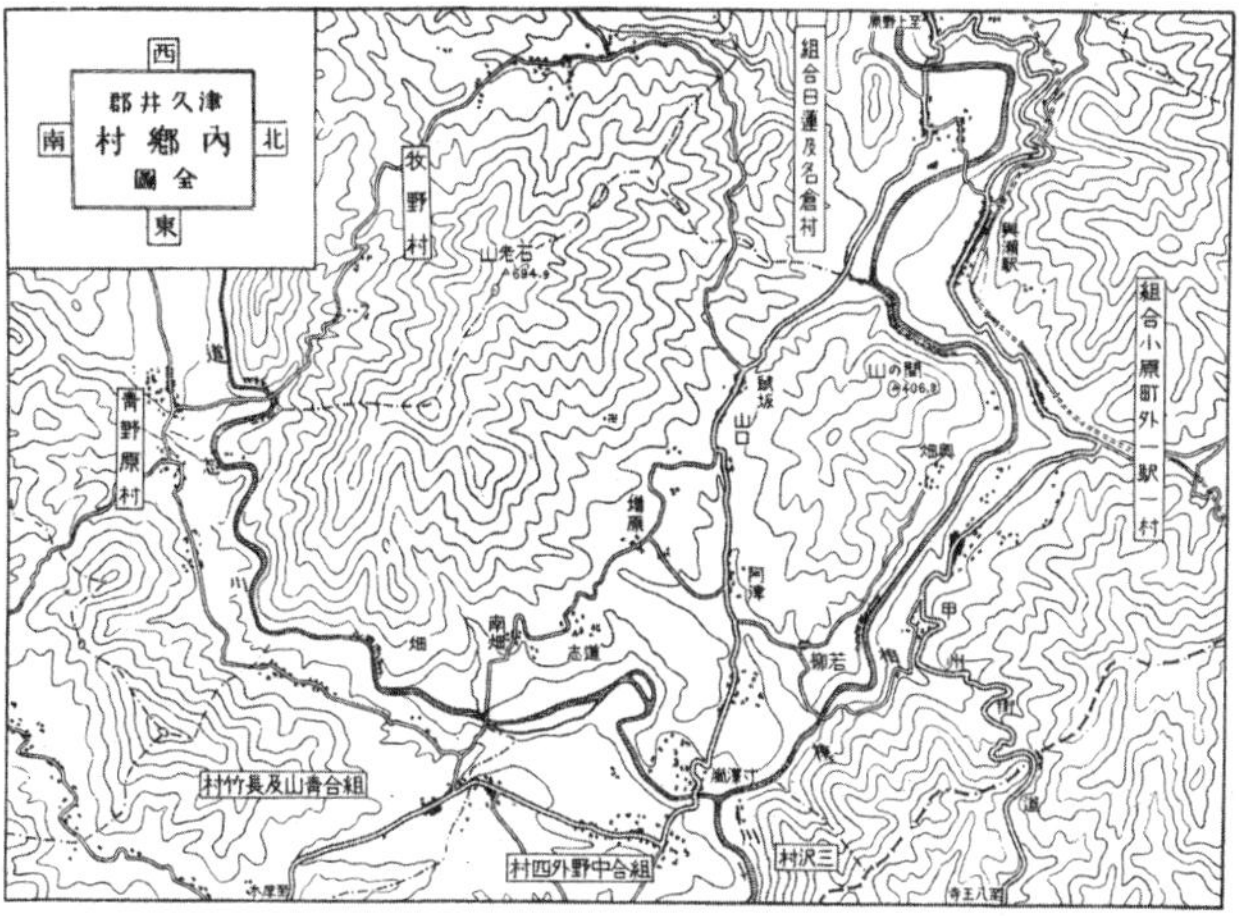

資料 1-12　『郷土誌論』再版地図

は意味を感じなかったというわけである。

さらに、『郷土誌論』は、初版から再版のあいだに、内郷村の地図を入れ替えるという図版レベルでの改訂を行っている。『定本』第25巻では、おそらくは今和次郎が描いたであろう初版本の図（資料1－11）を使っているが、後版準拠の原則からすれば再版の陸地測量部風のもの（資料1－12）を使わなければならないところである。そもそも再版において地図が書き換えられているということに気づいたうえでの選択かどうかも、明確ではない。

もちろん図版や写真のかなり恣意的な選択だけを、切り離して考えるべきではない。本文以外の諸形態におけるテクスト、すなわち口絵、写真、挿絵、地図、頭注、ルビ、柱の文字、広告、索引などの周縁化と排除の総体のなかでとらえるべきであろう。

「柱」とここでいうのは、書物の本文の欄外に設けられた見出しで、通常は章名や節名をくりかえして入れる。しかしながら、柳田は見開きごとにそこでの論点を要約する語句を左の奇数ページに載せた。いささかこまかすぎる論点だと思われるかもしれないが、柳田の書物づくりにおいては無視できない特徴である。柱の文字のつながりに関してはすでに『読書空間の近代』において、柳田国男のもうひとつの著作であると論じたことがある。(11) しかし、少なくとも『定本』のテクスト空間には手がかりがまったく残されておらず、なんのことか想像することすらできないにちがいない。試みに『時代ト農政』の冒頭の論文での左柱をいくつか引用しておこう（資料1－13）。

目次

一　農業經濟と村是……一―三七頁

今の農業者の經濟的智識……まだ解決せられざる問題……生産の地方的過不及……予は何故に貧なりやと云ふ質問……經濟事情の區々なること……村と村の土地……入作には色々の不便あり……村と村との經濟的組織の差異……地方農政の重要なる所以……町村の大に働かれねばならぬ點……村是調査の最初の著眼點……地形と農法との關係……村の勢力の適當なる配賦……我が一町と借りた一町……村持土地の管理方法……燃料採取地の問題……村民にして農業を營まざる者……個人の希望の集合は必ずしも村是に非ず

二　田舍對都會の問題……三九―八三頁

悲觀論者に贊成せざる二の理由……國柄によつて問題に輕重あり……都會の特に發達したる理由……新時代になりて此原因は増加せり……社會改良が先

資料 1-13-2
『時代ト農政』
目次

今の農業者の經濟的智識	三
まだ解決せられざる問題	五
生産の地方的過不及	七
予は何故に貧なりやと云ふ質問	九
經濟事情の區々なること	一一

資料 1-13-1
『時代ト農政』
左頁の柱

『時代ト農政』の本文は、節番号だけで分けられていて小見出しがない。目次（1-13-2）はなにか本文中の見出しを拾っているように見えるが、じつは節番号と無関係にページ見開きのテーマを要約した左柱の語句（1-13-1）の一覧である。

（11）この工夫は早くは聚精社版の『時代ト農政』［一九一〇］において試みられ、創元選書版の著作において全面的に採用されるにいたった。創元選書版では初校で見開きのページが確定した後に書き込まれた校正の断片が残っており、そのこだわりが伺える。

岡書院版の『雪国の春』のように広告（資料1－14）すら柳田自身が書いているばあいがあって、それを書物のなかから削除するとの主張は、テクストを本文のみに限る本文テクスト中心主義といわざるをえない。(12) さらに本文以外のテクストの軽視は、短い文章の軽視ともむすびつけられていそうである。しかし『南方随筆』（岡書院）の投げ込み（資料1－15）のように、短いながら伝聞の不正確をただす署名入りの明確なメッセージもある。比較的まとまった長い本文にしか取りあげる価値はないという決めつけは、いささか抽象的な早合点である。

（12）この広告の具体的な処理が、けっきょく該当の第三巻の解題に収録するというかたちになった事情は、私自身が当時一年近く海外研修中で日本での編集会議に参加できなかったため、細かくは承知していない。この第三巻は他にも『日本農民史』や『炉辺叢書解題』、『山の人生』の位置づけなどをめぐって数多くの問題があらわれ、限られた時間にさまざまな点で編集方針の基本を議論せざるをえなかった。

歴史学・社会学的な視点に立つならば、そもそも書物のもつ力を本文テクストのメッセージ内容にのみ還元することはできない。マクルーハンが考えたように、メディアの形態は重要な規定力であり影響力である。書物の政治学の自覚こそが柳田国男の方法の可能性の中心であるとい

同じ著者の近年の業蹟

海南小記　大岡山書店發行

海と海岸に働く日本人の生活、其間に成長した島の文化の考察である。九州東岸から沖繩群島までの旅行が學問の新機緣を促したことは「雪國の春」も同じである。炭燒長者の物語、竈神の信仰、春の神の往來など、共通の題目は少なくない。

山の人生　鄕土研究社刊行

神隱しの不思議と、日本の天然信仰の根原を說かうとした新しい試みである。「雪國の春」の末の方に詳述した長命な旅行者と歷史との關係は、少しく形を換へて現代まで續いて居る事を、豐富なる實例を以て論證したものが本書である。

祭禮と世間　鄕土研究社刊行

世間は祭禮を誤解しつゝ、今尙その隱れたる力に由つて動かされて居る。讀書人の無智が社會に不幸なる斷層を作ることを防がうとすれば、特に事實に就いて學ばなければならぬ。その學問だけは輸入することが出來ぬ。乃ち將來の國學として是より大に起るべきものは、前代平民の精神生活の研究であるといふことを說いて居る。「雪國の春」の天地には、陸前鹽竈のザツトナの如き、珍しい題目がまだ幾つとも無く殘されて居たのである。

資料 1-14　『雪国の春』広告

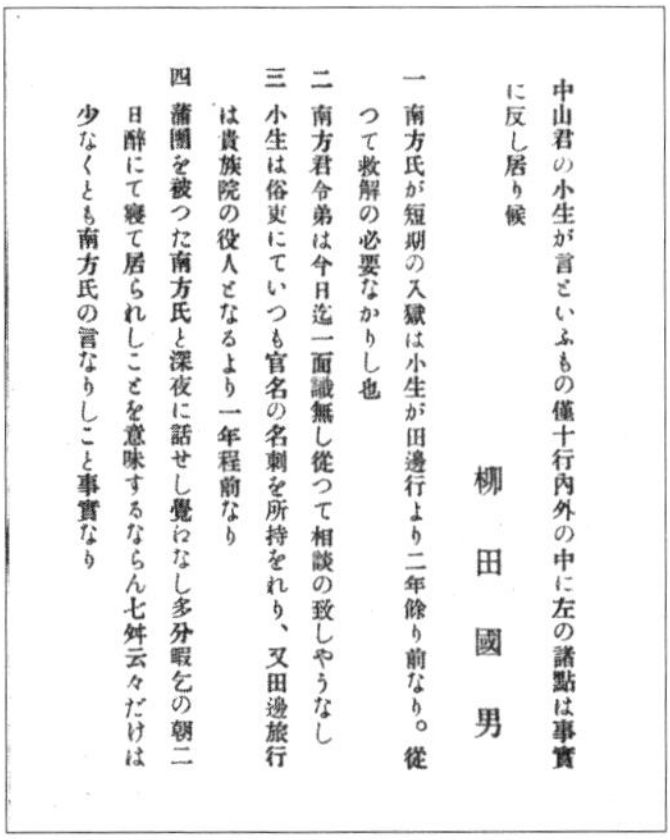
中山君の小生が言といふもの僅十行内外の中に左の諸點は事實に反し居り候

柳田國男

一　南方氏が短期の入獄は小生が田邊行より二年餘り前なり。從つて救解の必要なかりし也

二　南方君令弟は今日迄一面識無し從つて相談の致しやうなし

三　小生は俗吏にていつも官名の名刺を所持をれり、又田邊旅行は貴族院の役人となるより一年程前なり

四　蒲團を被つた南方氏と深夜に話せし覺えなし多分暇乞の朝二日醉にて寢て居られしことを意味するならん七舛云々だけは少なくとも南方氏の言なりしこと事實なり

資料 1-15　『南方随筆』投げ込み

第四巻

世相篇

編著者　東京朝日編輯顧問　柳田國男

日本《にほん》は如何《いか》なる國《くに》、今《いま》はどういふ時《とき》かといふ問題《もんだい》は、單《たん》に大きな過去《くわこ》の事件《じけん》だけを、並《なら》べて見《み》たのでは答《こたへ》にならない。世《よ》の中は我々《われわれ》が忘《わす》れたり、省《かへり》みなかつたりして居るうちに追々《おひおひ》に改《あらた》まつて來《き》たのである。だから此《この》一巻《くわん》では出來《でき》る限り、目《め》で見《み》、耳で聽《き》き、口《くち》で味《あぢは》ひ、鼻《はな》で嗅《か》ぐやうな的確《てきかく》なる事實《じじつ》に基《もとづ》いて、どれだけ時勢《じせい》が變《かは》り、どれだけ又國柄《またくにがら》が殘り傳《つた》はつて居るかを、明《あきら》かにして見《み》ようといふのである。我々《われわれ》は既《すで》に歴史《れきし》の參加者《さんかしや》では無《な》いか。我々《われわれ》の承認《しようにん》し得ざる歴史《れきし》といふものが有《あ》らう筈《はず》は無《な》い。しかも新聞《しんぶん》の日々《にちにち》の記錄《きろく》を利用《りよう》しなかつたら、歴史《れきし》は尙《なほ》いつ迄《まで》も二三の英傑《えいけつ》によつて作《つく》られるといふやうな、飛《と》んだ迷信《めいしん》から脫《だつ》することが出來《でき》なかつたらう。

資料 1-16　『明治大正史』内容見本の「世相篇」広告

資料 1-14 は単行本『雪国の春』の巻末広告で、資料 1-15 は『南方随筆』に収められた中山太郎の文にあらわれた柳田の言動に描写に対する異論、資料 1-16 は朝日新聞社の『明治大正史』全 6 巻の内容見本に載せられた、柳田自身の内容予告である。

う理解は、あまりに私の解釈が濃厚にすぎる主張だとしても、たとえば朱筆の自己批評をもって「索引」を改訂したいと書き、地図の改善や挿絵の差し替えを指示した編集心に富む思想家が、本文だけに自分の表現の媒体を限定していたと考えるのは無理がある。

『定本』の読書空間は、その単色の文字テクスト中心主義のなかで、思想家や研究者向けの、あるいは「全集」文化仕様の、あまりに均一化したテクストとしての「柳田国男」をつくりあげてしまったのではあるまいか。たとえば柳田自身が子ども向けを意識した書物を考えたばあい、省かれた挿絵ばかりでなくルビなどもまた大きな意味をもつ。形式をととのえるための一律の排除は、その子どもに対する工夫によって成り立ったであろう書物としての固有の性格を剥奪することを意味する。

だからこそ、あったそのままの形態の復元においては無理であるにせよ、なお全集という形式の統一のなかでもできるかぎりの配慮をほどこし、情報となるべき手がかりをのこす方向が望ましいと考えたのである。

テクストの特権化としての「定本」

第4の問題点として、後版準拠の基本原則とも深く関連するテクストの決定版としての特権化、すなわち文字通りの「定本化」傾向を挙げなければならない。

もちろんここでいう後版準拠の基本原則と、定本化の傾向の発生とは独立の問題である。いかなる版を底本にするにせよ、ひとつの版のテクストしか提示できないという条件のもとでは、定本化傾向を避けることはむずかしい。ひとつのテクストのみが特権化されてしまう傾向は、諸版の比較の実践においてのみ相対化しうるのであって、たとえば初版準拠の選択がそれだけで定本化をまぬかれているとはいえない。しかしながら、後版準拠が基本的に最終的に完成したテクストの意識を生みだしやすい点において、定本化を助長する側面があることにも注意が必要である。私が「最後の形がその本の思想のすべてをもっとも完成した形で包含しているという暗黙のヘーゲル主義」(毎日新聞、一九九七年一〇月一三日夕刊)と呼び、新全集編集の試みを「認識論的切断」になぞらえたのは、それゆえである。

じっさいの内容見本Iでの主張では、「原稿」は「先生所蔵の自筆書き入れ本」にもとづいたといい、『月報1』は「先生の朱筆入り決定稿」によるものだと位置づけた。しかしながら、ここでいう「原稿」「決定稿」がなにを指すのかはわかりにくい。『定本』のテクスト編集では「底本」という概念を用いていない。「定本」という立場の選択は、柳田国男という主体をそこに立てておけるかぎりにおいて「決定」したという論理で正統化することのできる仕組みになっていたので、ただ「原稿」といえばそれで済んだのである。

しかし当の柳田国男自身すら、柳田国男という自己の実践の歴史を超越的に見とおす主体ではないのだという、あたりまえのことをこの立場はあまりにもナイーブに見落としている。それゆえ柳田国男という主体＝「神」の死のあと、テクスト決定の実際に多くの迷いや失敗や見落としが生まれるのは、現実にはいたしかたのない傾向であった。

誤解のないように強調しておかなければならない。見落としや失敗の存在それ自体は残念な事実だが、人間はいかに注意していても誤りをおかしうる。だから、その一つひとつの事実そのものをあとからあげつらい非難することに、必ずしも積極的な意味があるとは思わない。問題とすべきは、それが見落としであることを論証し、失敗がなにゆえに失敗であるのかそのゆえんを説明しうるような用意を、この『定本』のテクスト空間が提供していないことである。

底本を明示しないことによって、また諸版をどう認識した上で「定本」を選んだのかを、具体的にものがたらないことによって、読者の批判や検証を封じてしまっていることこそ、根本的に批判されなければならない構造である。読者という他者の批判だけでなく、じつは編集にあたるもの自らがまちがいに気づき、あるいは自らを批判したり再検証したりする根拠をあいまいにしてしまうからである。新全集には「校異」を名のれるほどの徹底は技術的にも時間的にもゆるされなかったが、「校訂」や「解題」の形式において版の違いにかんする情報をのこし、選択の事実を明示しようとしたのも、そうした認識があればこそである。

定本化をめぐる論点は、諸版の多様性の排除と比較の隠蔽という要約にもう尽きる。そのかぎりではあらためて例を挙げるにもおよばないが、2つだけ、直接執筆の後版準拠という定本原則にかかわってあらわれてきた具体的な問題に触れておこう。

自作自編の『炉辺叢書解題』

ひとつは、情報の過小性が不要な「解釈」のあらそいを引き起こしてしまった事例である。柳田国男編『炉辺叢書解題』という書物がある。柳田が自ら力を入れてプロデュースした炉辺叢書の諸編について、無署名ながら柳田自身が解題をきっちり一ページ分ずつ書いて紹介したものを集めて一冊にした、今日の文庫の解説目録を思えばよい、ていねいな工夫である。

これは宣伝のために出版社がつくる配布物なのだから書物ではないととらえる立場が、編集委員の一部や出版社側の編集者から出された。現代人の最初の直観としてそう思いがちなのは私にも理解できるが、柳田研究者の全集編者としては、その解釈にはまったく賛同することができない。宣伝のためにつくられようと、非売品でくばられようと、奥付がなかろうと、ページ数が少なかろうと、これは柳田国男自身の一冊の書物である。内容的にも『退読書歴』や『老読書歴』の形成につながっていく、たいへんおもしろい書物の一形態だと考える。ただし、書物ととらえるかどうか自体は、ここでの論題ではない。この書物の詳細[13]にはいりこむと議論がややこしくなる。ともあれ『定本』はこれを第23巻の「序跋・批評・自序集」というくくりに収めたが、そのさいになにを底本にしたのかを明確には提示しなかった。すこし話を単純に整理して、この不明確さが招いたドタバタを説明しよう。

(13) こうした小さなパンフレット形式で発行されたもののばあい、奥付がない出版形態もめずらしくなく、同定のための書誌情報の記載がむずかしいのが常である。じっさい『炉辺叢書解題』を書誌学的には幾種類に分類すべきか、まだ調査が充分ではない。現状でも題名内容等の異なる三種が確認されている。

資料の根拠をもたない疑問

この『炉辺叢書解題』には、「大正十三年十一月」の序文日付をもつ一六編の解題が載せられているもの（『解題Ⅰ』と略す。資料1－17－1）と、「大正十四年七月」の序文日付をもつ二〇編の解題が載せられているもの（『解題Ⅱ』と略す。資料1－17－2）がある。ところが『定本』がテクストとして収録したのは一六編分の解題だけで、序文の日付も「大正十三年十一月」とあるので、明らかに『解題Ⅰ』から採られたものである。最終版準拠の原則からすれば『解題Ⅱ』の「見落とし」と思われるのだが、「内容細目」はその書誌事項を「炉辺叢書解題（大正十四年七月、郷土研究社）」として『解題Ⅱ』に属する情報を載せた。

そのあたりから、混乱がしだいに深まっていく。

立てられた最初の問いは、二〇編すべてが「なぜ収録されなかったのか」である。その問いを、のこりの四編が「なぜ落とされたのか」という問いに無意識に変換してしまったのが、誤りのはじまりである。「収録されなかった」と意識して「落とされた」とは、微妙ながら明確に違う。そこから今度は、「落とされた」「省かれた」という認識を事実とした上で、「なぜ」が問わ

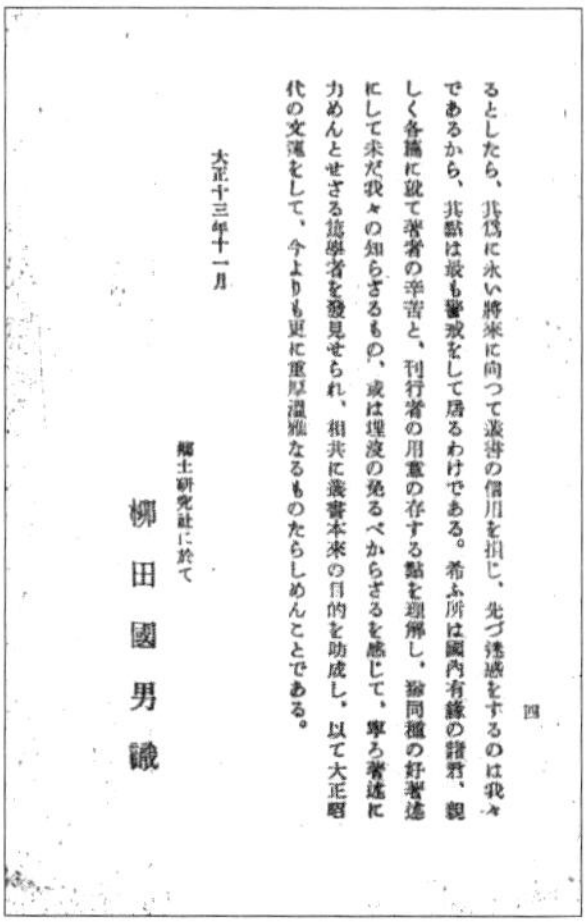
四

るとしたら、其爲に永い將來に向つて叢書の信用を損じ、先づ迷惑をするのは我々であるから、其點は最も警戒をして居るわけである。希ふ所は國内有緣の諸君、親しく各篇に就て著者の辛苦と、刊行者の用意の存する點を理解し、猶同種の好著述にして未だ我々の知らざるもの、或は埋沒の免るべからざるを感じて、寧ろ著述に力めんとせざる篤學者を發見せられ、相共に叢書本來の目的を助成し、以て大正昭代の文運をして、今よりも更に重厚溫雅なるものたらしめんことである。

大正十三年十一月

鄕土研究社に於て

柳田國男識

資料 1-17-1 『炉辺叢書解題Ｉ』

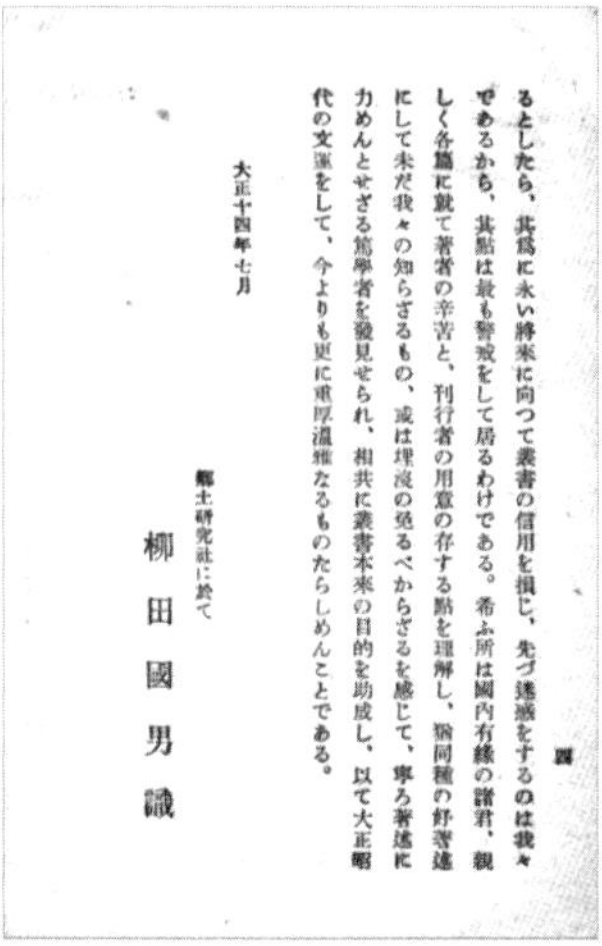
四

るとしたら、其爲に永い將來に向つて叢書の信用を損じ、先づ迷惑をするのは我々であるから、其點は最も警戒をして居るわけである。希ふ所は國内有緣の諸君、親しく各篇に就て著者の辛苦と、刊行者の用意の存する點を理解し、猶同種の好著述にして未だ我々の知らざるもの、或は埋沒の免るべからざるを感じて、寧ろ著述に力めんとせざる篤學者を發見せられ、相共に叢書本來の目的を助成し、以て大正昭代の文運をして、今よりも更に重厚溫雅なるものたらしめんことである。

大正十四年七月

鄕土研究社に於て

柳田國男識

資料 1-17-2 『炉辺叢書解題Ⅱ』

資料 1-17-3
柳田国男編『炉辺叢書解題』

資料 1-18
大藤時彦編『炉辺叢書解題』

れ、さらに「柳田は書いたのか」「だれが書いたのか」という問いまでが生まれた。

のちに一九七六年になって、定本を実質的に編集した大藤時彦を編者として名著出版で『炉辺叢書』の全三六冊（昭和四年までの間に全部で三六冊が刊行された）が復刻される。そのさいに、一六編の解題に関しては柳田の執筆として定本から転載したうえで、『解題Ⅱ』ののこりの四編を含め、かつての『炉辺叢書解題』以降に刊行された一六編をくわえた二〇編について、「今回新たに最適任の方々に各書目の解題を記していただいた」と他の人に頼んで解題してもらう御丁寧をつけくわえたことが、さらに事態の了解を複雑にした（資料1－18）。定本に入れられなかった四編は「柳田国男が執筆しなかったからだ」という「信念」を補強する役割を果たしたからである。そこにいたって、『定本』が載せていない四編は、柳田の執筆かどうか疑わしいので、少なくとも新しい『全集』には入れるべきではない、躊躇するという主張がまことしやかにあらわれた。

私の解釈では、「なぜ収録されなかったのか」の原因は、じつに単純である。

ただ『定本』の編集にあたった大藤時彦が『解題Ⅱ』の現物を見たことがなかったからだ。あるいは表紙を見たことくらいはあっても、テクストとして『解題Ⅰ』と『解題Ⅱ』が異なる事実を認識していなかった。それゆえに、一連の誤りや不注意な記載が生まれた。そう考えるのが、無駄な仮定を入れないもっとも自然な説明だと思う。すなわち改版の見落としであり、比較作業の不十分である。内容細目の記載と収録本文のズレは、水木直箭が提供した書誌情報から、現物との対照なしに、より新しい版の情報だけを利用したためである、と考えれば説明がつく。定本の「内容細目」には、そのように現物未確認ではないかと思われる情報が散見されるので、じゅうぶんに起こりうることである。

『解題Ⅱ』で増補された四編をふくめ柳田国男編『炉辺叢書解題』の二〇編すべてが、なるほど「無署名」である。だが文体から考えても独特の用語からみても、柳田以外の執筆は考えにくい。多少とも柳田の文章に親しんだことのあるものならば感得しうる特質だが、その証明は印象の争いになりやすく、また他者による巧妙な模倣という論理の導入をしりぞけることが難しい文体の鑑定に、全面的に論拠を置くのは得策ではあるまい。

冷静に考えれば、じつはそれ以前の問題である。つまり他筆の疑問そのものが、いくつかのカテゴリーや命題の無意識のすりかえのうえに成り立った主張なので、そもそも拠るべき論拠をもたずまちがっている。すなわち、問いそれ自体がまちがっているという事実こそ、のこり四編への疑いをしりぞける、もっとも有力な論拠である。

くりかえしになるが「収録されなかった」という事実認識と、「削られた」「省かれた」という事実認識とでは、その上に組み立てるべき説明も論証もまったく異なってくる。もしそこまで熱心に一人で取り組んできたはずの解題目録の増補分の執筆を他の人に頼んだと仮定するなら、頼まなければならないだけの理由もまた、自らの説明のなかに具体的に組み込まなければならない。そして、できるかぎり傍証となる状況証拠の提示が要請されるだろうと思うが、これまでのところ、他筆をうかがわせる手がかりは定本未収録という事実以外にはなにも提出されていない。

さらに大藤時彦がなぜ『炉辺叢書解題集』を新たにわざわざ刊行しながら、その解説に『解題Ⅱ』の存在や、『解題Ⅰ』と『解題Ⅱ』の区別、さらには他筆ゆえに定本に収録しなかったという事情を、ただの一言も触れていないのか。それも、この他筆の疑問を採ったばあいには新たに説明しなければならなくなる。「見落とし」でないとするなら、そうした徹底的な「無視」こそが不自然ではないか。ただただばくぜんと、無署名という事実から他筆の可能性を一般的に仮定し、そこに合致しそうな事実の記述だけを選択してゆけば、かえって奇妙で不自然な疑問ができあがってしまう。『解題Ⅱ』の存在を知っていたなら、定本に収録した序文の日付を「大正十四年七月」にしておかなければおかしい。「大藤時彦が知らなかったはずはない」の思いこみや、「定本は柳田の直接執筆以外を排除している」の一般論など、さまざまな水準でのさまざまな説明を混ぜながら「定本が削除した四編は柳田国男の執筆ではない」という、いささかトンデモない断定にたどりつく道筋は、そんな好例ではなかったか。疑いもまた「単独」の思いつきによりかかるだけでなく、重なりあう事実の「重出」に裏づけられていなければならない。

『定本』における情報提供の不足は、このような問題を数多く引き起こす。そして、これが最初に触れた「御意向」問題の一現象形態であることにも注意が必要だろう。

もうひとつ『日本農民史』という書物の例も挙げておこう。この書物は、おそらく次の四つに大きく分類して、その変容を押さえるべき一冊である。

① 『日本農民史』早稲田大学出版部版、無刊記（資料1－19－1）
② 『日本農民史』刀江書院、昭和六年一二月五日発行（資料1－19－2）
③ 『日本農民史』刀江書院、訂正一〇版、昭和一二年一二月二〇日発行（資料1－19－3）
④ 『日本農民史』東亜出版社、昭和二一年九月五日発行（資料1－19－4）

最初の早稲田大学出版部版は、通信教育用の教材であった。じっさいに幾種類が出されたものか、奥付がなく版数もわからない。誤植などから少なくとも3種の異なる版があることだけは確認している。刀江書院版だけでも一三版を数えるが、出版社が本に付けている奥付の版の表記の不正確や混乱ゆえに、たとえば改訂がいつなされたのかの確定がことさらに面倒な単行本のひとつである。東亜出版社の版は、刀江書院版と連続した版数を採用したと思われるのだが、参照する底本をまちがえたか、校正の見落としか、実質上は一四版とすべきであるにもかかわらず「第十三版」を名のる混乱を引き起こしている。

くわえて指摘しておきたいのは、最終版における削除の問題である。もっとも後に出された東亜出版社の版にはほぼ一ページ分のテクストの削除がある。にもかかわらず、『定本』はそれを採用せずに、以前の刀江書院版のテクストのままに収録した。「あとがき」は、明確に東亜出版

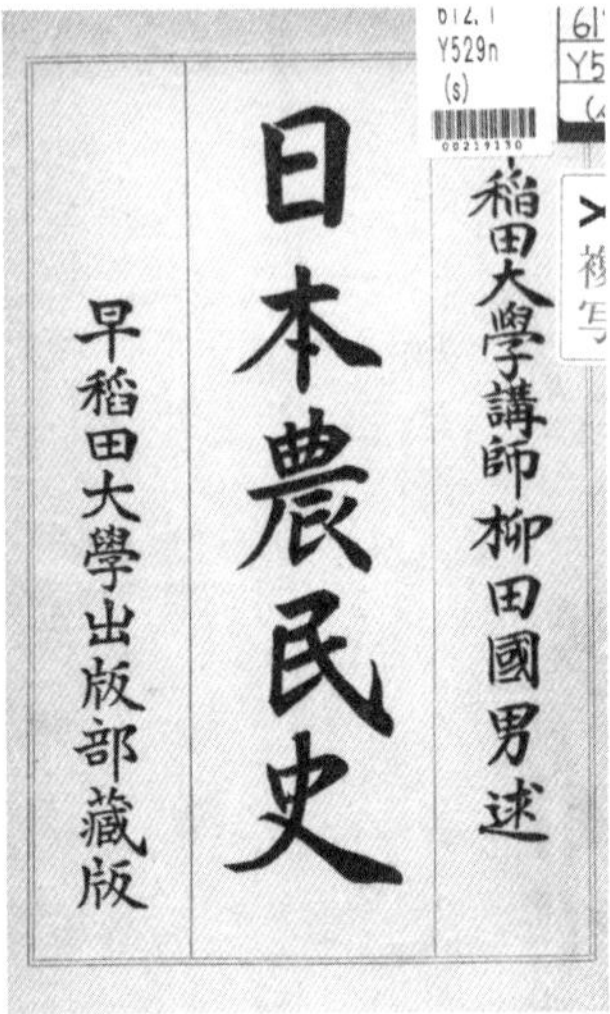

資料 1-19-1 『日本農民史』①

資料 1-19-2 『日本農民史』②

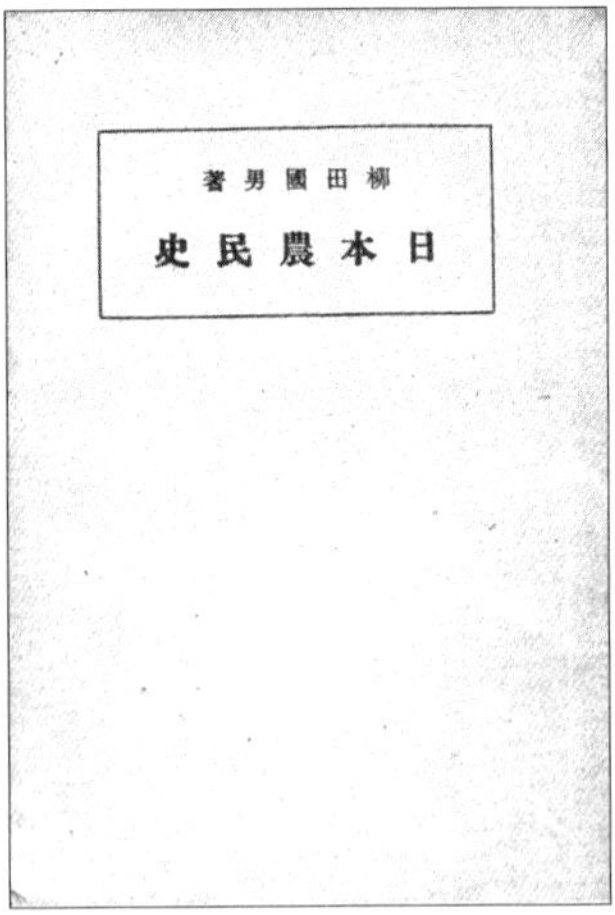

資料 1-19-3 『日本農民史』③

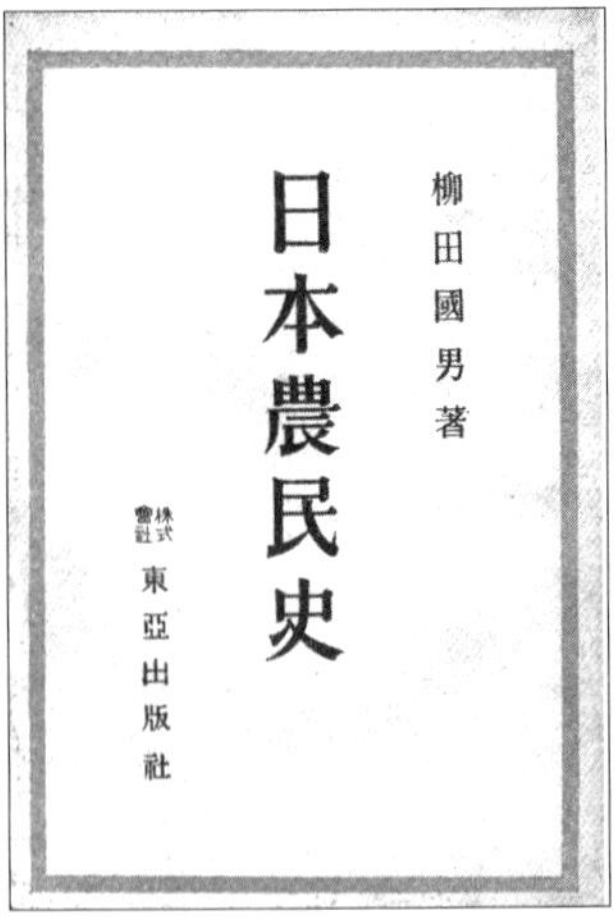

資料 1-19-4 『日本農民史』④

社版の存在に言及しているので、本来であればもっとも新しい削除版をとるはずが、なぜそれよりも前の形態のテクストを「定本」としたのか。原則から外れているかぎりにおいて、このテクストの収録決定は固有の説明を必要とする。ここでも、底本の情報表示が制度化されていないために、「見落とし」なのか、それともなんらかの指示や判断にもとづく「選択」なのかという問題が、不明確なまま生みだされてしまうのである。

『定本』のテクスト空間は、テクストの選択という恣意的な事実それ自体にくわえ、選択の経緯に関する情報のあまりの少なさにおいて、このような多くの問題を生みだし、あるいは隠してしまっているのである。

ジャンルによる分断

第5の問題点として、ジャンル別の全体編成によるテクストの「分断」がある。『定本』は既刊の単行本と未完の雑誌論文・原稿を組みあわせて、テーマ別に巻を分けて編集するという方針をかかげた。内容見本Iは「本集の構成は、ジャンル別を採用しました」と宣言し、『月報1』(一九六二年一月)は「先生の御意向の下にジャンル別編集」したと、その方針自体が「御意向」であったと説明している。

管見の範囲内であるが、今もなお『定本』の方が使いやすいと主張する人の多くが、このジャンル別の編集の便利に言及している。農政学関係だけをまとめて読める、あるいは口承文芸研究がその何冊かに集まっているからだ、という。そうした構造は、一方で全体が少量であればなるほど見わたすに便利かもしれず、その領域区分のカテゴリーの正当性や独立性が疑われないかぎりにおいて、有効であるかのように見えるだろう。しかしそのような成立したジャンルに沿って思考を進める分断こそが、『定本』のテクスト空間がかかえこんでしまった政治性ではなかったか。

これは「慣れ」の問題ではなく、それ以上の意味をもつ。ジャンル別編成がかかえる根本的な問題点は、じつはもっとテクノロジー内在的なものだ。

われわれが考えなければならない問題の一つは重複分類であり、もう一つは全体配列の原理である。ひとつのテクストを位置づける場所が、ジャンルという主題カテゴリーによって用意されるために、不可避的に重複分類の難問があらわれる。たとえば農政学にも関連すると同時に口承文芸研究の重要な試みであるような、何重もの性格をもつ論考をどう帰属させるのか。それについては、そもそも一元的な決定ができない。さらに全体を分割するジャンルそれ自体、すなわち主題・テーマをどのような順序でならべるのか。その順序を決定する基準が存在しないのである。

もちろん、それは編集委員会がその責任と権力において決めてしまえばいいという解決の仕方はありうる。そしてそのならびを覚えてしまえば、『定本』を使い慣れた読者が感じているような「便利」なり「使いやすさ」が生まれる。それでいいではないか、という立場もありうるだろう。

しかしながら、それは編者の研究者としてのテーマ別での分類や、編集委員会のジャンルの順序の決定を、そのまま読者に押しつけることを意味する。読者もまた、その枠組みを自分のなかに内面化する。われわれが理想としたデータアーカイブ型の全集においては、分類やならべ方を編集者の思想や主張にまかせて、恣意的にであれ決定してしまえば済むというわけにはいかない。読者もまた、一定の原理の形式性において収録の位置を想像し、簡単に使いこなせるような方法でなければならないからである。

刊行年月日順、すなわち時系列の配列が選ばれていくのは、それゆえである。

三　新しいテクスト集成の仕掛け

さて『定本』の問題点の自覚化から、すでに新しい『全集』の基本設計の方針を述べるところにすでにさしかかっているようである。簡単に大きく3つの基本的な方針にだけ触れる。『定本』の問題点を述べるなかで、実質的な論点が提示されてもいるので、むしろわれわれが選んだ解決の方向性だけをしめすこととしたい。

基本的配列原理としての時系列

第1の基礎にすえたのは、時系列の原則である。

テクストの公刊の年月日で並べる。刊行についいては、原則的に奥付等の刊記情報に準拠するが、その欠落などで押さえられないばあいは、そのテクストが社会的に生み出された時点、すなわち複製されて読者に読まれることが可能になった時点を推定して配置する。もし同じ日に刊行されていれば（たとえば雑誌のばあいによくあるわけだが）、誌名の五〇音順に並べる。このような方針設定を、あまりに形式的で技術的であると批判する立場もあろう。しかし、できるかぎり透明な形でテクストを配列したいという選択であって、ジャンルのカテゴリーに分割され分類されたテクスト空間を乗り越えていくうえで、もっとも基本にすえられるべき意思ではないかと考えた。この局面においては、技術的であることがむしろ積極的な意味をもつ。

すでに触れたように、全集でしばしば採用されるジャンル別という方針選択は、一冊の書物をつくる立場でならば編集の中心にすえられるべき見識たりうるかもしれない。しかしながら、全集は全体をひとつとして認識すべき二次的なテクスト集成であって、それは一冊ごとの書物の寄せあつめではない。重複を避けつつ、いかに一義的に位置を決定するか、ほとんど辞書や百科事典にひとしい工夫が必要になる。とはいうものの、論文の題名を五〇音に配列してもなんの意味ももたない。それゆえ歴史時間の流れにそった配列が浮かびあがる。時系列のテクストデータの配列を採用すれば、柳田国男という人間の変容をもどこかで映しだしうる。初版を底本にとり、増補はうしろにならべるという選択も、この時系列の論理の応用である。配列だけでは対応しきれない部分は、解題で対応する。

分類カテゴリーとしてのテクストの形態

もちろん、テクストの形態の違いに対する必要最小限の分類も立てて置かなければ、別の問題が生じてしまう。とりわけ単行本とそれ以外という二つの形態に分けての時系列の設定はやはり不可避であろうと考えた。この点も、結果的には『定本』の組み合わせ方式とはまったく別な行きかたを選ぶこととなったが、それはジャンル別編成をしりぞけるところから必然的に導かれたものともいえる。

なるほど、単行本をすべて初出論考にばらしてしまえば、岩波書店の『桑原武夫集』や『丸山眞男集』のように、一本の時系列にしてしまうことも「技術的」には可能である。しかしながら、そうすれば単行本という書物の形態が、柳田の著作の系列から消えてしまうことになる。それまでばらばらに書きためてきたことを、ある時点で編集し、あるいは増補し加筆し、地図を差しかえ、索引をつくりなおして公刊した意味が見えなくなってしまう。あえて単行本編の時系列を別に用意したのは、書物としての刊行にこだわりつづけた柳田のテクスト生産活動にあわせた選択である。

現状では、全集は単行本編（編集本編を含む）、作品論考編、原稿編、書簡編、年譜、索引に区分されている。これは「書かれたもの」の形式からの分類である。ある意味では、テクストの内容をテーマ・ジャンルとして分類する大小さまざまなカテゴリーの代わりに、われわれはテクストの形態の分類である「書物」「論文」等々の必要最小限のカテゴリーを立てたということになる。

その意味において、この骨格の設定は、書誌学であり形態学でありメディア論的である。もし『定本』という資料空間の成立以降ほとんど四〇年近く放っておかれたテクストの基礎研究が、もっともっと進んでいてくれたならば、原稿編や書簡編などというカテゴリーを解体して、それまでをも作品論考編の一本の時系列のなかに溶かしこんで位置づけるような提示が可能だったかもしれない。しかしながら、われわれの基礎研究の圧倒的な遅れ[14]はそうした踏みだしを躊躇させるに充分であったといわざるをえない。

（14）たとえば書簡編で押さえる予定の柳田の写真絵はがき（資料1-20）など、本文テクスト中心主義の定本はほぼ関心をもたず、その全容の把握は本全集の出発点ではこれから探究すべき課題にしかすぎなかった。

ただ編者として想定外でもあった新たな発見も、実感として報告しておきたい。正直に告白するならば、作品論考編はもっともっとおもしろくない単行本編の「残余」にしかならないのではないかとおそれていた。しかしできあがったテクストのならびは、想像以上にアクティブで予想外の動きをはらんだものであった。『郷土研究』のさまざまな細部、たとえば「紙上問答」や「編者付記」などがいくえにもからまりあって、他の雲烟のごとく通りすぎていく雑誌の論考や講演にもおよび、ひょっとすると書簡編で押さえられるであろう交信のネットワークにまでつながっていく予感は、意外な風景であった。時系列配列の選択は、まさしくテクストの現れかた（アピ

資料 1-20
柳田国男自製
写真絵はがき

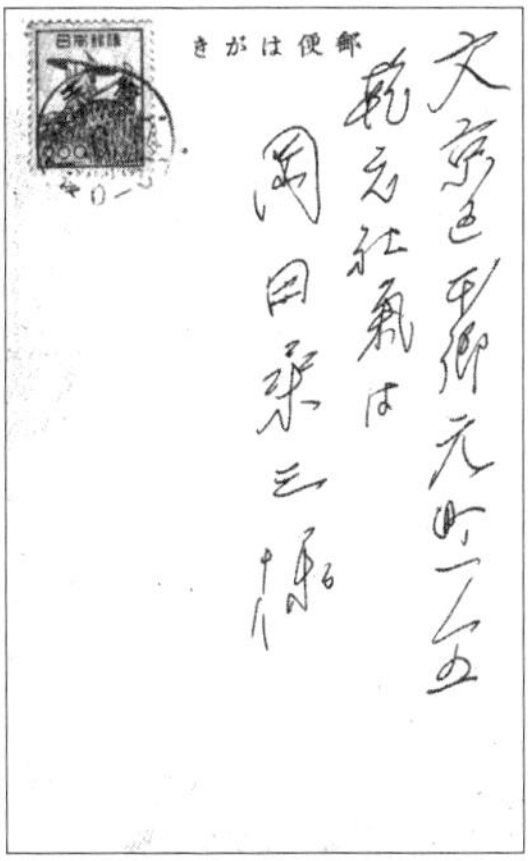

南方集巻一、本日通読了
諸君御辛労御察し申候
それに付若干意見を申度
いつか一度御来訪を乞度候
但し本月二十二日以後四五日間
一寸大阪方面に参り不在に付
その前又ハ月末過にねがひ度候
六月十三日

（宛名面）
文京区本郷元町一ノ一五
乾元社気付
岡田桑三様

ここに掲げたのは柳田自製の写真絵はがきの１つで、成城の書斎を背景に自邸の畑の奥に立つ柳田が小さく映っている。乾元社版の南方熊楠全集が出始めた時期に編集にあたった岡田桑三にあてたもの（消印 千歳 昭和 26 年 6 月 14 日）。

アランス）を変えることにおいて、そうした意外なつながりを浮かびあがらせたのである。

テクストのマルチメディア性

第2に、テクストの範囲を自覚的に拡大し、諸形態におけるテクストを網羅するという方針である。

単純な拡大ではない。テクストの形態的な特質を意識化したうえでの拡張といいかえてもいい。それは、単行本であれば、書物の全体をまるごと対象にすることを意味した。函、カバー、帯、装丁、見返し、口絵、写真、挿絵、地図、頭注、柱の文字、索引、関連する広告、投げ込み等々のすべてを、テクストとしてとらえ、理念としての全集が「収録」を検討すべき対象と考えた。

これは、いうまでもなく文字テクスト中心主義の脱構築である。

そもそもかつての「文庫版」の『柳田国男全集』が打ち出した口述談話筆記部分を入れるということ自体が大きな原則の変容であり、その拡大はそのまま『女性と民間伝承』における他者（早川孝太郎）の協力や、『海上の道』の代筆序文をテクストとしてかかえこむことと、ほとんど地続きであった。にもかかわらず、これらの拡大を著者主義や本文至上主義からの原則の変更と考えることができなかったことが、「文庫版」全集をまったく中途半端な焼きなおしの落ち穂ひろいにとどめてしまった理由だろう。編者による無署名の注釈、連名、代筆までもの拡大は、「御意向」の脱神話化にとどまらず、「個人全集」という商品を基礎においてささえていた「著者」

カテゴリーの自明性を揺るがさざるをえないからである。

われわれが対象とすべき「柳田国男」は、原稿の筆者だけでない。挿絵について注文をつけ、写真を選択するプロデューサーであり、柱の文句を工夫し、雑誌の継続刊行に心をくだく編集者でもある。そのかぎりにおいて、収録すべきテクストの範囲は拡大せざるをえない。さらに口述筆記を入れて考えたということは、話し手としての柳田を対象にするということであり、そこにとなりあう聞き手としての柳田を重視するなら、『郷土会記録』が検討されることになる。今回の全集が、当初の出版社構想の制約から、「対談」や「座談」をペンディングにしたまま進めざるをえなかったのは残念だが、私個人はまだ組みこみうる余地は残されているという希望を棄てていない。

このような観点から、柳田がさまざまな自著の出版において工夫した「索引」というテクストをどう組みいれていくかは大きな問題である。ひょっとすると紙メディアをこえざるをえない側面もでてくるかもしれないと予感している。

テクストの地層

第3に、校訂という記録をのこし、解題によってテクストの重層性（初出や改訂の細部など）をできるかぎりおぎなっていくという方針も、本文として載せるテクストを選ばざるをえないという限界に対して設定された自覚である。そこには、『定本』が負の遺産としてのこしてしまった諸版に関する情報の少なさを、できるかぎりのりこえたいとの工夫がある。

しかしながら、どれだけ責任が果たせたかについては、厳しい自己批判が必要だろう。基本的には「解題」へのしわよせが大きくならざるをえないのも事実であり、基礎研究の蓄積が不足していることもあって、時間がかかる。私自身をふりかえってみても、まさにつくりながら走りながら調べたため、けっして充分とはいえないものが多い。

最低限確保しておきたい基準は、さまざまな版の存在情報を明示する場所として、校訂や解題が機能していくことであった。これは「定本化」を解体する比較の作業にとって、重要な素材の提示である。公刊されたレベルにかぎってみても、じつは大きいテクストの多様性があるなかで、初出の位置にあるテクストだけが集成せられているのだということを明確に伝えることは、最初の確かな入り口を基礎づけるだろう。

正直に告白するなら、『最新産業組合通解』『日本農民史』をはじめとする講義録形式の刊行形態など、じつは解題を書く比較作業のなかでようやく気づいた論点も少なくない。既存のテクスト空間のなかで、知らず知らずのうちに形成されていた固定観念に疑問が打たれるのも、われわれ自身の考えかたの自己解放の必要を感じるのも、むしろ解題での疑問やわからなさと向かいあうことを通じてであったような気がする。そうしたプロセスの痕跡をのこすこともまた、解題というメタテクストの使命であろうと信じる。

解題の不備や誤りさらには不揃いだけでなく、単行本編における初出テクストの潜在化や、作品論考編と原稿編の分断傾向、ルビ原則の問題、語彙集の位置づけなど、本全集が対処しきれなかった部分についても、あらためて論ずるべきかもしれない。しかしながら、まだ個別の批判に深入りするよりも、それ以前の段階にある。すなわち新全集がなにを課題とし、なにを構築しようとしているのか。その全体の構想を、柳田国男に関心をもつ広範囲の研究者や読者に理解してもらう段階だろう。

いずれこの新しい『全集』の「功罪」を明らかに論じなければならないときが来るにちがいないが、そのまえに定本とは異なるテクスト空間の設計について、その実験を共有し、新しい時代の新しい読解にむすびつけてもらいたいと願う。

第二章 「遠野物語」から「郷土誌」へ

一九一〇（明治四三）年に刊行された『遠野物語』は、いうまでもなく遠野郷とよばれた陸中（今の岩手県）の現実の地域と深くむすびついた作品である。

しかし、これがいわゆる民俗学でいう「郷土誌」であるかといわれると、いささかためらう向きもあるだろう。「郷土誌」としてより「口承文芸」の作品として、あるいは伝説や昔語りの集録として評価するほうが、自然だと考えられているからである。

にもかかわらず、ここで論じようとするのは、『遠野物語』の背後にある、その記述の方法の郷土誌性である。

このような見方の意義を正確に提示するためには、聞くほうにもそれなりの用意が要る。われわれの常識にすでにきざみこまれてしまった「郷土」のイメージの精密な再調整が必要だ。

郷土芸能の研究者であった新井恒易は、戦後の社会科創設期に「郷土科学」の復権を論じた一冊のなかで、郷土の研究といえば「郷土の特殊を基礎とする懐旧的、歴史趣味的な研究でもあるか

資料 2-1
『郷土科学講座』内容見本（1931 年か）

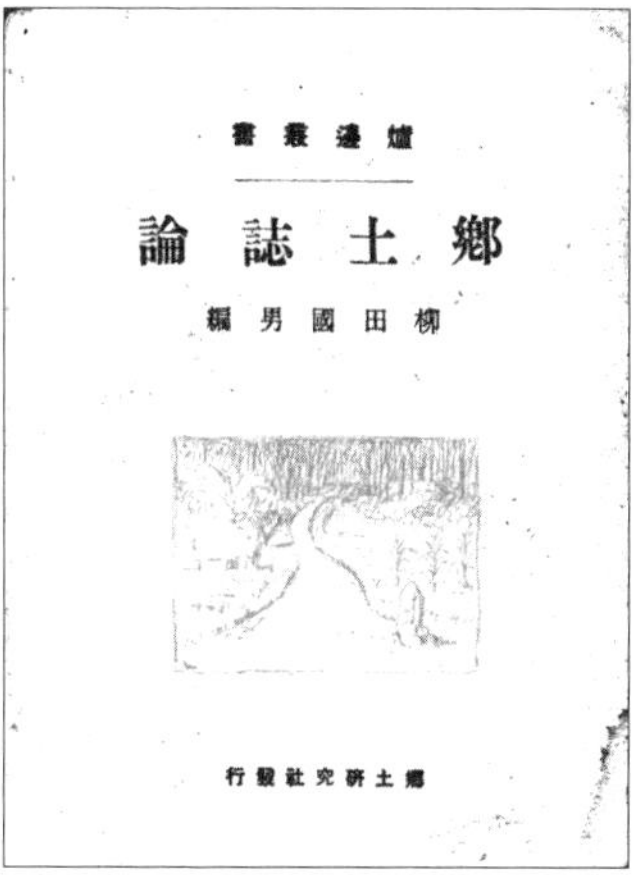

資料 2-2
『郷土誌論』（1922）

の印象」［新井恒易 一九四八：二］がつきまとうと指摘した。「郷土」をただ「故郷」や「地方」や「田舎」のいいかえとして使う国語辞典風の慣習はもちろん、地理学でいう「地誌」や、地方史研究の枠組みからの「地方誌」や「市町村誌」の存在にひきずられてしまえば、方法としての理解をあやまる。やっかいなことに、その誤解の歴史は思いのほかぶあつい。

柳田国男がこの「郷土」ということばに、いかなる方法性をこめたか。柳田自身が一九三二（昭和七）年の『郷土科学講座』（資料2－1）の発刊の時期に、このことばの混迷の深まりを指摘している。

「郷土を輪郭としてわれわれの心の上に、鮮明に写し取っておかなければならぬ現代の智識が、何と何とを含み、またいかように分類されてよいかは、人それぞれの注文もあって、容易にその範囲を定め難い」〔全集28：四一四〕。

すでに背負わされた輪郭の混乱と不鮮明さの自覚のなかから、「方法の改造」〔同前：四一五頁〕を立ち上げようとしたところに、柳田が唱えつづけた郷土研究の戦略があった。

方法としての郷土への期待

「郷土誌」ということばを、柳田自身がいつから、どこで使いはじめたのか。『郷土誌論』以前にさかのぼって論考をじっくりと調べる必要があるが、一方でばくぜんとながら、「郷土誌」という記録報告形式の重視は『遠野物語』の時代ではなく、学問としての「民俗学」を強く意識してからではないかと思われている。その想定が、一九三〇年代後半の「民間伝承の会」の活動の誕生につながる『日本民俗学研究』や、テクストとしての『民間伝承論』の刊行に、民俗学の確立期をみる見解に引きよせられていくと、なるほど『遠野物語』が生み出された明治末の時空からは、だいぶ離れている。

なるほど単行本でいえば、一九二二（大正一一）年発行の『郷土誌論』（資料2-2）の存在は無視できない。しかし、これにしてもすでに一九一〇年から一二年が経つ。昭和はじめの郷土教育の隆盛からはやや先駆的な時期だが、『遠野物語』からみればそれなりに離れていると印象づけか

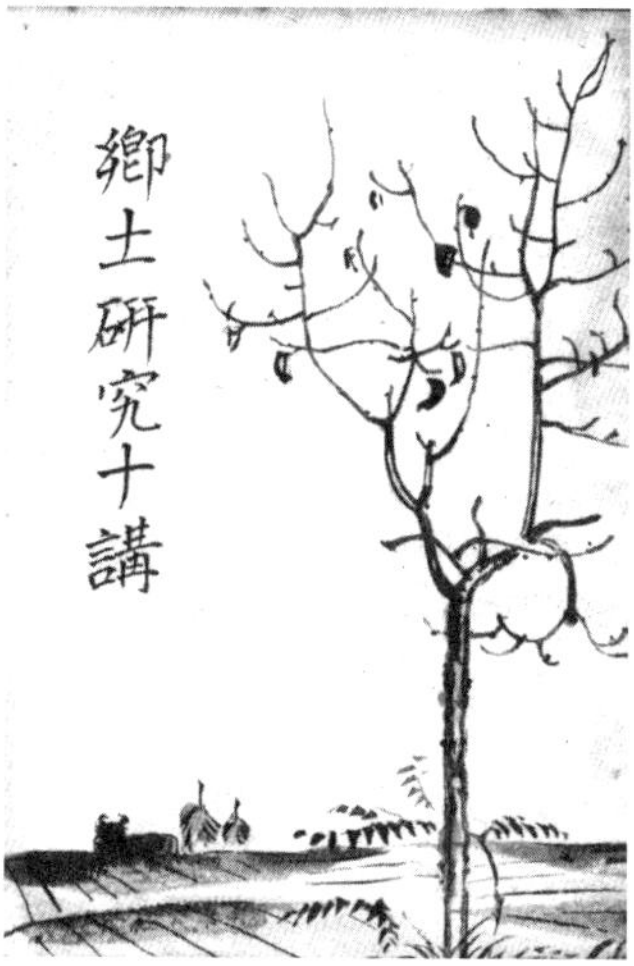

資料 2-3-2　再版

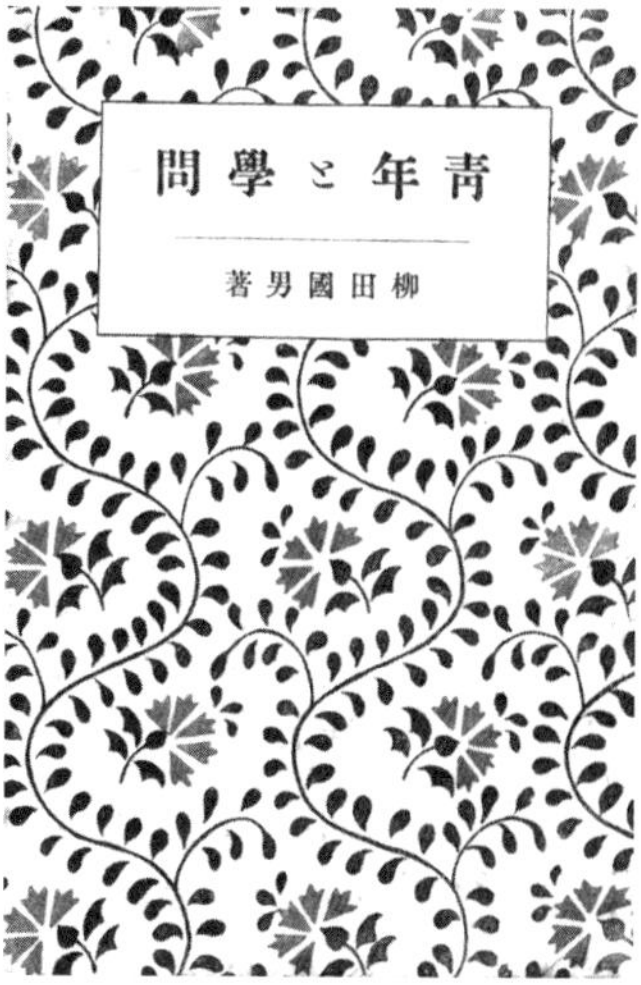

資料 2-3-1　初版

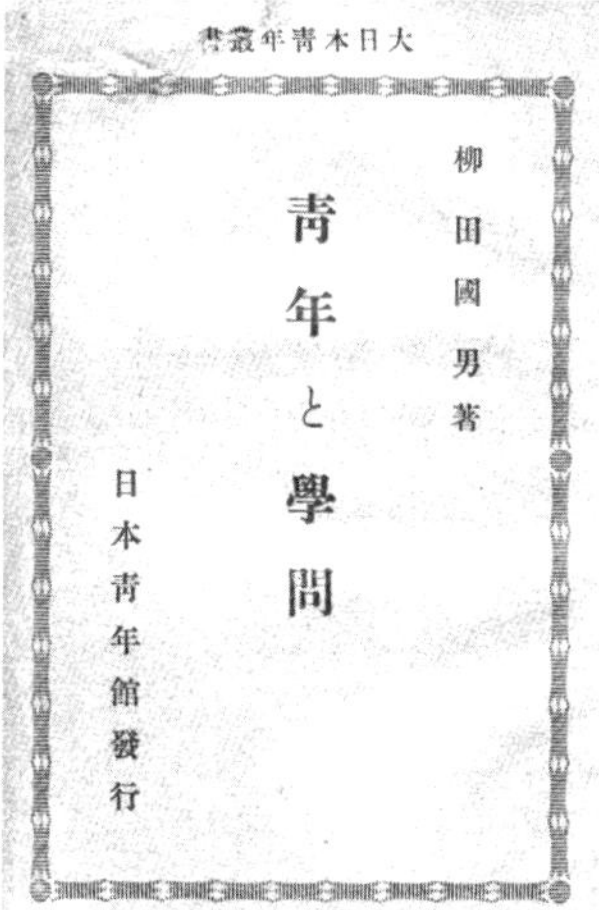

資料 2-3-3　三版

『青年と学問』は、学問としての民俗学を論じたものとして先行する『郷土誌論』や後の『民間伝承論』『国史と民俗学』などとつながるものだが、各地での講演を集めて編まれているという点では農政官僚時代の『時代ト農政』を継承している。この著作の発行所が、日本青年館という運動団体であったことも、偶然ではない。

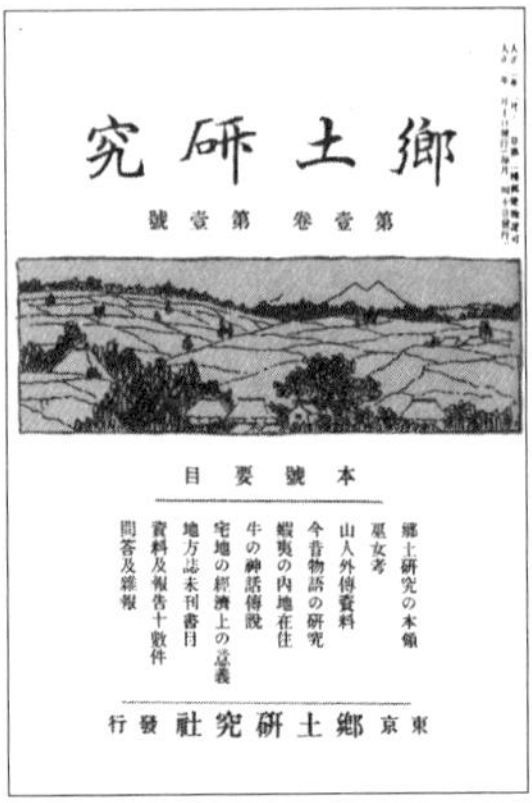
郷土研究
第壹巻 第壹號
本號要目
郷土研究の本領
巫女考
山人外傳資料
今昔物語の研究
蝦夷の内地在住
牛の神話傳説
宅地の經濟上の意義
地方誌未刊書目
資料及報告十數件
問答及雜報
東京 郷土研究社發行

資料 2-4
『郷土研究』創刊号（1914）

ねない。たしかに世の中での「郷土誌」や「郷土読本」への注目が高まっていったのは、昭和初期である。再版時に『郷土研究十講』と改題された一九二八（昭和三）年発行の『青年と学問』（三版ではふたたび元の題名にもどされる。資料２－３－１〜３）や、一九三五（昭和一〇）年発行の『郷土生活の研究法』などの方法論の書物としての評価と重なりあう時期の現象である。

　しかしながら、『遠野物語』と郷土生活研究のその時間のへだたりは、ある意味では見かけだけのものである。

　ごくごく単純な時期の設定にしても、一歩踏みこんでみると印象が変わる。たとえば『郷土誌論』に収録される四つの主要論文が書かれたのは、一九一四（大正三）年からの二年間で、その論考が載せられた『郷土研究』（資料２－４）は、柳田自身が主宰編集者として深く関わった最初の研究雑誌であった。タイトルに高く「郷土」を掲げたこの雑誌を、柳田が創刊した一九一三（大正二）年三月は、『遠野物語』が刊行された一九一〇年六月と、三年とは離れていない。一九三〇年代の『郷土生活の研究法』（資料２－５－１）への展開は、二五年すなわち四半世紀をかけて予想外に遠いところまでたどりついたというものではなく、少なくとも思想家としての柳田のな

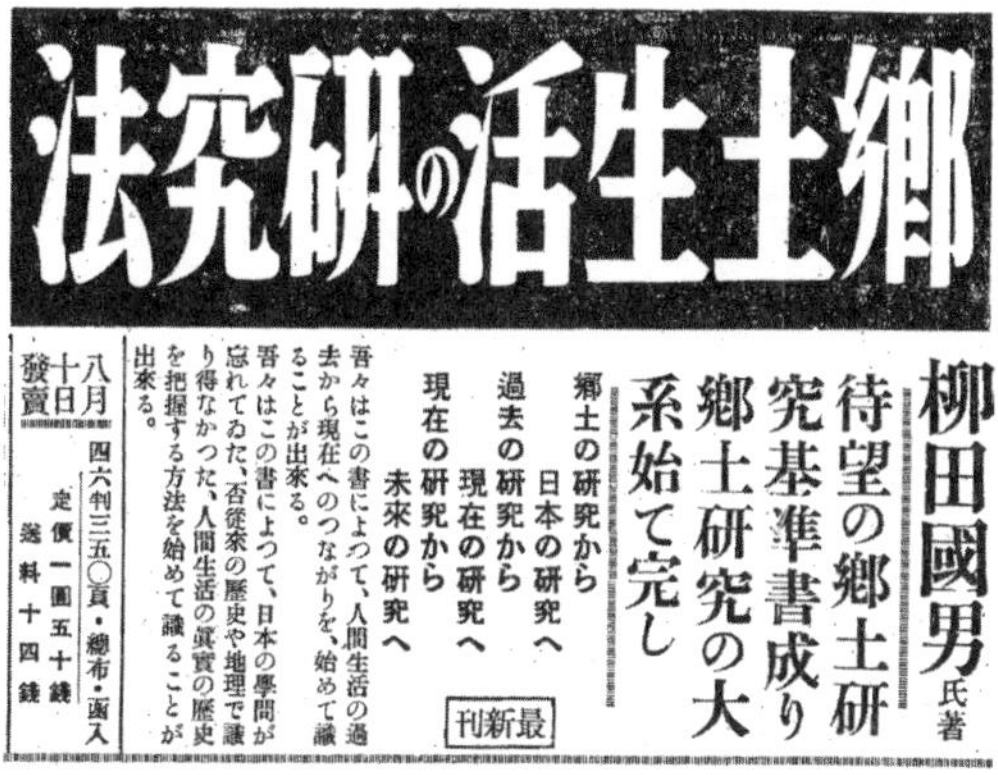
郷土生活の研究法
柳田國男氏著
最新刊
待望の郷土研究基準書成り
郷土研究の大系始て完し
郷土の研究から 日本の研究へ
過去の研究から 現在の研究へ
現在の研究から 未來の研究へ
吾々はこの書によつて、人間生活の過去から現在へのつながりを、始めて識ることが出來る。
吾々はこの書によつて、日本の學問が忘れてゐた、否從來の歴史や地理で識り得なかつた、人間生活の眞實の歴史を把握する方法を始めて識ることが出來る。
八月十日發賣 四六判三五〇頁・總布・函入 定價一圓五十錢 送料十四錢

資料 2-5-1 『郷土生活の研究法』広告
(1935 年 8 月 4 日 読売新聞)

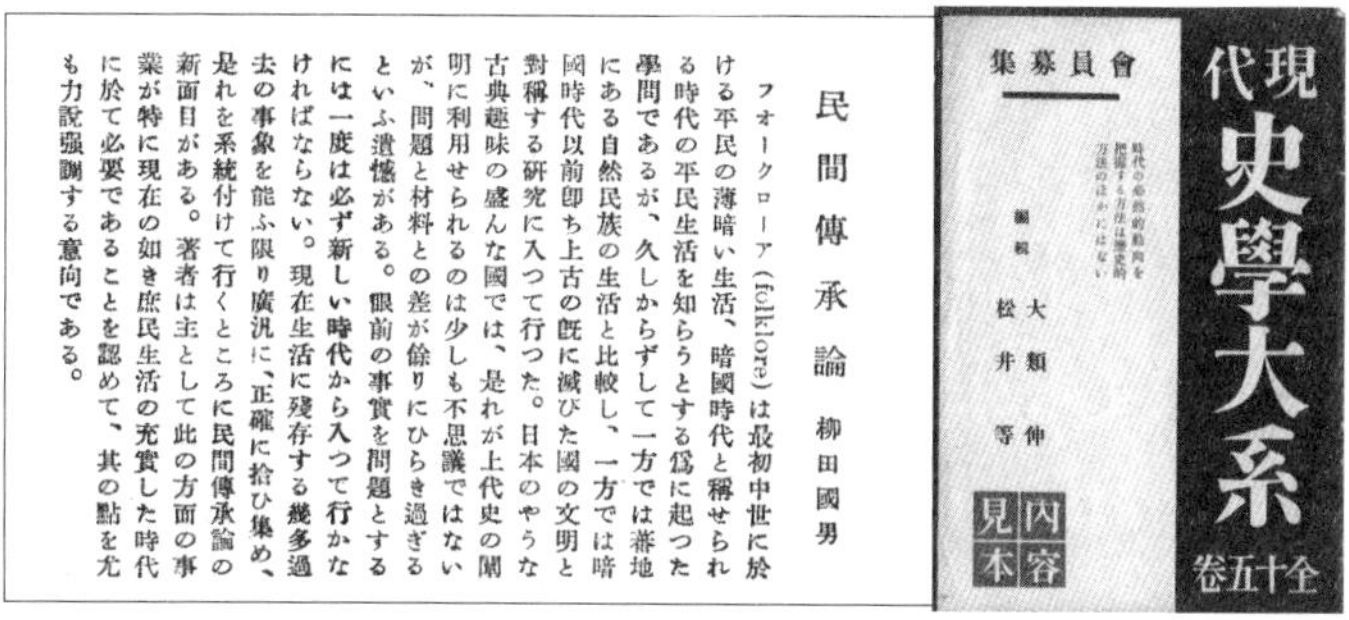
民間傳承論 柳田國男
フォークローア(folklore)は最初中世に於ける平民の薄暗い生活、暗國時代と稱せられる時代の平民生活を知らうとする爲に起つた學問であるが、久しからずして一方では蕃地にある自然民族の生活と比較し、一方では暗國時代以前即ち上古の既に滅びた國の文明と對稱する研究に入つて行つた。日本のやうな古典趣味の盛んな國では、是れが上代史の闡明に利用せられるのは少しも不思議ではないが、問題と材料との差が餘りにひらき過ぎるといふ遺憾がある。眼前の事實を問題とするには一度は必ず新しい時代から入つて行かなければならない。現在生活に殘存する幾多過去の事象を能ふ限り廣汎に、正確に拾ひ集め、是れを系統付けて行くところに民間傳承論の新面目がある。著者は主として此の方面の事業が特に現在の如き庶民生活の充實した時代に於て必要であることを認めて、其の點を尤も力說强調する意向である。

資料 2-5-2 『民間伝承論』柳田自身の予告
(共立社『現代史学大系』内容見本)

柳田国男は昭和９・10 年と立て続けに『民間伝承論』『郷土生活の研究法』という２つの方法論を書物にまとめ、『郷土誌論』以降の郷土研究の方法の組織化・体系化に踏み出していく。

かでは、『遠野物語』の生成と意外な相同性と回帰性と同時性とを有していた、と私は考えている。だから本稿が論ずるべきは、一見「民俗学」以前の作品にみえる『遠野物語』と、方法論としての『郷土誌論』および『郷土生活の研究法』をつなぐ、ある一貫性である。私の年来の主張のくりかえしになるが、そこには柳田が「郷土」ということばに託した方法への期待がある。それは、自らの感覚や思考を取りかこんでいるものを明らかにする実践として、郷土の研究だったのである。

以下、三つの論点から、この作品としての物語、すなわち郷土誌としての『遠野物語』をささえている地層を試錐（ボーリング）してみたい。

一　旅する官吏としての「聞き書き」

第1の論点は、旅人としての耳である。官吏としての「旅」は、『遠野物語』前後の郷土へのまなざしを浮かびあがらせる、重要な補助線である。

年譜が「官吏としての最初の旅行」と書いたのは、一九〇一（明治三四）年の群馬県下の製糸会社の視察旅行であった。ほぼ、『遠野物語』刊行の一〇年ほど前になる。それ以降、柳田国男は農政にかかわる官僚として、日本各地を熱心に旅している。もちろん「私は十七八の年から旅行が好きで、今までに随分色々の処をあるいて居る」〔「旅行と歴史」全集4：四三〕といっているので、旅の嗜好は少年期からのものである。しかし、産業組合という政策的な仕組みの導入期にあって、各地の農村をめぐる普及啓蒙の視察講演は、それぞれの「郷土」を観察見聞する、またとない機会であっただろう。

よく知られているように、柳田国男は「旅」においても、学問と同じく方法的であることをもとめた。「旅行と歴史」は、一九二四（大正一三）年に栃木県の中学校で行われた講演だが、そこで読書と旅行とを重ねて、次のようにいう。

「むやみやたらに何でもかでも、そこらにある本を読み散らしていても、それ相応には役に立つか知らぬが、実は学問の意味を解し、一定の方針を立てて読書する人だけが、これによって生涯を正しく導き得ると同じように、この旅行というものの意味をよく知って、短い一日二日の旅でも心に留めて見てあるく人が、時すなわち人生をいちばんよく使った理想的の旅人ということになるのである。」〔「旅行と歴史」全集4：四五〕

こう述べているからといって、明治末期の柳田自身の旅が理想的なものであったかは、保証のかぎりではない。

一九〇六（明治三九）年に『近事画報』で語った「旅行の趣味」という一文では、一ヶ月も前に行くことがわかっていながら、地理書も調べず地図にも当たらずにでかけたために、見残しばかりが多かったという「後悔」をしばしば味わったと書いている〔「旅行の趣味」全集23：四三九〕。だから反省から生み出された教訓だろう。ただ見落とせないのは、おなじ談話筆記において「旅でもしようというならば、なるべく愛嬌をもって、機会さえあれば按摩でも船頭でも、なるたけ話を仕掛けて見るがよかろうと思う」〔同前：四四一〕と勧めている点である。

この官吏の旅は、身近なところで出会う土地のインフォーマントに問いかける、フィールドワークのような積極性と自覚とをもっていたのである。

と同時に、旅がこの思想家にとって、もうひとつの「文学」を感じさせる読書でもあった、という点も補っておくべきだろう。

第四章でも論ずるが、一九〇八（明治四一）年の『文章世界』に載ったエッセーは、当時の「自然主義の作家」が個人の閉じた欲望、とりわけ「肉欲」の「写真《しゃじつ》」にかこいこまれてしまったという困難を批判する。そのうえで自分の経験では、かなり傑出しているといわれる「小説」を読んだときよりも、旅行などをして人生の生きた事実を見たときのほうが、よほど感じるものが多い〔「読者より見たる自然派小説」全集23：五七四〕とまでいう。

旅において「話を聞く」ということ

実際、定本年譜に採られた旅の記録には、その旅先で「話を聞く」という記載が多い。

『遠野物語』の刊行前後までの旅にともなう地方生活の見聞を整理してみよう。

明治三九(一九〇六)年

八月～九月　東北・北海道・樺太旅行。「盛岡・小岩井農場を視察、夜按摩から天狗の話を聞く」。樺太では「生活の歓喜は寒い国ほど強いという印象をもつ」。

明治四〇(一九〇七)年

五月　新潟・山形・秋田・福島。「各地の信用組合、農事試験場、学校などを視察しながら、地方の話を聞く」。

九月　信州旅行。「御代田の宿で土地の話を聞く」。

明治四一(一九〇八)年

五月～八月　九州旅行。「熊本の弁護士広瀬某から日向奈須の話を聞き、興味を抱く」。五木「役場で村の旧図を見、畠と畑と異なるものであることを知る」。椎葉村「一週間滞在して、狩の故実の話を聞く」。

一一月「水野葉舟がはじめて岩手県遠野の佐々木喜善をつれてくる。佐々木の話をそのまま書きとめ」る。

明治四二(一九〇九)年

五月　木曾・飛騨・北陸路。「旅中の風景から各地方の文化のちがいを知る。特に北陸路では日露戦争の戦死者の為に立派な石碑を立てる風をみて、墓制の変遷を思う」。
八月　東北旅行。「はじめて遠野を訪れる」。「伊能嘉矩を訪問、『遠野旧事記』という記録をみる」。
明治四三（一九一〇）年
六月　『遠野物語』刊行。
明治四四（一九一一）年
七月　美濃・越前旅行。「岐阜県北濃村から草鞋で福井に抜ける。石徹白の巡査に案内をたのむ」。「大垣の警察署長から賤民の話を聞く」。

すこし関連する論考のひろがりを補足しておく。一九〇六年の旅の一部は、そのときの日記が晩年になってから『心』という雑誌に「明治三十九年樺太紀行」〔全集33：二五六―六八〕と題して掲載された。同時代の報告としては、一種の産業組合論である「樺太の漁業」〔全集23：四六二―八〕という『読売新聞』連載と、おそらく早稲田大学での講演記録であろう「樺太雑感」〔同前：四八〇―二〕とが残されている。一九〇七年の各地での講演は、ほとんど産業組合にかんするものだが、旅で見てきた事例を積極的に織りこんでいる点がおもしろい。新全集の第23巻は『新潟県農会報』や『中央農事報』などに載せられた講演筆記を収集し掲載しているので、その一端がわかる。
一九〇八年の九州旅行が、遠野の物語とともに民俗学の創世を記念する『後狩詞記』の一冊を生み出すことは、あらためて指摘するまでもないだろう。これもまた、一面では農商務省の官吏としての旅の延長であった。熊本での講演は「農民の危機」として、鹿児島では「産業組合」として、その梗概が新聞に紹介される一方、柳田独特の地方観察が「肥筑の民風」「天草の産業」「九州の水利事業」として、同時代の『斯民』に掲載されている〔同前：五七七―六一七〕。

一九〇九年の旅では、「神隠し」の話題に触れている〔「怪談の研究」全集23：六九二〕が、それは『北国紀行』に載せられた日記の「夜は按摩に附近の口碑などを多く語らしむ。鏡花の小説の淵源する所あるを解す。またその言葉にも少なからぬ興味を催す」〔全集18：四四〕とあるのに対応している。ここでもインフォーマントとして按摩がでてくる。なかには「越中稲光」に住まう「老女の按摩」のように「よくあの辺のことを知る。睡き耳に色々の話をして聴かす。町はみな戸数にて記憶す。さながら統計家の学風なり」〔同前：八五〕というような人物から「天狗」の話などを聞きだしている。もちろん柳田が話を聞いているのは按摩にかぎらない。助役や警察署長、村長、書記、技師、軍人など、じつにはば広い。

こうした旅のつみかさねのなかで、一九〇八年の暮れ近くの佐々木喜善との出会いがあるわけで、それだけが孤立した偶然のできごとではなかった。柳田は、旅の途上以上の熱心さをもって「話を聞く」ことになったにちがいない。

物語の構想それ自体を、すぐに産業組合をめぐる政策志向と重ねあわせることは乱暴であるにせよ、一方において官吏としての旅においてつみかさなってきた地方の民風への関心とは切り離せないと思う。石井正己『遠野物語の誕生』〔二〇〇〇〕が丹念に論じているように、作家志望であった佐々木喜善は自分が話したことをかえって「お化話」と認識している。むしろ「郷土」という輪郭をもって意識しているのは、これをただちに「遠野物語」と名づけた柳田の聞く耳のほうであった。

『遠野物語』のなかの「山人」以外

ところで、この年譜に記載された事実は、やがて生まれることになる、ある解釈の分岐をも暗示している。つまり「山人」中心の解釈と、「郷土誌」への接続を読もうとする解釈の分岐である。『遠野物語』公刊後の一九一一（明治四四）年の美濃・越前旅行にある「大垣の警察署長から賤民の話を聞く」とあるのは、サンカのことであった。ふりかえってみると、そのあたりからは、「木地屋」や「越前万歳」「イタカ」や「サンカ」を主題化した論考が増えることに気づく〔全集24：二一一―七九〕。そうした漂泊者への関心は、やがて『郷土研究』の長編連載「巫女考」〔同前：一五〇―二一四〕へと、つながっていく。

『遠野物語』が山人の共同幻想や怪異の民間伝承を中心に解釈されていく、その理由のひとつはここにある。

しかしながら、その山人重視には錯誤と言ってしまうと強すぎるけれども、決定的なかたよりがあると私は思う。そして柳田自身もまたこの時点では、その分岐に自覚的であったとはいいにくい。山人の不思議がクローズアップされた分だけ、日常と非日常とをふくむ「郷土」という身

後狩詞記

（のちのかりことばのき）　柳田國男著

近刊豫告　雄松堂

今の山村人の面白くないのは狩の樂みを紳士に奪はれたからだ。縛れて大いに伸びんとする特有の平民文化と既成の外來文化との衝突は惜氣もなく、この樂みを持去つてしまつた。だがしかし過去の一日一日の愉樂の内に結ばれた山狩の慣習は、今新に柳田先生の手に依つて新時代の學の中に蘇らんとしてゐる。

「後狩詞記」は現在行はれる日向の一山村の書習を始めとし、少くも各一人一人の經驗を迫つて實證し得るもので社會相に表れた狩の舊慣を民族史的に記錄したものである。

過去に於ける生活と娛樂との關係等はまだ〳〵研究に物足りないものがたくさんある。所謂生活の歷史を調べなければ我々は政治も經濟も考へる資格がない。

本書こそそうした問題の對象として黎明期の史學界にはつきりと明日を指示したものと言ひ得やう。

◇先生の處女作「後狩詞記」は紀念の爲め全く原形のまゝ本書卷末に附錄す◇

限定豫約版

豫定事項　約二〇〇頁・四六判

特殊木綿裝幀

地圖寫眞數葉入

直接の御註文に限り書齋に於ける柳田先生の燒付寫眞（キャビネ形）一枚御添へ致します。

資料 2-6-2　復刻版（未刊）広告
（『竹帛』2 号 1909）

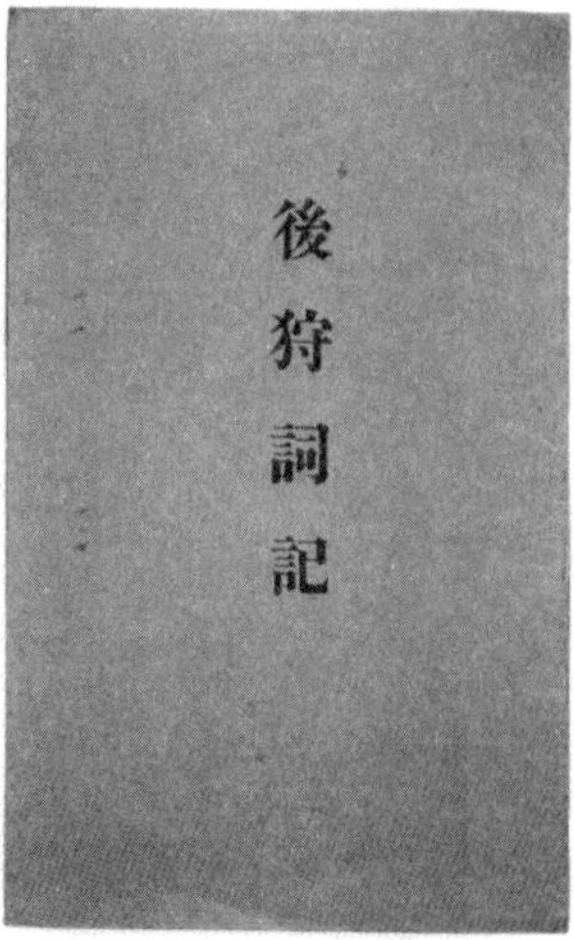

資料 2-6-1　自刊初版（聚精堂 1909）

昭和 8（1933）年の雄松堂の復刻版（2-6-2）はけっきょく広告だけで終わり、実現しなかった。

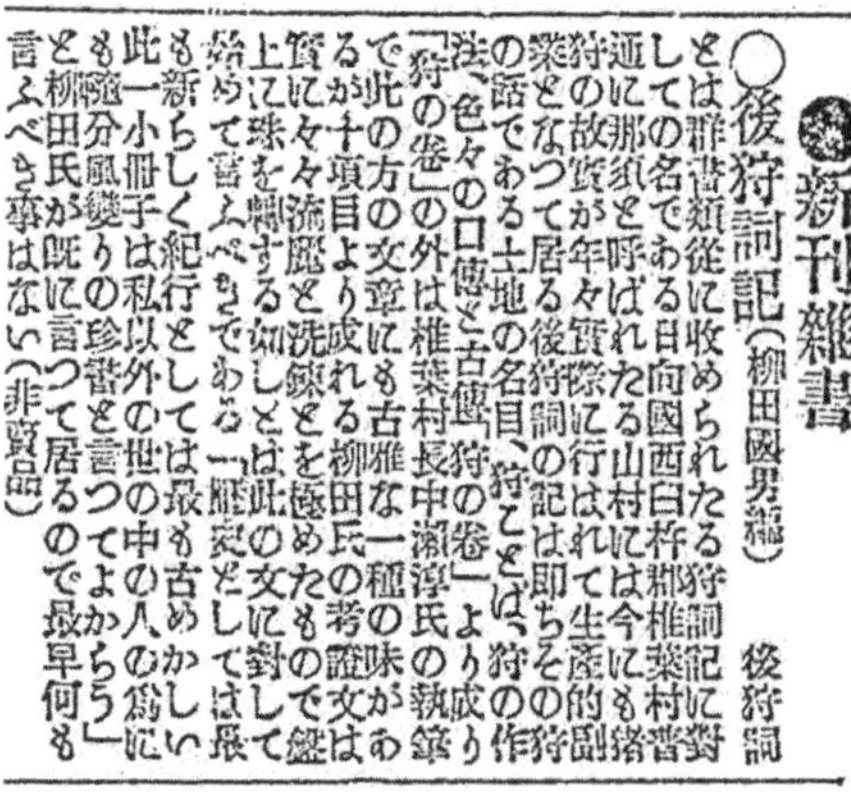

●新刊雜書

○後狩詞記（柳田國男編）　後狩詞とは群書類從に收められたる狩詞記に對しての名である日向國西臼杵郡椎葉村普通に那須と呼ばれたる山村には今にも猪狩の故實が年々實際に行はれて生産的副業となつて居る後狩詞の記は即ちその狩の語である土地の名目、狩ことば、狩の作法、色々の口傳と古傳「狩の卷」より成り「狩の卷」の外は椎葉村長中瀬淳氏の執筆で此の方の文章にも古雅な一種の味があるが千項目より成れる柳田氏の考證文は實に々々流麗と洗鍊とを極めたもので盤上に珠を轉ずる如しとは此の文に對して始めて言ふべきであらう「雁皮としては最も新らしく紀行としては最も古めかしい此一小冊子は私以外の世の中の人の爲にも隨分風變りの珍書と言つてよからう」と柳田氏が既に言つて居るので最早何も言ふべき事はない（非賣品）

資料 2-6-3　初版紹介
（読売新聞 1909 年 3 月 26 日）

体をくるむ空間のありようが背景化し、「心意現象」だけが前面化してしまう。

だが同じ時期において、柳田が「郷土」を構成している「有形現象」や「言語芸術」への関心をもっていなかったとはいえない。この心意現象の特権的な重視は、『定本柳田国男集』の編集が、『山の人生』を『遠野物語』と組ませて主題別の一冊に収めてしまったことも関連してくる。それゆえもういちど、テクストが編まれた当時のコンテクストにもどして測りなおそう。この遠野郷の物語の聞き取りと書き起こしが、『後狩詞記』〔資料2－6〕や『石神問答』の探求者によってなされたという側面だけでなく、『時代ト農政』〔資料2－7〕と『最新産業組合通解』〔資料2－8〕の著者によってなされているという側面に光をあててみたい。

たとえば、一九一〇年に『斯民』に寄せた「屋根の話」〔全集23：六八四―七〕をはじめ、翌年から『法学新報』に連載した「地方見聞集」〔全集24：八六―九二頁〕は、「池掛リ」という用水技術の工夫や、「屋根」を葺く材料と様式とをとりあげている。その地方観察は、むしろ社会学的で、農政学的なまなざしの連続のうえにあることを感じさせる。道の形態から生活の交通を問う「新道、旧道」や、接客の慣習を方言から読む「ヰロリと主客の座席」〔同前：一二四―三二〕は、形式こそ「地方見聞集」とは直接にはつながらないが、どこか連載の意識があったのではないかと思う。

同様の有形現象への視点は、研究雑誌の『郷土研究』においても失われていない。

これまで「巫女考」や「山人外伝資料」「毛坊主考」といった初期雄編の影にかくれて光があ

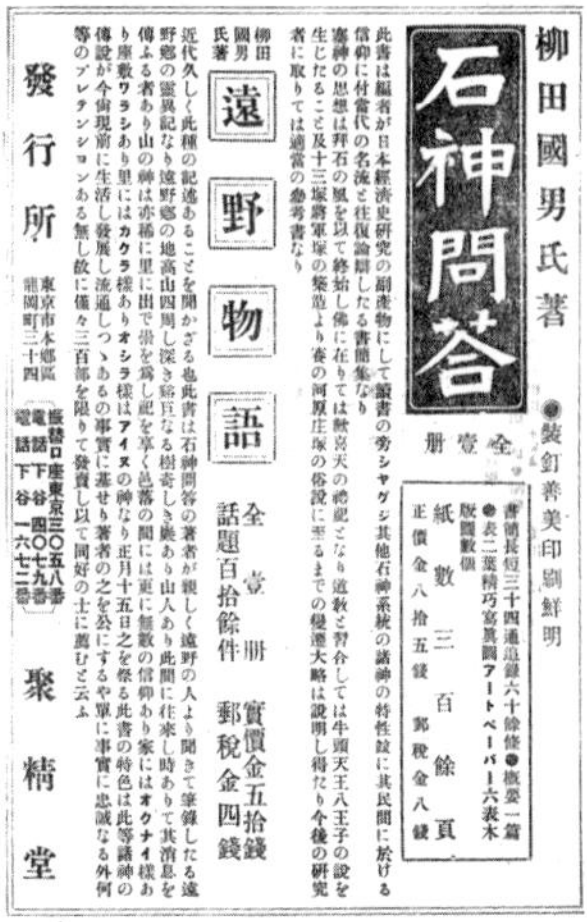

資料 2-7-2 『時代ト農政』　　資料 2-7-1 『石神問答』『遠野物語』

（どちらも『学生文芸』創刊号広告、聚精堂 1909 年 9 月 5 日発行）

資料 2-7-4
『時代ト農政』
広告 読売新聞
1910 年 12 月 19 日

資料 2-7-3
『遠野物語』広告
『石神問答』掲載

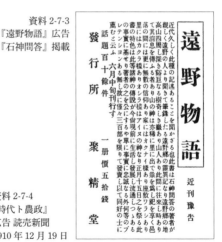

資料 2-8-2 『実業時論』3 巻 1 号広告
（1903 年 1 月）

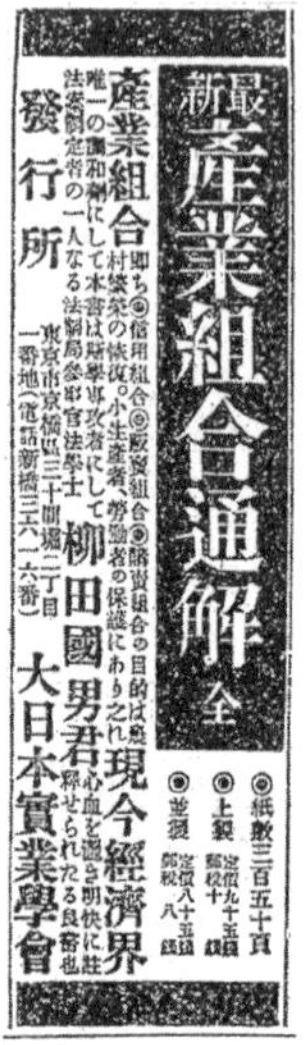

資料 2-8-1 朝日新聞広告
（1903 年 2 月 24 日）

てられることが少なかったが「宅地の経済上の意義」〔同前：二一七―八〕や「屋敷地割の二様式」〔同前：二六五―七〕などの小編の意義を、浮かびあがらせる必要があると私は考えている。

『遠野物語』を口承文芸の一作品にかこいこみ、伝説や昔がたりの領域にとどめてしまう。その語りの内容から「山人」や「怪異」「先住民」等の主題ばかりをことさらに引きだす。そうした読みは、やはり限定的で窮屈である。「古代」へのロマン主義が見えかくれするそうした視点からは、官吏としての旅がはぐくんだ「郷土」と向かいあう研究者の姿勢と、観察の学問の広い基礎がどこか切りすてられてしまうからである。

むしろ幻想をもひとつの意識の形式としてふくむ、いわば生活者の身体としての「郷土」の発見と位置づける。そのようにしてはじめて、たとえば菊池照雄『山深き遠野の里の物語せよ』〔一九八九〕や、石井正己『遠野物語の誕生』〔前掲〕が論じてきた、物語られた話の「現代性」を、さらに明確に主題化しうると思う。

二　「山に埋もれたる人生」の発掘

第2の論点は、『遠野物語』が保っている、その現代性である。

補助線になるのは、すこし意外だが犯罪であり、事件という逸脱である。さらに『遠野物語』に見えかくれする「死」や「老い」も近代の郷土の課題であったわけで、山人中心の読解枠組みをすこしずらすと、そうした現代性が浮かびあがる。

「文学」が、この物語の刊行された当時にいかなる形の観念であったか。その文学史的な実証はここでの関心ではないが、この物語をおさめる概念の容器に、「文学」という言語芸術の様式を用意しておいてよいと考える。しかし、その文学はたぶん「口承文学」ではない。同時代の文学界の流行とは異なるもうひとつの「自然主義」であり、柳田自身がアナトオル・フランスを評したことばを借りるなら、「親切な傍観者」〔「翻訳は比較」全集30：一九四〕の手になる、一種の

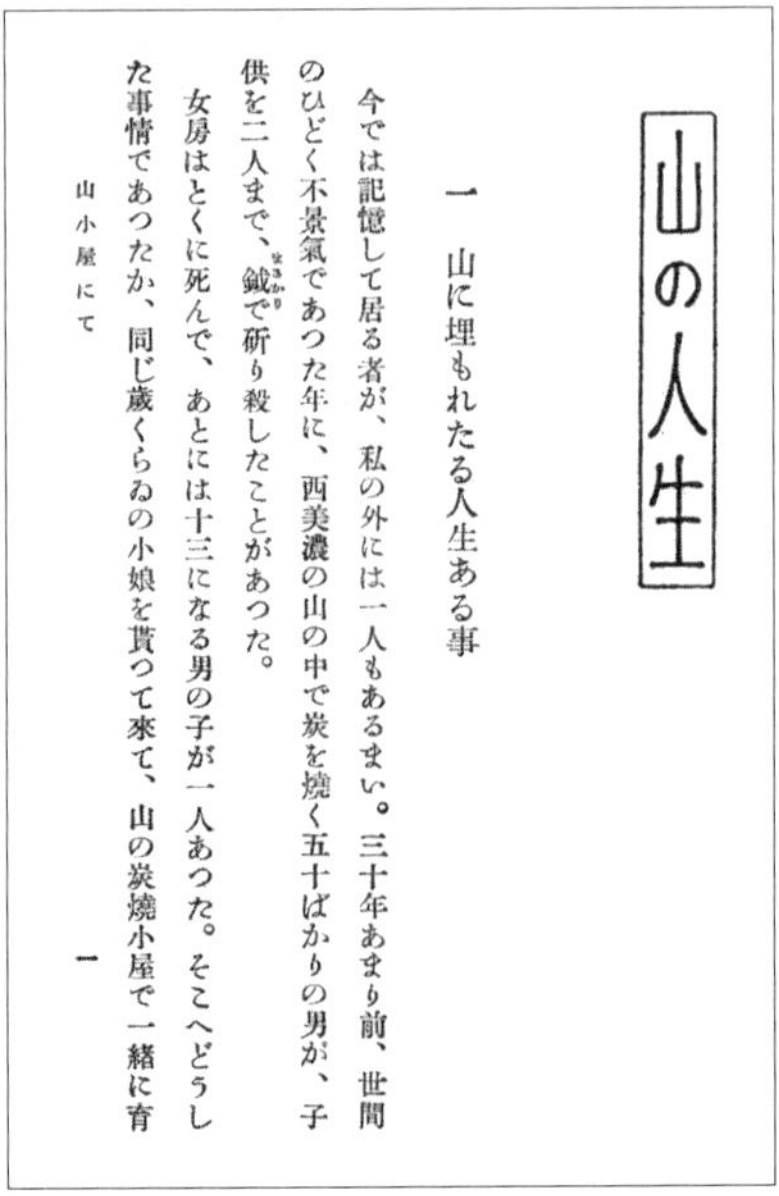

山の人生

一　山に埋もれたる人生ある事

今では記憶して居る者が、私の外には一人もあるまい。三十年あまり前、世間のひどく不景氣であつた年に、西美濃の山の中で炭を燒く五十ばかりの男が、子供を二人まで、鉞《まさかり》で斫り殺したことがあつた。

女房はとくに死んで、あとには十三になる男の子が一人あつた。そこへどうした事情であつたか、同じ歳くらゐの小娘を貰つて來て、山の炭燒小屋で一緒に育

山小屋にて　　一

資料 2-9-1
『山の人生』初版冒頭部

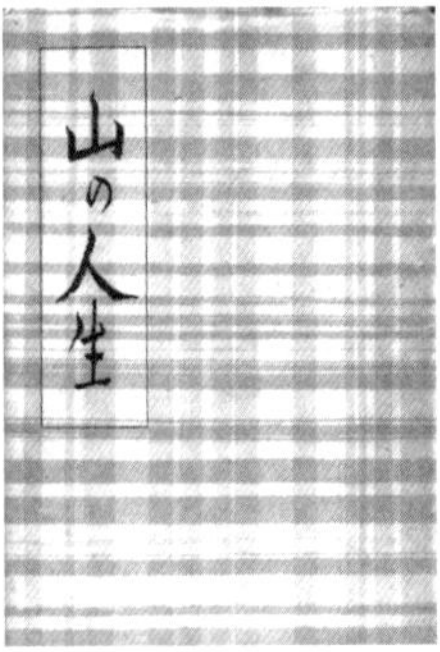

資料 2-9-2
『山の人生』再版表紙

記録文学のようなものかもしれない。

山番の子殺しの口述調書を読む

あらためて『遠野物語』を読み、関連する柳田の年譜をならべてみて、印象を深くした論点がある。それは、『山の人生』（資料２－９）の冒頭の「一　山に埋もれたる人生ある事」に採用された、子殺しの話との内容的、時期的なつながりである。

定本年譜は、一九〇六年三月一三日の項に「この日美濃郡上の深山で子供を殺した山番の老人の特赦がある（のちに『山の人生』の冒頭の文となる）」と記している。佐々木喜善の話との出会いの、二年ほど前にあたる。この子殺しの老人のエピソードは、親子心中

に生きのこって子どもを謀殺した罪に問われ、一二年の労役に服したあと消息を絶った女の物語とならんで、じつは『遠野物語』の発見の、前奏曲の位置におくことができる。

　すでになんども多くのひとが論じているが、この二つの話はいずれも、柳田国男が内閣の法制局で、特赦事業のために読んだ予審の口述調書をつうじて、知ることとなった「殺人犯」の人生である。『読書空間の近代』〔弘文堂、一九八七〕という私の最初の著書で、このエピソードに読みこんで論じたのは、まとめてしまえば以下の三点であった。

①口述調書という、語られまた書かれた記録の見過ごされた重要性
②自然主義「文学」対 柳田「民俗学」という対比対立が擬似的で不毛であること
③「弱い」存在となってしまった生活者の生死をささえる「規範の小宇宙」の発見

　そこでの主張を簡単になぞるなら、次のようになろう。

「我々が空想で描いてみる世界よりも、隠れた現実の方が遥かに物深い」〔「山の人生」全集3：四八八〕という一文は、田山花袋の「小説に現れた自然主義」など「まるで高の知れたものである」〔「故郷七十年」全集21：一三五〕という回想とあいまって、「文学」対「柳田民俗学」の対立図式を踏まえた解釈がなされてきた。

　しかし、その対立の枠組みそのものが疑似問題である。疑似問題においては、問いそのものが

対立を疑似的につくりあげてしまうために、ほんとうに光をあてるべきところが見えなくなる。だから疑似問題は解かなくてもよい。あえて答えようとせずに、問いの立て方をかえる必要がある。

文学創作と現実観察との単純で平板な対比は、柳田が向かいあおうとした問題ではない。むしろ近代の裁判システムが生み出した〈書かれたもの〉としての「口述調書」の資料性を発見したところにこそ、柳田の方法意識の独創があった、と私は考えるからだ。もちろん、行政警察の徹底した取り調べの実践こそが、調査尋問の望ましい方法だなどという脳天気な評価に私はくみしない。その記録を、ただ目前の違法行為を立証し、罪として裁くためにだけ証言として使わない読みの発明こそが、柳田の独創である。すなわち聞き書きもしくは告白として、その声に触れ、その心情に寄り添い、その状況に内在してみる読みかたがありうることを、読者の想像力において確保した。そこにこそ、われわれが評価すべき転換がある。

近代国家の法規範からは「殺人」として裁かれてしまう「事件」のなかに、あたえられた毎日を生き、そこでいつの日か死んでいく人間をささえる、小宇宙のような固有性をもつ規範の複雑なあらわれがある。柳田のまなざしは、まさに近代の国家や社会に基礎を置く法規範からは理解しにくい、いわば「小さき者」の人生の「規範の小宇宙」の発見と、そのありかたの解読に向けられていた。そして、おそらくはやがて「郷土」と重ねあわせられていく、そうした小宇宙を、そのリアリティの内側からたどる。そのために、声としてのことばにきざみこまれた力を駆使していく。

こうした戦略は「内縁」や「私生」を逸脱として生み出してしまった民法的な家族観を、民俗学の構想から批判した「聟入考」〔全集17：六二五―六八〕の論理構造とも、じつはかさなっている。一九二九（昭和四）年に発表された「聟入考」は、その前後に深く交流していた有賀喜左衛門の回想によれば、当時の国史学に対して厳しくオルターナティブな立場を突きつけた、記念碑的な論考であった。

あらためて「明治三十九年樺太紀行」に目を通してみると、奇妙なことに「殺人犯」の語句がなんどかくりかえされていることに気づく。「この村長も殺人犯なり」「この家の前の持主は独乙種の露人マルテンといふ殺人犯なり。六十八にて妻もここにてもらいたる殺人犯なり」。老人の特赦と同じ一九〇六年の文章であることを考えると、ことさらに暗示的である。

こうした「殺人犯」という強いことばは、土地の異常性のあらわすものとして使われているわけではない。むしろ中央からの追放者、あるいは殺人者の烙印を背負う外来者であってもまた、そこにおいて得た生活があり、自らをささえる物語があることを再確認しているとの印象を受ける。『遠野物語』刊行の約一年前の富山への旅において、女囚人の監獄に行き「そのなかには老尼などもありて凄惨なり、昨年の夏、慾の為に人を殺した若い女なども、機を織る者の群に居たというが、よく顔を見ずにすぎたり」〔『北国紀行』全集18：四六〕と書いているのも、同種の人生をささえる物語への好奇心を感じる。

郷土に埋もれたる人生

『山の人生』は、「主旨がどうもわからない」と言われてもしかたがないと柳田国男自身が認める一冊だが、予審調書で知ったさまざまな人生の話のおもしろさを知らせたい、という動機が連載の基礎であった、という。その率直な回想［全集21：一五三］を基本に位置づけるべきであろう。

そのとき「山に埋もれたる人生」の、「山」とはどこか。

これを現実の山間の奥地とだけ考えるのは、じゅうぶんではない。とりわけ、冒頭の不幸な人生の二つの記録は、山間地というだけに還元できない、近代のもっと普遍的な暗黒の奥行きを暗示している。

それゆえ私は、他の章が説く「神隠し」や「鬼」「妖怪」の話題の多さにもかかわらず、この『山の人生』の企図は、山人の存在やその不思議だけに集約されるものではなかったように思う。どちらかといえば、山人論という限定されたテーマを引き出す以前の、怪異をめぐる「資料の新供給」［全集3：四八五］、すなわち論議の素材となる知識の共有に、さらに根本的な主題と目的があったと考えるべきではないかとすら思う。不思議だというだけで、科学の対象から退けてしまわないことが、そこで強調される。

そのうえで、ある「人生」を罪として裁いてしまう近代「法」とのきしみのなかで、人びとが生きている「郷土」を物語の空間として発見していくことに、もうひとつの力点があったと考える。冒頭のエピソードには、とりわけそうしたメッセージ性が強い。それを『遠野物語』との出会いにさきがけて柳田が知り、文学の同志である田山花袋に話したくてしかたがないほどに、熱中し重視していたことは意味深い。

あえていうならば描きだされていない「郷土」もまた、未知で奥深いという点で、多くの人びとの人生が埋もれている「山」にひとしかった。その物語の空間を、内側から満たしているものをとらえる努力こそが、『遠野物語』と『郷土誌論』とを貫く方法意識だったのである。

不幸なる現実

そうした関心から読むと、『遠野物語』には思いのほか、「死」と「老い」と「出郷」とがいりまじった、不幸の物語が少なくないことに気づく。

しかも、『遠野物語』が採用した事件の語りは、「此」という指示代名詞の接続法で、ゆるやかな網の目のようにつながって現在にまでいたる、ある厚みをともなっている。

ここが『山の人生』の冒頭に引用された悲劇に象徴される一冊との、明らかなる分岐点である。子殺しの山番の老人の孤立した孤独とは異なる村暮らしのひろがりが、それぞれに固有名詞をもつ群像の語りかた自体にはらまれている。それは、場としての「郷土」へのひとつの接近のしかただったのではなかろうか。

『遠野物語』の語りの宇宙は、番号で区切られてはいるものの、けっして一話がそれぞれだけで独立しているわけではない。たとえば二は女神の伝説、三は佐々木嘉兵衛の山人の話であるが、その印象的な黒髪の話題は、そのまま次の四の起源譚につながっていく。五の山道の変化が山男山女への恐れにもとづくという話をはさんで、六は長者の娘の神かくしで、七の民家の娘が同じく失踪の主題をくりかえし、八の有名な「寒戸の婆」につながる。このエピソードでは、その「草履を脱ぎ置きたるまま」去った出郷者の老いた姿として、「神隠し」で郷土を離れた者にもまた、年老いた現実があることが語られる。

次の九から菊池弥之助の話が始まり、ここから一〇、一一と「此男」「此女」と、話としては番号で区分しているものの、語られた内実は焦点を移動させながら、「此」でつながっていく。このあたりの配置は、民話をひとつひとつ数えて集めただけの集成とは異なる、ある関係性を内蔵した語りと想像の宇宙を立ち上げている。同じ構造は、一二の新田乙蔵の話を一三が「此老人」と受けている箇所や、一八の山口孫左衛門の「凶変」の話が、一九、二〇、二一とつながっていくところでもくりかえされる。

しかも語られる老人のいずれもが、どこかで不幸なあるいは奇妙なできごとのあとの時間の無情な経過に耐え、のこされた孤独をかかえて人目を避けているかのようにみえる。それはあるいは近代が背負うにいたった、村という生活共同態の現在の現実を、静かに映しだしているとも思える。乙蔵の子どもはすべて北海道に移り、この老人はただ一人旧里に老いて『遠野物語』刊行の前年に亡くなり、孫左衛門家の全員食中毒死の凶事に生きのこった当時七歳の女の子も「年老いて子無く、近き頃病みて失せたり」と聞く。こうした孤独な「老い」のかたちは、神隠しにあった「寒戸の婆」のあわれとも響きあっている。

ありのまま、感じたるままを

もういちど、同時代の「文学」に対する、柳田の違和感をなぞっておこう。『遠野物語』発行の約八ヶ月前の『無名通信』の記事で、柳田は文学の「自然主義」が「素人写真の習ひたて」〔「新旧両時代の文芸」全集23：六四六頁〕で身の回りばかりを写して喜んでいると批判する。青年の夢想ばかりを描こうとしていて、たまたま老人や田舎びとに目をむけても「写真でいへば駆出しの下手な写真師」〔「官吏の読む小説」全集23：五四〇〕の作品で、めちゃくちゃなピンぼけだとする、ほぼ一年前の感想とも対応している。この「自然主義」と「写真」の力のメタファーについては第四章でふたたび論じたいが、『民間伝承論』の「われわれの重出立証法はすなわち重ね撮り写真の方法にも等しい」〔全集8：六二〕という、比較を重視した新しい方法の説明とも呼応して、方法的課題の一貫性を印象づける。

この時期に文芸雑誌に寄稿した文章が、「事実」や「写生」を積極的に論じていることも、考えあわせるべき論点である。柳田は、いわゆる「事実」が外界に客観的に存在するものではなく、文体すなわち「文章の構造」〔「言文の距離」全集23：六四七〕、あるいは書かれたものの様式において、ジュディス・バトラーの構築主義風にいえば「遂行的（パフォーマティブ）に」生み出されるものであることに注目している。

であればこそ、「写生」は、ただ事実の記述を主とする「記事文」だけでなく、理や義や策を論ずる「論文」においても、頼るべき方法である。そのことを論じて、「記事文が外界のことを有りの儘に写生する」と同じように「論文は頭の中の思想を有りの儘に写生する」という点で、「心内と外界との区別」〔「写生と論文」全集23：四八三〕こそあれ、写生の実践であることにはちがいがないと主張する。その論法は、おそらく老人の「ファンタジー」にも、自然主義が積極的に入っていくべき前掲引用の新しい文芸の「領域」にも、応用しうる一般性をもつ。われわれは一九〇七年に書かれた「写生と論文」のなかの「自分の気をよく養って、その上は唯だ、見た事、聞いた事、思う事、感じた事を、有りの儘にさえ書けばよい」〔同前〕という文章が、『遠野物語』序文の「一字一句をも加減せず感じたるまゝを書きたり」〔全集2：九〕という立場表明と、深く呼応していることに気づくのである。

三　『郷土研究』をめぐる南方熊楠との応酬

第3の論点は郷土研究、すなわち郷土を研究することである。「郷土誌」はいかなる意味で郷土研究なのか。そして「遠野物語」の試みは、いかなる意味で郷土研究だといえるのか、いえないのか。南方熊楠との応酬は、その意義を浮かびあがらせる補助線である。

ここでやや慎重にではあるが、確認しておかなければならないのは、柳田自身に生じた「山人」論の封印である。

山人論の封印

谷川健一が「山人と平地人」という論考で早くに光をあてた、「山人＝先住民」説は、「山人外伝資料」においてもっとも熱心にあらわれ、『山の人生』ではいささか後退していく〔谷川健一 一九七七：一一八―一三二〕。谷川はこれを、山人＝異民族 対 平地人＝常民＝日本人という対立のなかでとらえ、そこに沖縄研究への展開をからめることで、「ある挫折と転向」を読みこんだ。おおよそ一〇年以上をへだてて、この図式の敷衍と拡大解釈のうえに、論者自身が「半信半疑のうちに書き進んだ」〔村井紀 一九九二：二五二〕という「南島イデオロギー」批判があらわれて「植民地主義批判」として話題にされるが、いまはその論点の一九九〇年代の興亡はとりあげない。確認しておきたいのは、「山人外伝資料」はもちろん、この時期に書かれた山人論に関わる主題をふくむ論考の多くが、柳田の書物づくりの観点から見ると、結果として「封印」といってよいあつかいにとどめられた事実である。

たとえば「巫女考」も「毛坊主考」も、「山人外伝資料」以上に力を入れて連載された論考だが、けっきょく独立した一冊としては刊行されなかった。『郷土研究』に載せられた妖怪や怪異を取り上げた小編が、『遠野物語』以前の「天狗の話」のような談話をふくめ、さらに一九三〇年代に『民間伝承』に連載された「妖怪名彙」などをあわせて『妖怪談義』の一冊にまとめられたのは、柳田自身が八二歳をむかえた一九五六（昭和三一）年であった［佐藤健二二〇〇二a］。

『山の人生』にしても、朝日新聞社の論説を書く編集局顧問として、新興のグラフ雑誌『アサヒグラフ』に定期的にコラムを執筆するという関係がなかったら、あの時期には書かれなかっただろう。しかも単行本にするにあたって、六倍となる量を書き足して新たな文章にし、山人論の最後の時期の講演手控えである「山人考」だけを付載して、すでに書かれていた「山人外伝資料」等を再録するという形式を選ばなかった。新全集の解題で赤坂憲雄が「山人＝先住異族末裔説」に踏みこんで「柳田自身の執筆の可能性の高さ」［全集3：八三二］を空想した「投げ込み広告」の直截的な「テーゼ」は、ほぼ確実に同時代の柳田自身が書いたものではない。そして『遠野物語』にしてから、還暦の記念や佐々木喜善の死などのきっかけを重ねて、一九三五年に増補版として出されるものの、「再版覚書」が「道楽仕事」「真価以上に珍重せられた」「蹉跌」といつもの序文にも増して韜晦した。その背後には、「遠野より更に物深き所には又無数の山神山人の伝説あるべし。願はくは之を語りて平地人を戦慄せしめよ」［全集2：九］と檄した立場を、ふりかえってみると「山人」論の方向に立ち入りすぎたと解する躊躇が、ふくまれてはいなかったか。「再版覚書」が「山女」「山男」「山人」にひとことも触れていないのは、かすかながらその傍証たりうる。

それらを理解するにあたって、南島イデオロギー論のような「隠蔽」という意図的・陰謀的で、精神分析的な「抑圧」メカニズムを動員した総括は、過剰で的を射ていない。どちらかといえば、ゆるやかで半意識的な「封印」であったと思う。

「巫女考」批判と雑誌という広場の擁護

もちろん、重要なのは「隠蔽」か「封印」かの用語の選択ではなく、なぜそうしたあつかいが生まれたのかである。

この「封印」を位置づけるうえで重要なのは、植民地主義イデオロギーと性急にむすびつけられた山人の実在か幻想か、あるいは民族の同一性か異質性かといった論点ではない。もっと具体的かつ直接的に、「巫女考」をやり玉にあげた、『遠野物語』四年後の南方熊楠の『郷土研究』誌批判である。南方の批判に対する反批判をつうじて、柳田は「郷土誌」の意義をふくむ「郷土研究」の学問としての文体を深く意識し、方法に結晶化させていく。

この点はすでに別な論考において、「一国民俗学」論の再検討ともからめあわせ、どう位置づけるべきかを指摘したことがある［佐藤健二 二〇〇二 b］。私自身のオリジナルな読み込みはそちらにゆずり、ここでは基本的な理解に必要な情報だけをくりかえしておく。

①柳田国男は、記事の掲載をめぐる南方熊楠の批判の書簡を、雑誌の特質や使命を考えてもら

うための素材として使う。「「郷土研究」の記者に与ふる書」というタイトルをつけ、第二巻第五号（一九一四年七月）から第七号（一九一四年九月）まで三回に分けて掲載したのが、それである。その完結の三回目の記事後に「記者申す」という形で、柳田自身の反論を載せる。この論争めいた応酬はよく知られ、『柳田国男南方熊楠往復書簡集』〔平凡社、一九七六〕では、書簡のレベルでのやりとりまで押さえることができる。しかし、④で述べるような『郷土誌論』の形成とは、あまりむすびつけて論じられてこなかった。

②南方の書簡がふくむ批判は、例によって多岐にわたるが、整理すれば次のようにまとめられるだろう。強調されているのは、『郷土研究』がその名にあらわされたような地方の経済や政治制度の研究誌になっていないという批判である。説話学や「人種学 Ethnology」「記載人種学 Ethnography」としての民俗学の雑誌になってしまっているではないか、という。もし「地方制度経済の学」を目指すならば、柳田自らが「巫女考」の連載など中止して、地方経済を論じた模範的な論文を中心に掲載する編集方針をとるべきだ、とせまった。ある意味で、南方の批判は、農政学 対 民俗学の区別のうえに、『郷土研究』という雑誌の実情批判として成り立っている。

③これに対する柳田の反論は、大きく二点にまとめることができる。

第1は、郷土研究はたしかに「ルーラルエコノミー」もしくは「ルリオグラフィー」と訳してもよいかもしれない。しかしこれを「地方」の「経済」の学ととらえ、その名称を選んでしまうと、地方改良運動や町村是制定の政策論議などと混同される。現在の郷土研究の課題が政策の善悪を批判するより前に、その前提となる「状況の記述闡明」〔全集24：四六四〕にあるという認識が不鮮明になる。だからむしろ「農村生活誌」の研究と訳すべきで、そう見れば、これまでいっこうにかえりみられなかった生活問題を取り上げている「巫女考」などは、その構築すべき領域のまっただなかにある、と柳田は主張した。

第2に、編集方針を「地方経済」に限定して輪郭を明確にせよという要求に対しては、まっこうから反批判する。雑誌が知識の共有と交流の広場であり、また郷土研究が新しい領域の開拓であるからこそできない、と応じた。「適当なる引受人に一部を割譲し得る迄の間は、所謂郷土の研究は其全体を此雑誌が遣らなければなりませぬ」〔同前：四六四〕。郷土研究はまだ未熟であり、それゆえにこそ場としての雑誌に、ディシプリンの無用なる障壁をつくるわけにはいかない、と。

すなわち、柳田は南方が主張する学問の対象と方法の確立、すなわちディシプリンの区分の明確化と理解しうる批判を、観察と知識の交流と共有の場としての雑誌の擁護へとずらし、運動としての郷土研究の可能性を押し出すことで反批判していく。

④にもかかわらず、あるいは、であればこそというべきであろうか、柳田は『郷土研究』という雑誌において、この学問が目指すものを明確にし、共有しようと努力していく。

そのひとつが、方法論の執筆であった。南方の批判の完結と同一の号の巻頭に「郷土誌編纂者の用意」という菅沼可児彦というペンネームでの論考を載せ、

⑴年号数字の確定に無理な苦労はせず、

(2)固有名詞の詮議にあまり重きをおかず、
(3)材料を書かれたもの以外へと拡げ、
(4)比較研究に大きな力をさくという。

このような「郷土誌」の個性的な方法的基準を掲げたのは、じつに意図的であった。菅沼名での方法論の論考は、このあとの二年間に三つが公表され、『郷土誌論』の主要論文となると同時に、一九三〇年代の方法論の二つの書物の骨格をも用意していくことになる。さらに、「社告」が変えられ、寄稿者への呼びかけが具体的で明確になっていく〔同前：四七二、四八一〕ことも無視できない。それだけ南方の批判を、乗り越えるべき課題として誠実に受け取ったのだと思う。

もちろん念のために付けくわえるならば、南方熊楠の批判を受けてから、郷土研究をささえる理屈が生み出されたわけではない。すでに一九一二（明治四五）年の「塚と森の話」のなかに、「謬れる地方誌編纂の方針」〔同前：九八〕や「地方誌編纂者に対する希望」〔同前：一二三〕など「地方誌」への厳しい注文が出ている。また、この論考自体がすでに何度か登場した『斯民』という報徳会の教化啓蒙雑誌に発表され、意味不鮮明になってしまった「塚」という存在を前にしての、多面的で方法模索的な研究実践の全体を紹介する事例となっている。

そのことを踏まえるならば、南方の批判は、『遠野物語』のあと「山人」論に踏みこんでバランスをやや失っていた、柳田の郷土研究をもとの位置にもどす役割を果たしたともいえる。

四　小括――もうひとつの『遠野物語』

あらためて、ふたたび『遠野物語』の扉をひらく。

最初に置かれた「一」は、遠野郷の地理的な概況と、そこに入っていく道筋の説明にはじまる。そして「二」もまた、「遠野の町は南北の川の落合に在り。以前は七七十里とて、七つの渓谷各七十里より売買の貨物を聚め、其市の日は馬千匹、人千人の賑わしさなりき」と、それが「山奥には珍らしき繁華の地」であったとの事実を出発点にすえている。そうした現実の空間や生活の記述のうえに、語られた話題が積み重ねられていくのは、「昔々あるところに」のはじまりがもつ非限定の抽象性や一般性と、よほど異なっている。むしろ、人類学や社会学のいわゆるモノグラフあるいはエスノグラフィーの、定石ともいうべきはじまりかたを連想させる。

ここで論じてきたように、いま書かれた形で残っている『遠野物語』自体を「郷土誌」とは直接には評価しがたいにせよ、この物語は、「郷土研究」をへて「民俗学」への組織化されていく、方法としての「郷土」（付論参照）の力の下ざさえなしには成立しなかったと、私は思う。

その地層ともいうべきものの厚みをもういちど見直し、もうひとつの「遠野物語」の形を構想し共有していくことは、現代に生きるわれわれの課題である。

付論：「郷土」と「常民」について

郷土

郷土の概念は、「郷土研究」という一九一〇年代の新語を構成する重要な要素として、初期の民俗学の発想のなかに浸透していった。ふりかえってみると、対象のフィールドを指ししめすだけでなく、研究主体の意識感覚をも構成している日常生活世界としての意味が、二つながら重なりあっていたところに、この語の可能性があった。

しかし、「郷土教育」が官民あわせて教育界の流行となった一九三〇年代に、郷土は社会的に注目されはじめるとともに、その意味するところもまた乱雑にふくらんでいった。今日われわれはどうこの語を使っていったらよいのか。おそらく、かつての理解の歴史的な功罪の検討からはじめざるをえないだろう。

重要な素材になるのが、一九三二年（昭和七）一一月に山形でおこなわれた柳田国男の講演「郷土研究と郷土教育」である。のちに日本民俗学の創始者と論じられることになるこの思想家は、講演のなかで積極的に二つの論点からの異論を、時流の郷土教育の実践につきつけた。

第1の論点は、「郷土」は実体としての出身地や現実の地域には置きかえられない方法性をもった概念なのだという点である。民間伝承を資料とした新しい歴史学にとって、「郷上」は地図のうえに、実線で囲えるような空間ではなかった。その点は、当時の人文地理学や教育学が推進した「郷土」概念と大きく異なる。「ことば」がそうであると同じように、「郷土」もまたそのなかを生きる一人ひとりの人間の内面や思考に作用する、方法レベルでのカテゴリーである。そのような認識を下敷きに、郷土への注目を読みなおしてみたい。その意義については、以下においてもうすこし詳しくみてみることにしよう。

第2の論点は、郷土という語にはらまれがちな、その地域「固有」の知識や情報へと閉じる傾向である。端的にいえば「郷土自慢」に表れるような、自文化中心主義である。だから比較が重要だという主張につながるのだが、比較という方法もまた、ただ用いればたちどころに改善をまねきよせる万能薬ではない。固有性を捏造しやすい二項対立図式の侵入に対しての無自覚は、かえって観察をくもらせる結果をまねく。オリエンタリズム批判以後の今日、比較という方法の可能性をどう組み立てるかは、じつは周到に計画されるべき戦略である。この点についても、郷土という概念の内側で考えるべき論点を整理してみる必要があろう。

郷土は「場所」でも「資格」でもない

さて第1の方法性の論点は、じつに有名な、しばしば引用される次のフレーズによって知られている。よく知られているだけに、正確に引用しておこう。

「我々は郷土を研究の対象として居たのでは無かった。是に反して多くの諸君は郷土を研究すると言って居られる。(中略)郷土を研究しようとしたので無く、郷土で或ものを研究しようとして居たのであった。その「或もの」とは何であるかと言へば、日本人の生活、殊にこの民族の一団としての過去の経歴であった。それを各自の郷土に於て、もしくは郷土

人の意識感覚を透して、新たに学び識ろうとするのが我々どもの計画であった。」［全集14：二四五　傍点原文］

強調された「郷土で」を、どうとらえるか。そこに読み方の一つの分かれ道がある。

もっとも単純には、「地方で」「在地で」「故郷で」の採集者による研究の強調と解され、そうした実践を奨励するものと受け止められてきた。すなわち第1の解釈として、研究がおこわれるべき場所の指示であり、そこにかかわる主体の資格や態度にかかわる条件の提示であるかのように読まれたのである。だれでもが、どこでもおこなえる調査研究ではない、という地域性をめぐる特権的な意味あいがそこに生まれた。「各自の郷土に於て」という表現と強くむすびつけられた解釈で、地方在住の研究者こそが真の意味での郷土研究の担い手であるという、属性の規定とむすびついていった。

一面において、そのような在地研究者重視の理解を、一つの激励であり顕彰であると感じた層も少なくなかっただろう。地方の初等中等教育の教員として、あるいは兼業の民間研究者として、日本の民俗学の勃興期をささえてきた人びとが多かったからである。しかしながら、主体の属性を限定し資格を特権化するこのような読み方は決定的に不十分である。

民俗学をそれなりに学んだ人びとからは、柳田の方法における「同郷人」の重視もここにかかわるではないかという意見がでるかもしれない。なるほど『民間伝承論』は、郷土研究の中心領域を「第三部」と名づけ、この「生活意識」もしくは「心意現象」は「心の採集又は同郷人の採集とも名くべきもの。僅かな例外を除き外人は最早之に参与する能わず。地方研究の必ず起らねばならぬ所以」［全集8：一四］と書いた。

この文章が、採集という実践への参与ではなく、理解という認識の問題にまで拡大されて論じられてしまったがゆえの過剰さは、小さな問題ではないがここでは触れない。ただ「同郷人」を、

「郷土」を同じくする人びとという、資格審査の論法にかこいこむところからは、新しい民俗学の発想はでてこない。「郷土人」であれ「同郷人」であれ、実践の内実を問わない「資格」の論法は民俗学の認識の正当性を保証しないのである。

身体的な媒体としての「郷土」

これに対して、もし同じテクストのなかの「郷土人の意識感覚を透して」という表現を重視するならば、「郷土で」をめぐって、別な拡がりをもつ第2の解釈の余地に気づく。すなわち、方法の強調である。

「で」という助詞は場所の指定以外に、媒介手段や方法を指す。郷土を「対象として居たのでは無かった」、郷土を生きる人の「意識感覚を透して」の研究であるというとき、その方法としての意味がより鮮明に強調される。郷土はじつは目的である「生活」や「過去」を認識するための手段である。その意味において、集権的な国家に対する「地方」の特権化や、社会の流動性が高まるがゆえにノスタルジックに強調されがちな「故郷」の発見は、すでに身体に織りこまれている行動や感覚の特性の認識に役立つかぎりにおいて意味をもつにすぎない。すなわち郷土とは、それぞれの身体に、いわば所与の素材としてあたえられている日常であり、実践として使いこなされ再生産されている「意識感覚」のありようそのものである。

このような現象学的な解釈は、言語の構築的・遂行的な特質に焦点をあてて人類学の調査実践を反省してきた、いわゆる「言語論的転回」の戦略と響きあうものだ。そこで問題の現場とされるのは認識のプロセスそのものであり、言語の政治作用と同じくらいの力をもつて、調査者／被調査者の認識を拘束する、身体化された文化としての「郷土」である。

この第2の解釈における「郷土」は、地域でも主体の資格でもなく、人びとがその生まれそだった空間によってつくりあげられ、いま現在、自らの理解構築の方法として使いこなしている身体と感覚のありように焦点をあてる。であればこそすなわち、「郷土人の意識感覚」およびその集合作用としての「郷土」の把握は、「学び識ろうとする」実践のもっとも重要な素材となるのである。

「郷土」と「日本」の関係

在地主義のいささか素朴な郷土解釈に立つ民俗学者は、その意味範囲を実体的で具体的な村落や「大字」にかこい込んだ。そのうえで民俗学パラダイムの批判者の多くは、引用の文章の強調点を、日本という概念への移行に見るという議論を展開した。研究すべき対象について、小さな「郷土」ではなく、大きな「日本人の生活」「民族の一団としての過去」であるとした、その拡張にこそ批判すべき本質があるという批判を展開した。そうした立場にたてば、郷土研究のほんとうのねらいは郷土や地方の多様性といいながらも、じつは古層の同一性の仮定を媒介に、「日本」や「民族」という国家的・政治的な概念へ包摂することにある、との主張が可能になる。

一九九〇年代後半に流行った民俗学批判のいくつかの型式、すなわち民俗学を「郷土」の主体性を動員する国民化の政治として批判し「郷土人」研究者の搾取として告発する理解や、郷土の重視は排外主義ナショナリズムの表現形態にすぎないとする解釈が、じつは郷土を「地方」や「故郷」と等置する、同じく実体的な「郷土」認識を前提としている点には注意が必要である。そしてこの批判は、第2の解釈が提出している認識論的な課題の困難を、自らの問題として引き受けていない。

しかし、柳田の講演の引用部分から「日本人の」や「民族の一団としての」を塗りつぶして、単純に中ほどの一文を「その「或もの」とは生活、殊にこの過去の経歴であった」と読んだとしても、なおこのマニフェスト（宣言）はじゅうぶんに意味をなす。その現代的な意義を切り捨ててはならない。

そこにおいては、「を」と「で」の違いの意味が、純粋に方法論的な相貌をもって立ちあらわれるだろう。郷土研究を名のった多くが地方在住者による日本文化の研究にすぎなかった、その結果に対する学史的な批判が正しかったとしても、なお郷土研究は日本という概括的で均質な枠組みそれ自体すらを疑う歴史研究の方法を願ったのではないか。そのような転換をあえて浮かびあがらせる、読みの今日的な意味は失われない。

バシュラール風に言うならば、無知はなんの知識も書かれていない純粋無垢の白紙ではない。むしろすでに知識が縦横に書きこまれた解釈や習慣のからみ合う織物であって、たぶん蜘蛛や鳥たちの巣のようにたえず再生産されている。であればこそ認識の前提作業は「停止」であり「切断」であって、しかも疑問の生産はただいちどかぎりの介入ではなく、持続的で組織的な絶えざる切断の要素をもたざるをえない。

郷土を研究するのではなく、郷土で研究するのだという微妙な文章に対する第1の解釈、すなわち在地主義的で実体主義的な理解の流布によって、民俗学から見失われた強調点は、まさしくそのような認識の運動の現在性そのものなのである。

研究の疑問力と教育の権力

さて、講演の第2の論点である「比較」は、これまでの郷土理解においてほとんど否定的にしか論じられてこなかった。しかしながら見逃せない重要な論点である。

「郷土研究と郷土教育」があえて批判しようとしたもうひとつの誤解は、今日の郷土研究の成果を、それぞれの地方ですぐに教育にもちこもうという形で進んでいる教育行政の拙速である。第1の引用ほどに有名ではないけれども、やはりいくつかの読みの揺れがあるので、最小限の部分を引用しておこう。

「第二に私たちの予期しなかった点は、個々の郷土の研究の成績を以て、直ちに各自の居住地の普通教育、殊に幼少なる者の知徳の養成に、施し得べしとする楽観、乃至はその早急なる計画である。我々はまだ一度もそういう大胆な希望を抱いたことは無い。」［全集14：四六］

このテクストから、身近な郷土の知識などもともと実際の教育には役に立たないのだという、教養主義や反プラグマティズムへの居なおりを引きだすのはまちがいである。弊害というべきは「早急」さであり、また「個々の」成績の直接利用という短絡だからだ。なぜそれが批判されなければならないのか。

重要な論点が二つある。

ひとつは学校化社会において「教育」がもってしまう権力である。学校教育の権力そのものを疑おうとしない体制のまま、知識伝達の成果だけを期待するわけにはいかない。この姿勢は、「正解」の固定化による、「問い」の抑圧の批判とつながっている

新たに自分たちの観察と実験とにもとづいて郷土の生活を明らかにしようとする「郷土研究」は本来、これまでの歴史教育に対する疑惑から出発している。しかし「郷土教育」は児童というなにものをもすなおに信じる人びとの「無邪気な遵奉」、すなわち盲従の危険と直面せざるをえない。だから研究と教育との社会的役割のちがいをふまえずに、直接早急につなげようとするならば、大きな欺瞞をもちこむことになる。

文部省指導の「郷土教育」は、ただただ愛郷心および愛国心を軸とした、勤勉努力自力更正の教訓話ばかりを増幅した。そのなかで決してじゅうぶんとはいえない「僅かばかりの中間の成績」である郷土の史実が動員されたとしても、その知識の断片の押しつけは、現実の地域がかかえている社会問題の具体性に対して、どんな解き口をあたえるというのか。ただただ頑張れの精神訓話ならば、「一時の気休め」で、大人になってからの「失望」という先のばししか生みださないだろう、という［全集14：一四九―五二］。

つまりは政策推進者たちは、郷土研究の水準

の現状評価があまいのである。そして「兎に角に結論を出して置こう」とする「今までの所謂文化諸学」［全集14：一五〇］の社会的存在形態そのものが、「郷土研究」の理想にそむく抑圧的なものとして批判の俎上にあげられることになる。上述の引用の背後に、こうした郷土研究の現状に対する厳しい主張を読んでいく必要がある。

郷土研究における比較の重要性

それならば、郷土研究は郷土教育のもった権力を内側から破ることはできないのだろうか。もう一つの論点である比較の欠如は、まさにその現状評価において導入されている。

そもそも真の意味での「郷土研究」であるためには、「個々の郷土の研究の成績」だけでは不十分である。なぜか。比較が立ち上がっていないからであり、相対化に開かれていないからである。現実の教育への早急なる応用の批判は、たとえば次のように述べられていく。「個々の郷土に於て蒐集せられた事実、その割拠的な観察者によって、理解せられて居る限りの知識が、比較も総合も無く、又各地相互の啓発も無しに、其まゝ郷土教育に利用して、効果を挙げ得るか否か」［全集14：一四七―八］、深く疑わしい。

研究者としての観察者がその割拠を克服しえず、比較も相互啓発もない知識がその土地でだけ流通する。それはけっきょくのところ、新しい疑問に向かいあうことがそれほどにも多くは必要ではなかった割拠時代の「村の物知りの教育事業」［全集14：二五二］、すなわち故老による「旧式の独断論法」［全集14：二五四］と変わらない。しかし意識感覚の内なる「郷土」の認識は、部分的で断片的な観察を普遍化していくための論理と向かいあう、比較の作業なしには成立しない。そうしてこの比較の必然性という論理は、郷土を個別的で個性的で多様で固有な地域空間であるとするだけの散漫で概括的すぎる理解からは、生まれてこないのである。

その観点からすれば、民俗学における比較はけっして国民国家日本の限界を超えていかないという、「一国民俗学」批判の論法は、乱暴な論点先取であり、いかなる比較が必要なのかに触れていない抽象的すぎるスローガンでしかない。たとえ言語の政治作用という強力な磁場のもとで日常が構築されているとはいえ、比較の枠を国民国家の内側にとどめなければならない理由は原理的にはない。むしろどの範囲までのいかなる比較をたちあげる必要があるかは、対象の記述それ自体が要請するパースペクティブと、主体の力量とに依存する問題である。

無意識のアリーナ（舞台）としての郷土

柳田の講演は、郷土に注目する研究戦略のポイントを簡潔に提示していると思うが、もちろんこれだけで郷土概念の意味をじゅうぶんに把握できたとはいえない。われわれがこの言葉をどう使ってきたのか、測定すべき領域はさらに広い。とりわけ研究の分野と深く結びついて形成されてきた「郷土舞踊」「郷土芸能」あるいは「郷土玩具」、隣接分野でもあった「郷土史」など、それぞれの語感の前提をたんねんにたどるべき素材が、まだ民俗学研究史の内側に手つかずのままのこされている。だからいまだ総括の概論を述べる段階にはないというのが正直なところだろう。

そのような現状を自覚しつつ、わずかな踏みだしではあるが、さしあたり新しい可能性を模索するあいだ、注意しておいていい何点かをまとめておこう。

まず第1に、民俗学の「郷土」概念のなかにひそむ「暗黙の共同性」のイデオロギーの効果を切断して置くことは、必要な構えである。とりわけ郷土もまた、「村」と同様に「共同体」の理念とむすびつけて実体的な地域共同体として想像されることが多い。それだけに、かえってその内部に矛盾や緊張あるいは支配服従や競争の構図をかかえこむ構造であると前提しておくことは、その変容を分析するうえでも不可欠である。

「郷土」は昔の村の区切りでいうと、今の大字の単位に近く、それは行政村ではなく「自然村」だとしばしば言われる。そうした実体化した語りは、単一のアイデンティティ概念や同質性の仮定を暗黙のうちに導き入れるかぎりにおいてあやうい。なるほど明治二〇年代の町村合併は、神社合祀にも似た地方政策として、郷土という身体感覚に故郷異郷の緊張を生み出していった。しかし「行政村」と「自然村」の乖離がそこではじめて生まれたとする理解も正確ではない。地方制度としての村と、生活集団としての村とを、概念のうえで分けなければならない事態は、たぶんもっと歴史をさかのぼるからである。

今日からみて「自然」に見える村の統一も、じつは後に失われたものとの比較と想像とにおいて、発見され言語化されたという構築性が検討されなければならない。「行政」と「自然」の対抗軸ではなく、制度と集団というより普遍化された視角でみても、複合構造の現実は変わらない。行政村を、集団とは無関係に設定された外枠でしかない法制度と見るのも乱暴である。それと同じくらい、自然村を制度なき調和の集団と想像してしまう予見はあやしい。同じ二項対立図式の落とし穴は、「ムラ」と「家」とのあいだにも、また「家制度」と「家庭」とのあいだにもある。

郷土は、無意識にまでわたる実践のアリーナ（場）であり、重要な観察のフィールドである。たとえば「行政村」や「ムラ」や「家制度」の法的・構造的・制度的媒介が、「自然村」や「家」や「家庭」に介入し浸透し、そのありようを変容させている、その矛盾や葛藤の現場が、郷土である。

さきに郷土を、無意識をふくむ身体レベルの所与において定義しなおす解釈を提出し、それぞれの日常が方法として使いこなしている意識や感覚のありようそのものだと述べた。この理解もまた、「タテマエ」に対する「ホンネ」という通俗的用語による分類と重ねてしまうと、たぶん矛盾を内にふくまない「ホンネ（＝本音）」概念の平板さゆえに、対象としての郷土の意味は歪んでしまうだろう。むしろ、精神分析の理論家たちが明らかにしたように、無意識そのものが抑圧や昇華や合理化を含む構築物であることを踏まえて、郷土という対象の位相をとらえたい。そうすることではじめて、郷土は分裂や抗争をふくむ概念として再生する。

経験と疑問の共有地としての郷土

第2に、むしろ郷土は知識や経験の共有地であるという想像力を、積極的に組み立てるべきだろう。それぞれの村でも町でも住処でもなく、近代化においてその固有の輪郭を失った空間でもないという、ネガティブな定義の意義も、そこにある。知識と経験の共有地とはうらがえせば、疑問と批判力の共有地であり、根拠地づくりである。

郷土研究は文書主義の歴史学に対抗したが、そのもっとも根源的な批判は、歴史の私有に抵抗する実践でなければならないという理想にあった。これはもっとも深い位相での、郷土という語の戦略だった。「郷土叢書の話」［全集7：二五二］という論考が『退読書歴』に収録されているが、この論争的な一編が明らかにしているのは、郷土研究がその発想の本源において歴史批判であったという事実である。とりわけ文書を所有する旧家の意識を徹底して批判しつつ、歴史を私する欲望の単純なる非難に終わらず、その私有そのものを成立させている文書中心主義という、歴史認識の方法論そのものの批判にまでとどいている。

民俗学の研究がここでいう「郷土研究」であるためには、おそらく方法性の基準の自覚と再構築とが必要である。すでに述べたように、研究主体としての属性や資格は基準にならない。むしろどのような認識の生産プロセスが、郷土を焦点とする研究の方法的な規準として、それぞれの研究実践に求められるのかという立場からの解読が必要だと思う。

郷土は、明確に言語化されていない日常であり、無意識であり、身体であり、知識や経験の根拠地である。その未発の意義を、どのように現代の生活から論じることができるか。そこに現代民俗学のフロンティアがある。

常民

「常民」は、ほんとうは民俗学そのものをささえるような大文字の概念ではなかった。民俗学という名そのものが、郷土研究、郷土誌あるいは殊俗誌、民間伝承論、郷土生活の研究、さらには土俗学、一国民俗学、世界民俗学などなど、さまざまな表現のあいだをゆれていたという歴史的な事実を思い起こそう。どこかしら名づけきれない学問であることの拭いきれない自覚に象徴されるように、民俗学の発想それ自体が、大文字の「対象」概念を中核に構築されたものではなかった。むしろ常民もまた、固有の対象という以上に「方法」の戦略のなかで構成された主体の可能性にすぎなかったのではないか。

そのことはもういちど確認しておいてよい。

読者論、文脈の複数性、伝承の生産

民俗学のいくつかの理論や概念がそうであるように、常民の語もまた、昭和一〇年代にはじまる民俗学の学問的な体系化をつうじて、しだいに民俗学という学問の認識論を総括するような大きな意味をあたえられ、戦後にはじまる民俗学の方法論をめぐる批判や反批判のなかで象徴的な中心にすえられるにいたった。すなわち、柳田の「思想や認識を把握する鍵」〔福田アジオ 一九八四：二一七〕であり「主要な方法概念」〔伊藤幹治 一九七五：五七〕であるとされ、調査し観察すべき特権的な「対象」を端的にあらわすと同時に、民俗とよばれる文化をになう具体的な「主体」を一般的に指ししめしているとされたのである。

対象でもあり方法でもあるという相互規定性

そのものは、現象学や表象論以降の認識論において てまぬかれない構造であり、その徹底した認識は生かしかたしだいではむしろ戦略的ですらある。しかし分析すべき民俗文化や伝承の範囲とまったく等値しうるほどに、強い意味を有する概念と考えられるようになったことは、かならずしも望ましい結果ではなかった。そのような過剰に一般化された意味づけの網の目のなかで、含意が論じられるようになったことに、この概念がになわされた不自由の根がある。

論議のなかにおける定義の拡大

研究者たちは、どのようにこの概念を理解し位置づけようとしてきたか。

なるほど、用語それ自体に内在する歴史をたどることは基本的に重要である。だから、ここに用いられた文字の組み合わせの中国や朝鮮にまで遡る用例を確かめておかねばならない（早川孝太郎［一九五三］や竹田聴洲［一九七八］など）とか、柳田国男や渋沢敬三がこのことばにどのような意味をあたえていたかが論じられなければならない（和歌森太郎［一九七六］、石塚尊俊［一九九二］など）という作業もまた必要になるかもしれない。

しかし、上述のような問題状況を考えるならば、解明の順序をまちがえてはならない。「常民」を鍵概念として発見したのは、一九三〇年代における民俗学の学問としての体系化の欲望と、敗戦後の社会科創設から一九六〇年代にかけての理論武装のための方法論の模索であったからである。であればこそ、われわれは「常民」論の再検討を、むしろ論争史の解体からはじめる必要がある。

かつての素朴かつ実感的な体系化において、民俗学は「民間伝承」を研究する科学であるという規定と、その民間伝承の生産者であり保持者が「常民」であるという言明とは、ほとんど循環論的な規定関係にあったといってよい。しかしながらふりかえって丹念に検討してみると、常民の定義のために三つの文脈あるいは軸が構成されていたことがわかる。

第1の軸は、非文字性の問題である。文字を解し使いこなす知識層ではない「目に一丁字」もない民衆で、口から耳へと知識を伝えつづけてきた、文字以外の存在の層において常民が位置づけられていく。

そこに第2の軸である階層・階級の問題がかかわる。自らの歴史表象をもつ支配者階級と庶民の差異、すなわち少数の上層階級ではない大多数のごく普通の人びとが研究されなければならないという理念である。時代としてみると、ドイツ民俗学からの国民国家的な「フォルク」の概念が重なりながら、常民概念の基本的な位相が設定されたといえるだろう。

そのプロセスにおいて、柳田の「常民」の用例の初出といわれる明治末年の漂泊者をめぐる論考群が意識され、常民概念を縁どる定住性から排除されている「山人」という対もあらためて確認される。この定住の論点を、第3の軸として考えることができる。そして定住すればこそ、村のような空間との密接な関係において理解され分析されなければならないとされたのである。

根拠地の思想

しかしながら、この三つの文脈は論理的にはまったく別な軸であるがゆえに、相互にバラバラに展開し発展しうる。そのことに無自覚なまま、この語を一元的に定義しようとしたことが論議を複雑にした。

たとえば、第3の定住性の軸は、民俗学の体系化および拡大という課題からすると、早い段階で効力を制限されていく傾きがあった。民間伝承の研究が深まってゆくにつれて、稲作を中心とした農村の文化だけではなく、民間宗教や民俗芸能の研究領域においてもまた重要な研究が積みかさなってくる。さらには漁民や職人など農民ならざる人びともまた、「普通人」「庶民」としての民間伝承の担い手とせざるをえないなかで、それらをも含みこむべく「常民」の語はその意味範囲を拡大していった。

その拡大は、やがて無限定にも「日本人」概念に重なっていってしまう。すなわち「定住」という生存の根の問題に、いささか思想的には無自覚なまま「郷土」という語が接ぎ木され、「国土」への連想の拡大がつけくわわっていったのである。国民国家論やポストコロニアリズム批判の対象である「国土」や「国民」との関係を、自覚的に論じえなかった点を責めるのはやや酷だとしても、昭和初年の「郷土教育」と「郷土研究」との差異について熱心に論じた柳田の思想を、常民論の豊饒化へと回収することくらいは試みてよかったのではないか。

さらにくわえて日本社会に進みつつあった都市化や工業化もまた、この概念の暗黙の農村中心主義にゆらぎをあたえた。「サラリーマンは常民なのか」というような、どこか文脈を混乱させた問いが高度成長期以降の民俗学者たちのあいだに生まれるのも、いささか無自覚ながらある意味では「自然な」なりゆきであった。その意味では、民俗学が方法として限定してとった定住の農民生活中心主義から、非農業世界および産業社会の生活認識へと拡大せざるをえなかったなかで、この主体概念をどう生かすかの論議が、あまりにも浅かったといわざるをえない。

なぜ「定住」に着目したのか。そこに根拠地を発見したかったからであり、さらには文字以外・紙以外の生活空間に刻み込まれた実践の痕跡としてのテクストから、常民という主体を立ち上げたかったからではないのだろうか。

抽象度をめぐる混乱

第2の軸すなわち常民はいかなる階層・階級を指す概念なのか、という問いをめぐっても、戦後の社会科学と横ならびに独自のディシプリンとして自己を確立しようとした民俗学には、理論枠組み不在の苦悩があった。

もちろん、対象が文字記録をつくりあげてきた上層の支配階級ではないという理解は前提であった。しかしながら、それならば被支配階級と等値してよいのかといえは、その抽象性に対しては強い抵抗感があったといわざるをえない。それは同時に、第2の軸の論議において支配的であったマルクス主義的パラダイムへの潜在する違和感でもあった。むしろ民間伝承という文化形態の担い手であるという具体性をもつ一点は、「採訪」を基本的な方法としてきた点からも外すわけにはいかなかった。

そうした形での直感的即自的な具体性の確保は、社会科学からつきつけられた理論的な課題に対する判断停止という代償を結果として払ったとしても、採訪調査をほとんど唯一の前線としてきた民俗学する身体の組織化と慰安と救済のためには、意味のある選択であった。

一方で庶民とか大衆とかいう言葉へと解消してしまえば、社会学と呼ばれてきたパラダイムとの区別が消失し、民俗学の対象としての固有性を失うというおそれもあったのではないかと思われる。そこに、民俗学という学問領域の独立をはかりつつ、その対象として固有の人間主体概念をたちあげる。すなわち無文字文化の中心でありつつ、階層としてその可能性を担い、しかも定住という形での根拠地をもつものとして、具体的に常民という人間の分類を限定してゆこうとする理論家たちの苦悩が生まれた。

こうした状況のなかで、竹田聴洲は一連の民俗学批判に対する反論の作戦として、ある一定の抽象性のレベルを用意する。自らが語るところによれば、竹田は「学問論」のレベルにおいて統一した概念構成による防衛をめざして、この常民の問題に「純理論的抽象」としての解決を試みたという。そして常民とは「人間の種類ではなく文化の種類」であるという立場をかかげた。「常の民」であるよりは「民の常」なのだという、ある意味での視点の逆転である。

すなわち、国民の生活文化は、時間・空間・階層などの異なる次元で、たがいに相即する常／非常の二つの契機に区分することが可能である。この生活文化を常の契機でとらえたものが常民にほかならない、と論じた。だから「国民のなかに常民と然らざる者とがあるのではなく、生活文化の中に常民的な面と然らざる面とが区分される」のだ、とした。

問題となる「常」の内容について、時間的には「恒常性」、空間的には「凡常性」、階層的には「超層性」とパラフレーズしていった。つまり、歴史科学を目指した社会科学が時間的・空間的・階層的な限定をもって対象となる主体のありかを論じようとした方法に対して、「非」限定という残余をもって対抗したのである。

伝承の生産様式

主体ではなくて文化なのだとするこの立場は、ある側面における問題の解決であったが、じつは新たな危険の内面化でもあった。常の要素の強調があまりにも不変というイメージと結びつきやすかったがために、民族的なるものの固有性や、日本文化の連続性、さらにはエトノスという平板で均質な概念がほとんど無防備なまま呼び寄せられることになったからである。

この状況において、階層としての主体性にこだわる論者の一部から、「文化概念」「抽象概念」としての常民というレッテルが批判的な分類として生まれる。と同時に、その批判的なレッテルの反対側において自らの立場を「実体概念」の重視であるとする確信が生まれた。その確信はまた、じつは「伝承母体」というもうひとつのレベルでの概念の実体化と深くつながっている。「伝承母体」の概念は、村や社会という関係のレベルへの常民概念の投射であり、常民的な集合性の実体化にすぎなかったからである。伝承母体という概念で何を操作的に指すのかは少しも明らかでなく、その内部を均質に設定しているかぎりにおいて、民間伝承の内実の分析と向きあう用意に欠けている。

「実体概念」派の理論的リーダーであった福田アジオは、支配層でもなく、また下層でもない、「家」をもつ「本百姓」としての常民という把握を主張し、そこに狭義の原型を求めたうえで、近代におけるその生活様式の拡大として常民概念を位置づける解釈を提出している。これに対しては、概念の歴史への埋めもどしにすぎず、応用力も発展性もないとする千葉徳爾［一九七八：一四六］の的確な批判がある。福田の議論では、「拡大」においてどのような質的な変容が起こったのかが、「狭義の原型」を構成してきたであろう力との関係でとらえられなくなってしまうのである。階級がまさしく生産手段の所有／非所有という生産の様式概念から導き出される概念だとするならば、ほんとうに論ずるべきは、伝承の生産様式における常民の位置づけであった。しかし論議は、そうした原理にさかのぼることなく、既成の階級概念の直接的な類推に終始したのである。

　こうした定義をめぐる論争ゲームのゆきづまりのプロセスで、それなら柳田国男や当時の用例のなかで常民という用語はどう使われていたのかという、テクスト論的な用例の再検討（杉本仁［一九七五］、和歌森太郎［一九七六］、有賀喜左衛門［一九八二］、谷口貢［一九八二］、福田アジオ［一九八四］など）があらためて生まれたのは、一面において健全なことでもあった。

　しかしながら、そこにはなお、二つの問題があったといわざるをえない。第1は、『定本柳田国男集』の索引に依拠した頻度分析が、索引そのものの不完全さと、頻度分析のみによって論じようとする節約とによって、じゅうぶんな議論を発展させられなかったことである。第2は、実体さがしともいうべき階層性の同定が急がれるあまり、その概念が持ち出されるにいたった方法論的な意味あい、すなわち文脈が見落とされがちであったことである。

方法としての概念

　私もまた『読書空間の近代』［一九八七］の「常民論再読」においてむしろ方法論のコンテクストを強調し、常民の語が文字に記された歴史や書くという実践との対比において用いられていること、そこから書く／書かれるという歴史生産の様式との対比において、固有のコミュニケーション様式において民俗を生産する歴史の主体としての常民という主体概念が設定されていることを指摘した。そうであるとすれば、常民とは、まずなによりもわれわれの認識の過程にあらわれてくる、書かれなかった「あるもの」である。それは方法をもって読みなおすべき課題であり、われわれの内なる対象である、と論じた。

われわれはどのようにしたら、この「常民」という語を象徴的にまつりあげて装置化してしまったような民俗学における自己防衛的な体系化のあやまりをくりかえさずに、新たなる民俗研究の可能性のなかに再生させていくことができるだろうか。

まず1つには、常民を「水田稲作農耕民」であるとか「本百姓」であるとか「サラリーマン」であるといった実体探しから解放することが必要である。しかし、それは常民という概念を使用中止にし、深くしまいこみ、すでに有効ではなくなった古語として辞書のかたすみに押し込めるということをまったく意味しない。方法としての「使用中止」はもちろん異化効果の追求としてありうるが、それは具体的な対象がその概念によって分析しうるものかどうかを確かめる過程のための実践であって、用語を棚あげして忘れさせてしまうならばむしろ有害な提言である。

私自身は、上述の3つの軸（文字／階層／定住）の有効性を作用させつづける方法論的な概念として、歴史分析において保持しつづけることこそ、いまだ視点でしかない常民概念の内実をつくりだしていくだろうと考える。そのためには、たとえば神島二郎が論じた「統一的な作業仮説」としての「集合的主体」概念のレベルにとどめつづけ、あるいは文字の権力の外における身体的実践の位相に焦点をあてる方法意識として作用させつづけること、すなわち「常民」を解読すべき構築物としての位置に置きつづける禁欲が必要である。

分析軸の複数性の自覚

いずれにせよ、常民という用語をどう使えるのかを考えていく作業は、かつて大月隆寛［一九八六］が果敢に挑んだように、「客体化された現象形態」としての「民俗」、主体化された表象としての「常民」、民俗学の特権的な対象である「伝承」というような、三位一体を思わせる大文字の概念群での民俗学の自己定義の神学を、きちんと解体してゆく行程にならざるをえないだろう。そのためにこそ、さしあたりは「常民」という概念の生成における分析軸（文脈）の複数性を自覚的に設定しつつ、その現象形態を積極的に分析し、その効果を冷静に測定していく必要がある。

石塚尊俊［一九四九］が早くに提示した「思考形式の上からなされた作語」という規定は、まさしく第1の文字／非文字の軸のうえでのメディア論的な枠組みに発展させうるものであった。たとえば高取正男［一九七五］がとりだしてみせた「ことよせの論理」などの議論も、ここにからめつつ読みなおしていくことができる。

文字以外の資料への注目から、純粋なる無文字のなかで自存する自生的な思考を理念としてとりだすのは、批判されつくしたロマンティシズムでしかない。無文字のユートピアではなく、文字が組織した歴史への従属のメカニズムそのものを批判する根拠をえぐり出していったところに、「郷土誌」「民間伝承論」「郷土研究」、すなわち民俗学の可能性があった。その意味において、第1の非文字性＝身体性の軸における常民対象化の戦略はもっとも根源的であって、今なお思考をそこから出発させていく意義は大きい。私自身もそこにおいて感覚経験の総体化を願った柳田の方法を位置づけて、耳の採集や目の採集の意義を位置づけなおしたが、その方法論は文化人類学や社会学のフィールドワークの意義につながるものだろう。

われらが内なる常民性の文脈の複数性を自覚しつつ、その方法性を生かしてゆく態度の確立の方が、誰もが安心する常民の定義を法律の条文のような厳密さで描きだそうとすることより、現代民俗学にとって大切なのではないか。

それはもちろん、柳田自身の用例のなかに変化も揺れもあるのだから概念として使わない方がいいだろうとの隠蔽をもしりぞける。むしろ文脈を読みつつ再構成して、そのつどの可能性の中心を取りだす必要があるからである。さらに都市化・情報化のなかでは使いにくいので歴史的な概念として過去のものにすべきではないかという囲いこみに協力することは、現状では民俗学そのものの緩慢な自滅を誘うだろう。そのような思考停止の棚上げと、死語化したうえでのしまい込みに対抗しつづける以外に、理論化の道はない。

安心できる定義などという固定化した言説をもとめる以上に、どのような問いが、既存の定義の規定力をより大きな構造のなかで再定位することになるか。その問いの発見に向かうべきである。「民俗学」そのものが近代での大きな問いであったように、「常民」も仮説であり希望であり問いなのだから。概念の内部における文脈の複数性の自覚は、むしろなにが変わらざるものであって、なにが変わっていったのかの、論点の配置の新たな描きなおし、境界線の引きなおしにとってこそ、不可欠のプロセスである。

第三章　柳田国男と写真――「自然主義」と「重ね撮り写真」の方法意識

この章で論じたいのは、柳田国男の歴史社会学の方法と写真との関係である。

渋沢敬三の影響を受け物質文化研究に関心をもった人びとが「絵引」を工夫し、(1)あるいは動画での記録に手を伸ばし、(2)「歩く・見る・聞く」のフィールドワークのなかで「撮影する」という作業にも熱心だったのに(3)比して、柳田国男の民俗学と「写真」との関係は概して淡く、どちらかといえば疎遠なものであったと思われている。柳田の民俗学は、事物としての外形をもたず、どこかで明確なことばにすらできない「心意現象」を固有の解明対象とした。そのため、写真技術の応用には冷淡だったのだという主張もある。(4)

そうかたづけてよいのだろうか、というのが本章の主題である。もうすこし柳田自身の方法意識の内実にそくして、「写真」という技術の意味づけをたどってみたい。

（1）「絵引」については、佐藤健二「図を考える／図で考える」［佐藤 二〇一一］を参照。

（2）渋沢敬三およびアチック同人は、一九三〇年代に16ミリフィルムで調査地の様子や、民具の制作過程、民俗行事などの撮影を行っている。その一部は神奈川大学日本常民文化研究所が所蔵しており、『屋根裏の博物館』には加藤友子の報告がある〔横浜市歴史博物館・神奈川大学日本常民文化研究所 二〇〇二：一〇四―一〇五〕。

（3）たとえば宮本常一の写真などが思い浮かぶ。宮本常一の手元で蓄積した写真は、『私の日本地図』（同友館）という全一五冊のシリーズを生みだし、『宮本常一写真日記・集成』（上巻・下巻・別巻、毎日新聞社 二〇〇五）などに残されている。

（4）柳田国男監修・民俗学研究所編『日本民俗図録』の「凡例」にあらわれる「民俗学にとつては、写真であらわし得ない精神生活面が重要である」という一文などが、そうした理解の根拠とされる。しかしながら、この凡例はおそらく大藤時彦と井之口章次が書いたもので、柳田が同書の序文で表明している期待や見通しと、微妙にずれていると思う。

たしかにこの思想家の可能性の中心は、「声」と「ことば」と「文」の人であったというところにある。「眼前の事実」として「目」に見えるものを尊重しつつも、どこかでその強い印象の示唆を、その場を生きる人びとのことばの動きにおいて疑う「耳」の思索の奥行きにおいて、この民俗学者は独自の注意深さを有する経験主義者だったからである。しかし、それは柳田が構想していた民俗学が、写真という方法を排除していたことを意味しない。

なるほど、ことばを重視するがゆえに、時に「語彙中心主義」という批判がなされ、物質文化や生産技術を軽視しているといわれる。(5) 若き日に歌人あるいは新体詩人であり『遠野物語』の著者として知られるこの思想家は、「文」の世界で活躍し、「国語」「新語」「方言」「昔話」など、ことばを通じての社会文化の考察に独自の豊かな想像力を駆使してきた。そうしたことばの文化の分析にくらべて、写真や絵画といった視覚資料の考察はそれほどにはめだたないかもしれない。

（5）一方で『木綿以前の事』［一九三九］や『食物と心臓』［一九四〇］『火の昔』［一九四四］『村と学童』［一九四五］などにおける物質文化への注目も忘れてはなるまい。

実際のところ、柳田は「写真」を撮ることに、あまり熱心ではなかったらしい。息子の柳田為正は「父と写真」という小文で、幼かった当時のことを次のように証言している。

「父が実際に撮影や、ましてや現像・焼き付けの作業をしていた姿は、子供心にも全然思い出がないのです。前記の「テナックス」(6)あたりは、あるいは父は欧州旅行に携えていたのではないかと思われるところ、在外中の撮影作品と思しきものはいっこう残されていないようです。(7)これはいったいどういうことなのでしょうか。父は必ずしも万事に無精という人ではなく、時にはなかなかマメな方だったのですが、こと写真の道にだけは憬れながらもついつい手が出そびれてしまったのでしょうか。」［柳田為正 一九八一：一七〇］

（6）ドイツ製カメラのモデル名で、為正氏が小学生だった大正の末頃に下げ渡されて使い、大学に行くころまで手元にあったという。

（7）「欧州旅行」とは国際聯盟委任統治委員としてのジュネーヴ滞在であり、「父と写真」の付記によれば、その旅行の間「どうやら父は、少なくとも六回はシャッターを切ったことが判明した」とある。もっとも柳田がまったく写真を撮らなかったことはなく、たとえば『秋風帖』の「木曾より五箇山へ」の旅は明治四二年だが、その六月一日の項に「晴。山を下る。杣の頭なる老人、途中まで案内して、木を流す堀川を見せる。竹の杖をつき、鹿の皮の山袴をはき、熊の皮の尻当をぶら下げたり。その写真をとりしがよく写らず。」［全集6：四九］とあり、『郷土誌論』に収められた大正七年八月の内郷村調査の報告では、柳田自身のカメラがふくまれているかどうかは不明ながら「カメラなども大小四つか五つ有りまして、少なくとも百枚以上ぱちぱちとやりました。但し残念ながら今晩は其地図も写真も、皆持参することを忘れました」［全集3：一四二］と書いているので、調査の旅のなんどかにはカメラを持っていっていることは事実だろう。

柳田自身もまた、自分の不得手を自覚していた。たとえば一九四三（昭和一八）年の「民俗と写真」という座談会で、濱谷浩の「先生が写真をお撮りになって、それが使われておりますか」という質問に、「私の撮った写真で利用されたのは一つもない」と応えながら、次のように自らの不調法に触れている。

「十年か十五年前に写真の必要を本当に感じておったら、下手ながらもうすこし練習しておったろうと思います。金は掛けないし、撮り方はぞんざいだし、みんな寄ってたかって、先

生には写真を撮るのはやめて貰おう、こんな拙いものばかり撮るんぢゃあと言われる」［柳田国男ほか 一九四三：四五］

にもかかわらず、雑誌『写真文化』に掲載された、この「民俗と写真」座談会における柳田の写真への期待は、後述するようにたいへんに高い。しかもその未来の応用について、相当に柔軟な姿勢をしめしていて、なにか不得手なものへの外交辞令などという以上のものである。それはなぜなのだろうか。

私が「柳田国男と写真」で論じたいのは、この民俗学者がどれだけ写真を利用したか、また利用しなかったかではない。むしろ、さまざまな偶然の制約から、あまり豊饒なる利用結果は生みだされなかったとはいえ、この方法の人が写真という複製技術の向こうになにを感じ、なにを夢見ていたか。それを描きなおすことである。

一 メタファーとしての「写真」――写生の自然主義と『遠野物語』

先の引用は一九四〇年代のものだが、柳田の写真技術への言及が、そのテクストのなかに存外に早く明治末期からあることもまた、見落としてはならない事実である。

「写真」を引きあいに出した主張は、じつに『遠野物語』が書かれたころにまでさかのぼる。しかも、いずれも対象を記述するという実践の評価にまつわるメタファーとして使われている点が、さらに興味深い。ここでは『遠野物語』の前後で柳田が論じている文学の「写生文」論や「自然主義」論とのかかわりで、柳田国男が「写真」ということばに込めている期待を分析してみよう。

素人写真の習いたて

まず注目したいのが、一九〇七（明治四〇）年に『文章世界』に書かれた「官吏の読む小説」の一節である。

このエッセーで若き柳田は、日本における政治と文学との「聯絡交渉」がないことを嘆く。曰く、当代の西洋小説をひそかに読んでいる若い官僚はもちろん、古い時代の学校を出た年寄りの官吏までもが、日本の小説作家となるとまったく知らない。しかし、その責任は老人の無関心ばかりにではなく、日本の当代作家の書く小説自体が「老人とは全然没交渉だ」という点にももとめられる、と次のように論じている。

「若い作家は、やはり青年ばかりを描いている。狭い空気の中に跼蹐して現代の青年のファンタジーばかりを現わそうとしている。だから作の上において、老人と交通するところは毫もない。いやたまに老人や田舎者を描けば滅茶滅茶なものができあがる。一人として完全なものは無い。ちょうど写真でいえば駆出しの下手な写真師だ。写真がブルブルと震えて写っている。」〔「官吏の読む小説」全集23：五四〇〕

批判されるべきは道理にあわない人間描写であって、まるで写真を習いはじめたばかりの未熟な撮し手の作品のようだ、という。画像がぶれていて、なにが写されているのかよくわからない。同様の下手さの表現は、一九〇九（明治四二）年の『無名通信』に掲載された「新旧両時代の文芸」でも、習いはじめてまもない「素人写真」の形でくりかえされている。

「日本の文壇なども、もう少し変わって行かなければならんと思う。島崎君、田山君、正宗君、夏目君など、それぞれ自分のものをもっているには相違ないが、どうも一つ野原の畑を耕しているように見える。歌でも詩でも俳句でも、みな変わって行くように、早晩転廻して行かなければならぬ。自然主義もいいだろうけれども、素人写真の習いたてに友人や兄弟ばかりを写していては仕方がない。もすこし想像の力を養って、おおいに新しい領域へ入って行かなければいけないと思う。」〔「新旧両時代の文芸」全集23：六四六〕

慣れ親しんだ「一つ野原の畑」以外の未知の対象にたいする、多様で限定的でない想像力の働きが必要だという。一見「自然主義」と対立しているようにも見える。しかし、ここで述べられている歌や詩や俳句といった文学の変革の理想は、柳田自身の「自然主義」の考え方に根ざしたものである。そのことは、この二つの引用と同じ時代の一九〇八（明治四一）年に『文章世界』に発表された「読者より見たる自然派小説」での主張に明らかである。

私が注目してみたい論点は、二つある。ひとつは「写真」の比喩の使い方であり、もうひとつは柳田が「自然主義」にこめた方法意識である。

事実との競い合い

まず柳田が使っている「写真《しゃじつ》」という奇妙なルビが目に止まる。

柳田によると、かつては「写真《しゃじつ》のようだ」と言われて作家が腹を立てることもあったが、今そんなことが無くなったのは「自然主義」が文学に浸透したからだ、という。

「ちょうどパノラマを眺めているように、こう平原の真中に立っていて、その朝の日影から、夕日の西に沈む黄昏までを眺め渡し、あるは日中の一種の沈静、さてはふわふわとただよう白雲、さては樹木の蔭影、鳥の声、いずれにもあれその一局部をこう抽き取って、それを一個の写真にする。それで疑いもなく一つの作品という事になった。そのいずれの部分を選むかはむろん人によって違う。旭に葉面の煌々する時を採る人もあろう。夕日に樹影の長く地に印する刹那を択む人もあろう。いずれにもせよ、われわれを取り巻く人生自然の一局部をそのままに描き出して、それで小説として見られるようになったのも、これまた自然主義と共にいっそう明らかになった。」〔「読者より見たる自然派小説」全集23：五七四〕

しかしながら、写実が価値をもつことによって、筆が生み出す「文」すなわち記述は、新たな課題と直面する。「空想でなくて真実を描くという以上は、つまり事実と競争せねばならぬ」〔同前、全集23：五七四〕からである。すなわち文章で再構成された表現の力が、事実の印象と競いあらそい、その深さや浅さが評価される。

そこはこれまでにない、文学の新しい審級、審判の「場」であった。そこにおける技の巧拙は、かつての絵画制作における熟練とは異なる。あえて「素人写真」の比喩が持ちだされる理由である。

なるほど古典的な文学場であれば、さまざまな連想のかけことばの蓄積が作用する。決まり文句の連想で、よほど楽ができる。その共有された形式をたよって表現をつむいでいくような熟練が意味をもつ。しかし、新たに期待されている文学作品の地平は、事実のありかを測り再構成し、写実として浮かびあがらせる。であるからこそ、「新たなる思《おもい》を新たなる語《ことば》でという」〔同前、全集23：五七四〕ことがなによりもとめられ、それゆえの困難と直面せざるをえないのだ、と柳田は説く。

この新しい事実の「酒」を詰めた新しい表現の「皮袋」こそが、先に引用した「新旧両時代の

文芸」で論じているところの、想像力が入っていくべき文学の「おおいに新しい領域」を意味するのであろう。(8)

（8）同じ文章で、柳田は「書くべき新しき材料」はたくさんあり、それは「肉慾」に限られるものではないのだと強調している。「同じく自然主義だという人々の中にもいろいろあろうが、ともかくも肉慾ばかりを描こうというようなのは悪い趣味だと思う」と説き、「昔から多くそこを書かなかったのは、やはりその必要がなかったからである」〔全集23：五七四―五〕と位置づけている。しばしば指摘される田山花袋の『蒲団』への批判と関連づけて考えるべきであろうが、性のテーマを排除し、性欲の問題を抑圧したという通説に安直に寄りかかるよりも、むしろ「自然主義」の受け止め方の差異という内実を考える必要があろう。

自然主義の距離感と切断の実践

であればこそ明確に位置づけておくべきは、柳田がその文学評価の根本において、「自然主義」になにを期待したのかの論理的内実である。一言でいえば、そのポイントは冷静な距離の感覚であり、対象との関係性のある種の切断が生みだす記述の公共性である。

柳田によれば自然主義文学の評価すべき特質は、なによりも「人物事象の取り扱い方」である。すなわち、「人物事象の中に捲き込まれてしまわずに、ちょっと離れて見ている態度」であり、「実感に陥らずに、やや離れて見得るところ」の「いわば超然たる態度で取扱っておること」にある［全集23：五七二］。実感にまきこまれることのない距離において、あるいは離れて見ているという切断の感覚において、文学における「自然主義」の力を評価しようとする視点がおもしろい。

このあとにつづく説明が、柳田の旅の経験とむすびついていて、なかなかユニークである。たとえば、と例をあげるのが、旅行するとその先々で出くわす「夫婦げんか」や「親子げんか」である。それが知り合いでも親戚でもなく、こののちたぶん会うこともない「無関係没交渉」の人びとであればこそ、庭をへだて障子のむこうから聞こえてくる言いあらそいを、冷静な心持ちで眺め、いろいろな感じや考えをめぐらせて、興味深く観察できる。これがもし自分の近隣の知り合いに起こったことならば、そうまで離れた他人ごととして、落ちついた態度では見てはいられないだろう。知友親戚の間での言いあらそいに、たまたまにせよ居あわせたともなれば否応なくまきこまれて、とてもそんな超然とした観察の境地は不可能だろう、という。

「別境に立って見ていることのできる、爽然と心持ちのよいところが自然派小説の有りがたいところである。」［「読者より見たる自然派小説」全集23：五七三］

別境に立つとは、すなわちオルターナティブな見方ができることだ。

まきこまれることなく、もうひとつの見方を可能にする態度こそが、私が注目する距離の問題である。そこに「自然主義」の価値、すなわちその想像力のもっとも注目すべき新しさがあると、柳田は見ている。

さらに付けくわえてもうひとつ、自然派小説が開く重要な視界を柳田は指摘している。いまは「解決の付かぬ、大団円の付かぬ小説」であっても、それを小説として見るようになった。そのことも、いわば自然主義の効用だと解説する。めでたい結末がないどころか、そのできごとが起こった時間も場所も明確ではない。つまり写生・写実を標榜しつつ、「ある所に」という以上には、じっさいのときもところも不明確である。そうした物語であっても、できごとそのものの経験の写実によって、小説として許される。それこそが、じつは思潮としての自然主義の賜物なのだ、という。

「要するにただある時あるところの話として描かれておるのであるが、それにも拘わらず、深刻に痛切に現実的である。」［「読者より見たる自然派小説」全集23：五七三］

この事例として出されているメーテルリンクの「イントルーダー」が、『遠野物語』の頭注にあらわれることは(9)単なる偶然ではない。自ら聞き書きした『遠野物語』を柳田自身がどう位置づけていたか、その本質にもかかわる関連づけである。

（9）「マーテルリンクの「侵入者」を想い起さしむ」［全集2：二二二］という頭注が、一一話にある。「イントルーダー（侵入者）」では、その場にいた盲目の老人だけが、他の人たちに見えないものを見る。すなわち、死神のような存在が家に入ってきて娘の命を連れ去っていく状況を察知し、そのありさまを実況する。この物語のなかの不思議は、佐々木喜善の曾祖母が亡くなったときのこととして語られた、遠野での物語に重ねあわせられる。通夜の喪で親族がつどう家に、亡くなったはずの老女自身が、裏口からいつもの縞の着物を引きずりながら入ってきて、炉のわきを通りすぎ、座敷に向かう。それを祖母と母との二人がともに見ていたというあたりが、メーテルリンクの小説とすこし違う。しかし二人ともが、ことばを失ってただただ見ている。裾に触れた丸い炭取りが、くるくると回る。そして狂った出もどりの娘だけが、けたたましい声でおばあさんが来た、と言い出す。

人びとが見たと語りあう事実を、ありえない妄想として切り捨てるのではなく、まきこまれたそのままに語る。無自覚に我が信仰を信ぜよと説くのでもなく、どこか冷静に事態を突きはなして、当事者によって信じられたかたちだけを浮かび上がらせるように書く。そうした記述を可能にする距離こそが、柳田における「自然主義」の不可欠の特質だった。

しかしながらその距離は、旅人がふすま障子をへだてて聞いている夫婦げんかのように、ただ居あわせて耳にしたという、状況的な諸条件によってあたえられるものではない。観察者の書き方によってはじめて構築されるものであり、読者からの見え方の印象においてまさにつくりだされるものである。

柳田は、ピエル・ロチの「アイスランド、フィッシャーマン」を例に、こうした認識が記述のありかたによってつくりあげられていることを指摘する。ノルマンディー近くの海と、故郷ドイツの村と、息子がいる中国の戦場といった、互いに離れた三つの場所で同じ時刻同じ瞬間に起こったことを、一時に俯瞰して見通しているかのように描き出す「変わった書き方」を高く評価している。

「あたかも神様といってはいけないかも知らぬが、ともかくも作者は普通人より一段高い処に立っていて、同時に起こった三個処《がしょ》の事実を一列に見ているような態度である。そしてそれを一緒に読者の眼に映じさせるように試みている。これも不思議な面白い書方で、そしてまたその離れて見ている態度が面白く思われる。」〔「読者より見たる自然派小説」全集23：五七四〕

ここでもまた、複数の事例あるいはできごとを見わたす視野が、まさしく「離れて見ている」距離において、他者としての読者に開かれていることに注目したい。

柳田の「自然主義」は、単なる技法としての写実主義ではない。つまり、ありのまま見たまま事実の通りという、対象の描写の単純な正確さのほうに、その評価や価値をあずけてはいない。むしろ、観察者の側の「態度」ともいうべきもののありようを、すなわち事実との距離のありようを問題にする。であればこそ「作者の気分」［全集23：四八三］に注目し、そのうえで「書き方」の効用戦略すなわち文体を、考察の中心に置いていく。

その意味では、対象を主体が記述するという関係における、現象学的な相互性を前提としているといえよう。

「一字一句をも加減せず感じたるままを書きたり」［全集2：九］という『遠野物語』の有名な一句(10)は、その二年ほど前に書かれた「写生と論文」での主張の復誦であった。すなわち記事文は外界を写生し、論文は頭の中の思想をありのままに写生するだけのことであって、作者は「自分の気をよく養って、その上はただ、見た事、聞いた事、思う事、感じた事を、有りのままにさえ書けばよい」［全集23：四八二］という、写生の立場の忠実ななぞりでしかないのは明らかである。

(10) 岩本由輝は、この表現を佐々木喜善の語った内容を「そのまま書き記したもの」という意味にとって、柳田の主体的な関与を見ようとしない解釈を批判し、加減はプラスマイナスではなく、「手加減」の意味であり、文体の推敲を揺るがせにしなかったと捉えるべきだという立場を打ち出している［岩本由輝 一九八三：一一九］。

明治末の柳田国男のテクストに残されている「写真」への言及の前提には、「写生」という観察の戦略や、「自然主義」の評価が横たわっている。そうした柳田の思考をたどってくると、個人に閉じられた欲望の直視や暴露ばかりに切り縮められてしまった「私小説」的な文学を批判し、「旅」への期待を次のように表明しているのも理解できる。

「私などの経験では、よほど傑《すぐ》れた小説を読んだよりも、旅行などして人生の生きたある事実を観ている時の方がよほど感が深い。」〔「読者より見たる自然派小説」全集23：五七四〕

ときに遠くまでなんどかくりかえされた官吏としての柳田の「旅行」は、調査観察のフィールドワークであると同時に、世界という一冊の大きな書物を読む読書だったのである。そして、写真とはまさに、その書物に記されている「人生の生きたある事実」を視覚的に固定し、複製してのこす技術であった。

二　朝日新聞社と世相の写真――『アサヒグラフ』との出会い

さて、柳田はその著作のなかで、どのように写真を利用したのだろうか。
たしかに明治から大正にかけて、著作での実際の利用は少ない。

たとえば九州への旅で椎葉村に行った成果の自費出版である一九〇九（明治四二）年の『後狩詞記』初版には、地図も写真も見あたらない。また『遠野物語』の一九一〇（明治四三）年版には写真は一枚もなく、一九三〇年代の増補版の段階になって初版刊本の書影と草稿本・清書本の写真が載せられた。載せられたけれどもその書影だけで、遠野の人や場所の風景を写したものではなかった。わずかに『遠野物語』と同じ年の五月に出された『石神問答』に、絵はがきなどから採ったと思われる神社などの写真七枚が掲載されている。しかしながら、一九四一（昭和一六）年に「日本文化名著選」として創元社から再刊した版では、このすべてを削除している。もとの紙焼きが悪かったという印刷の技術的な問題がからんでいるかもしれないが、行論にそれほど重要なものとは位置づけられていなかったからだとも解釈できる。このような旅先の写真の利用は、一九二五（大正一四）年の『海南小記』のページにも見られるが、これも書物のなかで固有の重要な役割を果たしているとはいいがたい。

むしろ柳田が積極的に写真と向かい合い、その固有の力能を本文テクストの一部として意識的に利用するようになるのは、一九三一（昭和六）年に公刊された『明治大正史世相篇』からではないかと私は考える。

朝日新聞社企画の「明治大正史」における「世相篇」

『明治大正史世相篇』の特質については、すでに別に論じたことがある。[11] 写真についてのみ、すこし考えるべき点をまとめておこう。

（11）「作品としての明治大正史世相篇」〔佐藤健二　二〇〇一：一一五—一六四〕

第一にこの著作において、写真は本文と同じく、テクストとしてとらえてよい実質を備えている。とりわけ、それぞれに付された個性的なキャプションは、おそらくまちがいなく柳田自身の工夫によるものである。個性的なことばと、写真が映し出す画面とが組みあわせられるところで、ユニークな挿絵としての意味が生みだされている。

第二に、八枚の写真は一つひとつが大きく、一ページを使っていて、独立のメッセージを内包している。朝日新聞社に所属するカメラマンの作品ではないだろうか。本文用紙とは異なるアート紙に印刷され、裏白のまま本文の該当箇所に綴じられるようページ間の指定がある点にも、本文の流れに位置づけようとする意気込みを感じる。それは「明治大正史」の別な五冊（言論篇・外交篇・経済篇・芸術篇・政治篇）が、すべての写真ページを巻頭にまとめて、複数の写真を適当に配置・編集した、いわゆる「口絵」のあつかいを選んだのと、鋭く対立している。

せっかくなので八枚の一つひとつを、あらためて紹介しておこう。

資料3－1は、巻頭の口絵の位置に置かれた写真で、「第二の故郷」のキャプションがある。「第二の」には、出郷と都市への定住や、立身出世の社会移動が、故郷異郷の変貌の動因でもあったことなどが暗示されている。右隅に翼が写っていることからも明らかなように、航空写真で

あり、飛行機を利用するようになった新聞社の写真班が撮したものであろう。(12)

（12）柳田自身がおそらく朝日新聞社の便宜を使ってであろう、飛行機に乗って空から東北を見わたす経験をしたことを、一九二九（昭和四）年九月の『文芸春秋』に書いている［『豆の葉と太陽』全集12：二一五―二一九］。

資料３－２の「新仕事着の着こなし」が三枚の組写真である点は、グラフ雑誌において多用さ

資料 3-1　第二の故郷

資料 3-2　新仕事着の着こなし

資料 3-3　自由食堂の光景

資料 3-3　自由食堂の光景

資料 3-4　鳥影の映写幕

れる手法であろうか。その主題は女性こそが仕事着の不自由と直面しているという、本文の指摘と対応している。

　資料3－3の「自由食堂の光景」は、第二章「食物の個人自由」の本文の一膳飯屋の隆盛において「どんぶりという器が飯椀に代わって、天どん牛どん親子どんなどの、奇抜な名称が全国的に」なる新現象が起こり、「明治大正の新料理」として「さらに何百種という変わったもの」が追加されたとか、「公衆食堂、共同炊事の必要はすでに認められているが、パンを主食とする社会のように、その実現は容易で無いらしい」［全集5：三九二］という議論に応ずるものだろう。瞬間の撮影だったのだろうか、写されている人物のいずれもが、あまり撮られることを意識していないらしいところがおもしろい。のちに触れるように、そうした無意識の断面こそ、柳田が写真にもとめたものであった。

資料3－4は、画面の大半を占める障子紙の鮮やかな白さと、それをスクリーンになぞらえた奇抜なキャプションが眼をひく。明かり障子の採用が「最初は簡易なる改造のように考えられたが、実際はこれが重要なる変動の因《ちなみ》になっている」［全集5：四〇一］ことを述べ「火の分裂」を論じた行論と響きあう。

資料3－5の「思いおもいの交通」は、すでに別なところで論じたように［佐藤健二 二〇〇一：一五二］、合成写真である。その点で明確に、推敲され編集されたテクストと位置づけてよい。少なくとも俵を背負う女性と、左隅の牛の引く車は、トリミング跡からも影の不在からも明らかに後から加えられた画像で、視覚的なテクストとして意識的に組みあわせられ加工されていることがわかる。それぞれの交通の思い思いの選択、すなわち運搬手段の社会的な多様性をあらわすためには、編集による視覚的な合成が必要であった。

資料3-5　思いおもいの交通

資料3-6　女労働者の群

資料 3-7　馬を愛するものの顔

資料 3-8　一等むつかしい宿題

次の資料3－6の「女労働者の群」が、線路工事の場面をとらえて、資料3－5の写真の鉄道を受けているかのように見えるのは、あるいは計画していなかった主題間の付け合いかもしれない。本文の「女の労働」「職業婦人の問題」の節に対応して、女の土工を写し出しているのは、「男にしか出来ぬという荒仕事はそうあるものではなかった」［全集5：五四八］という一節を受けたものだろうか。

資料3－7の「馬を愛するものの顔」では、二人の女性が写真の前面でとらえられている。これも前の写真における働く女性の主題を受けてとも思えないが、口を開け歯を見せて視線の先の馬に心を奪われている表情や、左の女性の無造作なタバコのくわえ方の写し出しなどに、どことなく非難をふくんだまなざしを感じる。「野次馬心理」という本文で、群集の興味の熱狂ぶりと移ろいやすさを批判しているあたりと対応するものであろう。

最後の資料3－8は、これまた「一等むつかしい宿題」というひねったキャプションを添えて掲載されている。位置は第一四章「群を抜く力」の終わりというよりも、むしろ第一五章「生活改善の目標」の冒頭と解釈するほうが正しい。少年たちが見入っている掲示板の白墨の文章は、「来る二十日は衆議院の総選挙の日です」にはじまる。読めるところをつなげていくと、立派な国にするためには、真にお国を思う人を議員に選ばなければならない。みな一生懸命に勉強して、大きくなったならば立派な人物を選出しなければならない、という意味のことをつたえ、投票による政治的選択の重要性とその未来での改良を教えさとしているように見える。

しかしながら、単行本としての『明治大正史世相篇』の写真利用の新しい形を、ただただ柳田国男個人の思想家としての決断に帰するのは、理解として不正確である。新聞というメディアにおける写真の蓄積との朝日新聞社での出会いという状況も重要である。そして生まれつつあったメディアとして無視できないのが、一九二三（大正一二）年一一月に創刊された[13]『アサヒグラフ』という、グラビア印刷の新しい写真画報ではないかと思う。

柳田国男は『アサヒグラフ』とどのようにかかわったのであろうか[14]。

（13）この前身として、日刊写真新聞としての「アサヒグラフ」が、朝日新聞創刊四十五周年の記念として、一九二三（大正一二）年一月二五日に創刊される。一六頁建てで、毎号全体の三分の一は写真と挿絵という「見る新聞」であったが、大震災で廃刊を余儀なくされ、同じ名のもとで一一月一四日に全誌フォトグラビア刷の週刊の写真画報として「アサヒグラフ」が発刊さ

れる〔朝日新聞社史編修室編 一九六二：六七―七〇〕。

（14）文章の側面からみると柳田がはじめて『アサヒグラフ』に寄稿するのは、一九二四（大正一三）年の四月で「旅中小景」である。初期の文章には、いささかいわゆる「埋草」（雑誌の空白を埋めるための小文）のような性格もないわけではないが、一九二五（大正一四）年一月からは「山の人生」の連載を三〇回にわたって続け、翌年の「民謡の国」は四六回、翌々年の「方言と昔」は二九回と、一連の長期の連載も担当している。

『アサヒグラフ』の美人コンテスト

朝日新聞社において『朝日常識講座』[15]が軌道に乗って『明治大正史』という次の企画が検討されはじめるころではないだろうか、一九二九（昭和四）年の三月から『アサヒグラフ』誌上で、「現代の女性美」の規準を確立するという「全日本に亘る一大新計画」が発表された。「最も現代を代表せる女性美を持たれる婦人をご推薦ください」と呼びかけた、平たくいえば、いわゆる美人コンテストである。

その審査員を柳田国男がつとめていたことは、あまり知られていない。『定本柳田国男集』にも収録されている「風土と美人系」という文章は、じつはこのイベントと深く関連して書かれたのだが、奇妙なテクストの混乱があって、その事情が見えにくくなっている。すなわち、『アサヒグラフ』の初出では、

「今度の社の計画に、できるだけ多くの社会的意義をもたしめるため、一つもっとも生真面目にこの問題を考えて見ようと思う」〔「風土と美人系」全集28：五六〕

と書きはじめられた。その冒頭の「今度の社の計画に」の一句が、『定本』所収のテクストではなぜか「今度の旅の計画に」に変わっていて、[16] 朝日新聞社の企画であったことがわからなくなっている。

(15) この講座で、柳田は『都市と農村』(一九二九)の一冊を書いている。しかしながら、このシリーズでは、写真はまったく載せられておらず、重視されていない。

(16) どう解釈するかは、根拠の挙げ方がむずかしいけれども、私はこの変更に特別の意図はなかったのではないかと思う。おそらくたまたま生じた誤植がなおされずにのこっただけである。

このコンテストはあまり論じられたことがないので、すこし詳しく紹介しておこう。

まず管見のかぎり、「現代の女性美大募集」の最初の公告(資料3-9)が現れたのが、三月二〇日の『アサヒグラフ』である。そこで「あなたの御知り合いに、あなたの御親戚に、あなたの御友人に現代的女性美を持たれる美しい女性がいらっしゃいましょう。その方々を御推薦下さい」と呼びかけている。

イベント全体のしくみは、以下のような写真応募、入選審査、雑誌掲載、現代女性美代表選考、

全日本に亘る一大新計畫

現代の女性美

大募集

天平の昔から江戸時代、それから明治、大正、昭和へと、美人に對する標準は、夫々の時代で異つてゐました。

どんな女性美が、この昭和新時代の代表的なものでありませうか、吾々の時代は、如何に目まぐるしい變轉を極めるとはいへ、おのづからそこに一つの標準が生じてはゐないでせうか、歴史的に意義のある、權威のある現代女性美の標準を確立できないものでせうか

この意味で、こゝに左記要領と規定で讀者諸君の推薦によつて最も現代を代表する女性美を全日本から求めやうと致します

現代女性美の規準ともなるべきこの計畫は實に劃時代的の事業であると信じます。奮つて御參加、御推薦を願ひます。

要　領

最も現代を代表せる女性美を持たれる婦人を御推薦下さい

あなたの御知り合ひに、あなたの御親戚に、あなたの御友人に現代的女性美を持たれる美しい女性がいらつしやいませう。その方々を御推薦下さい。

規　定

一、代表美人の推薦は、被推薦女性の寫眞を送付願ひます

一、入選女性の寫眞は五月一日發行第十八號以降のアサヒグラフ紙上から順次掲載します。

發　表

賞

宛　先

現代女性美代表の審査

入賞五百人の大懸賞

女性美代表の審査と共に、五百人入賞の興味ある大懸賞を致します。

資料 3-9 『アサヒグラフ』12-12（1929 年 3 月 20 日号）
「現代の女性美」被推薦女性募集広告

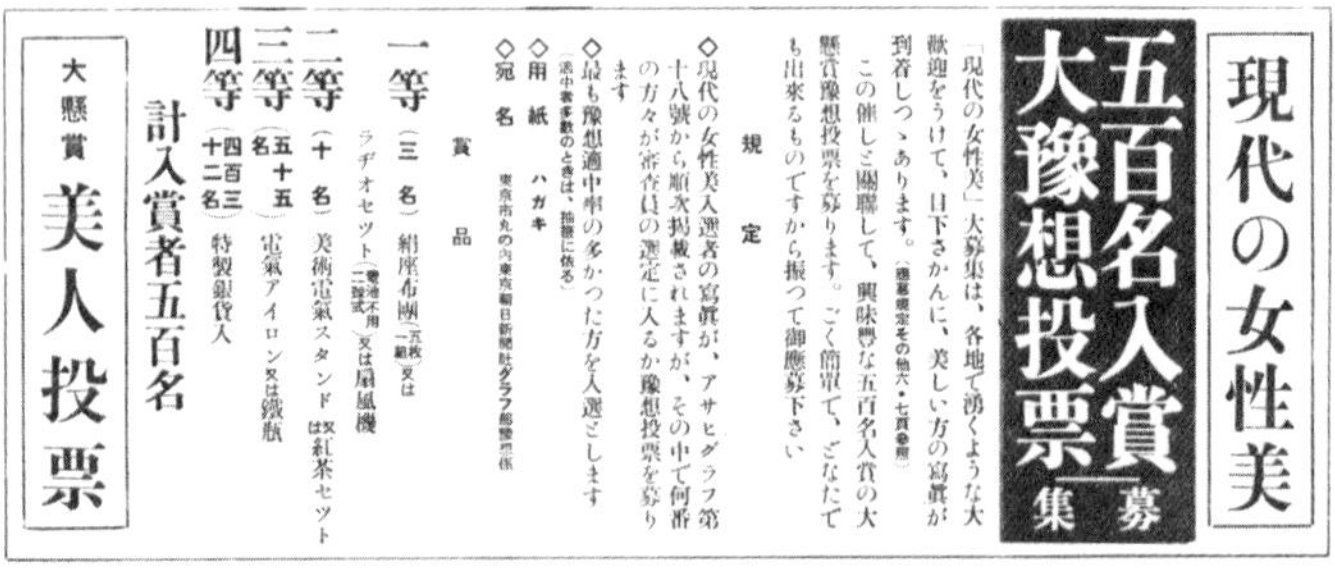

現代の女性美

五百名入賞 大豫想投票 募集

「現代の女性美」大募集は、各地で湧くような大歡迎をうけて、目下さかんに、美しい方の寫眞が到着しつゝあります。（應募規定その他六・七頁參照）

この催しと關聯して、興味豐な五百名入賞の大懸賞豫想投票を募ります。ごく簡單で、どなたでも出來るものですから振つて御應募下さい

規　定

◇現代の女性美入選者の寫眞が、アサヒグラフ第十八號から順次掲載されますが、その中で何番の方々が審査員の選定に入るか豫想投票を募ります

◇最も豫想適中率の多かつた方を入選とします（適中者多數のときは、抽籤に依る）

◇用　紙　ハガキ

◇宛　名　東京市丸の内東京朝日新聞社グラフ部豫想係

賞　品

一等（三　名）絹座布團（五枚一組）又は ラヂオセット（電池不用二球式）又は扇風機

二等（十　名）美術電氣スタンド 又は紅茶セット

三等（五十五名）電氣アイロン又は鐵瓶

四等（四百三十二名）特製銀貨入

計入賞者五百名

大懸賞 美人投票

資料 3-10 『アサヒグラフ』12-15（1929 年 4 月 10 日号）
「現代の女性美」入選予想ハガキ投票

投票予想といった複数のしかけをもつ、いわば写真とグラフ雑誌というメディアを通じての美人コンテストであった。

①推薦者が「代表美人」として推薦する女性の写真を、住所・氏名・年齢・身分等の情報とともに新聞社に送付する。被推薦女性の年齢は一六歳以上で、未婚既婚は問わない。

②「代表美人」被推薦者の写真は、朝日新聞社において調査・審査のうえ、入選者が決まる。入選した「代表美人」女性の写真は、『アサヒグラフ』誌上に[17]順次掲載することになっていた。結果的には総計八〇名が入選として掲載された。

③入選掲載の美人写真のなかから、「各方面の権威」を集めた審査委員が、「現代女性美の代表者」若干名を選定する。結果としては、八名が選ばれ、改めて新聞社から特派員が撮影に赴き、その写真が再び『アサヒグラフ』に掲載された。

④さらに審査員の審査と並行して、「大懸賞美人投票」が呼びかけられ、実施された。読者は、誌上に掲載される入選「代表美人」のなかの何番が審査委員の選定に入るかを、ハガキ投票によって予想する。もっとも予想適中率の高かった者から五〇〇名に賞品を提供するという企画であった（資料３－10）。

柳田が審査委員を務めたのは、この③の局面での選定である。審査委員が誌上に公告されたのは四月三日である。朝倉文夫（彫刻家）・藤懸静也（浮世絵研究家）・藤島武二（洋画家）・鏑木清方（日本画家）・村山知義（文筆家）・西成甫（医学博士）・杉田直樹（医学博士）・高村光太郎（彫刻家）と並んで、「柳田国男（本社顧問）」の名簿と写真が添えられている。(18)

（17）当初の公告では、「第一八号」（五月一日発行）以降に掲載するという予告であったが、実際には「第二〇号」（五月一五日発行）から発表されはじめる。
（18）『アサヒグラフ』第一二巻第一四号（一九二九年四月三日発行）

最終的に選抜した八名の内、まず四名の全身写真をあらためて撮影して発表しはじめた第一三巻第六号には、「現代女性美を語る」という座談会が載せられていて、そこに審査風景の写真（資料3－11）が掲載されている。右から二人目が柳田であり、応募したさまざまな大きさの写真が机のうえに並べられて、審査されたらしいことがわかる。

断片的ではあるが気づいたことをいくつか、指摘しておこう。

第一に、こうしたグラフ雑誌上の美人コンテストをとりわけ新奇なイベントと考える必要はない。この時代の『アサヒグラフ』誌自体が、スターでもなんでもない名士の令嬢や夫人などを、ほぼ毎号にわたって熱心に紹介している。一見、目新しい思いつきのように見える美人コンテストではあるが、じつはそうしたグラフ雑誌につきものの人物紹介の日常的な誌面づくりの延長であった。

資料 3-11 『アサヒグラフ』13-6（1929 年 8 月 7 日号）
「現代の女性美」審査風景（右から二人目が柳田）

第二に、しかしながら投票という形での参加の設定は、読者に新たな興味をかきたてるものであったかもしれない。大阪毎日新聞社と東京日日新聞社とがこの二年前の一九二七（昭和二）年に、風景の美の新たな規準をもとめておこなった「新日本八景」の投票イベントの熱狂も、東京朝日新聞社の企画の念頭にはあっただろう。七月二〇日に締め切られた「五〇〇名入賞の現代女性美予想投票」は、応募総数が二三万五九四四票で、予想適中率の最高は八名中の五名を当てたもので一六名、次点の四名を当てたのが一七五名であった。(19)

(19)『アサヒグラフ』第一三巻第六号（一九二九年八月七日発行）

第三に、「本社顧問」としての審査委員

への参加からもわかるように、また「風土と美人系」という文章が、このイベント全体の社会的意義を論ずる意図からはじまるように、この企画への柳田の関与の度合いは深かったのではないかと想像される。

そうした眼でもういちど「風土と美人系」を読むと、「色白」尊重の流行や「足下」への注目、「遠目の美しさ」「遠方婚」という変動要因など、かなり『明治大正史世相篇』における主題とつながる部分があることに気づく。そして「写真芸術」「写真の技術」の関与にかんしても興味をかくそうとしていない。

『民間伝承論』と「重ね撮り写真」

『明治大正史世相篇』の約三年後の一九三四（昭和九）年にまとめられた『民間伝承論』のなかに、柳田国男の民俗学の方法と写真との関係を暗示する、たいへん示唆深い一節があらわれる。(20)

「われわれの重出立証法はすなわち重ね撮り写真の方法にも等しい」［全集8：六二］

ここでいう「重出立証法」は、柳田が批判する「単独立証法」と対置される。単独立証とは、たまたま一つの文書資料のなかにあった記録をもとに断定を導きだすような論理を批判するために、柳田がつくりだした方法の分類である。これに対して重出立証とは、類例をできうるかぎり挙げることで、帰納的に一般性を導きだそうとする。そうした複数の類例を比較し、重ねてみることで、より一般化された理解を模索している。

「重ね撮り写真」は、日本における人類学黎明期の坪井正五郎の用語と写真利用とを、柳田が思い出して使用したものであろう。しかしながら坪井の利用は、どこか人類学者で統計学者でもあったフランシス・ゴルトン（Francis Galton）のもともとの使い方に近く、たとえば犯罪者の相貌の視覚的な「平均」を帰納的にもとめるような写真の利用にとどまっている。ただ共通の部分だけを強調するための技法として「重ね撮り」を位置づけると、重出立証の手法が比較の要素をふくんでいることが背景にしりぞく。もし柳田がさらに広く当代の写真利用の実験的なさまざまに知識や興味を持っていたならば、「モンタージュ」等々の試みと、どこが重なりどこが異なるのかを検討したかもしれない。

「重ね撮り写真」との方法の近似は、ただ一行の断片的な提起ではあるが、次節で検討する民俗学者と写真家との交錯を考え、写真を「比較」のための資料として活かす方法を探ろうとするとき、ふりかえって意味づけてよい比喩である。

(20) この符合に関しては、すでに「比較」の技法としての重要性を『風景の生産・風景の解放』［佐藤健二 一九九四：一〇八］で指摘したことがある。

三　方法としての「写真」に向けて――『雪国の民俗』と『分類民俗図録』

オリエンタル写真工業社の課題写真懸賞

柳田が応募写真の審査員を務めた経験は、少なくとももう一回ある。一九三九（昭和一四）年ころからであろうか、オリエンタル写真工業社は「新人推薦」のための「月例課題写真募集」をはじめた。「毎月の課題に依つて、新人の自由なカメラアイで摑まえられた在来の形式を打破した新鮮味溢る、作品を募集」し、その審査においては「写真技巧に走らない」という意味をこめて「写壇外の芸術家」を加えるとした。[21] 柳田国男が一九四〇（昭和一五）年九月の「農家と人」という月例課題の審査員を務めたのは、「写壇」以外の人物でありながら、写真への期待をつねづね表明していたからだろう。

（21）『オリエンタルニュース』第二二五号（一九三九年一月一日発行）

柳田は、どんな写真を選んだのであろうか。その審査評とともに、紹介しておこう（資料3－12～18）。

この選後の審査感想［柳田国男 一九四〇］において、[22] 柳田は民俗採集の心得と写真家の態度とがあまり変わらなくなってきたことに驚いている。

（22）これは「月例課題「農家と人」審査感想」として、『フォトタイムズ』第一七巻九号に再録されている。全集に収録した時点では、『フォトタイムズ』での写真掲載と記事とを把握していなかったので、解題にもその言及がない。しかもまったく同じ発行日（昭和一五年九月一日発行）なので、どちらを初出と判断するのかとなると、それだけでは形式的にはむずかしい。『フォトタイムズ』のほうが大きく写真の作品を掲載しているけれども、『オリエンタルニュース』では三等評価の各作品の柳田の審査評を省略せずに掲載しており、こちらを初出と位置づけるべきであろう。

「何よりも自分が知りたかったのは、写しに行かれる人たちの態度、または気持というべきものであったが、これが驚くばかり近年は変わっている。これだともうわれわれ民俗学徒の採集心得と、そう大きなちがいが無いのである。」［全集30：三〇七］

柳田は「外国人が蕃界に入って、撮った写真」［全集30：三〇七］と大きく違う[23]、という。それは、撮りたいと思っている写真家と、被写体である農民とのあいだに「何らの隔たりが無くみな御互いに同国人だという感じが、わざとで無く既に備わっている」［全集30：三〇七］からだ。撮り手が画面の背後にある事実をよほど知っていることが大切であると柳田は感想をもらし、「こんな楽しみの多い審査の役目を負わされたことは、今までかつて無かったと悦んで居る」［全集

資料 3-12　一等　団欒（原田淳）

（柳田の選評）

囲炉裏生活の最終の段階、我々が名づけて鉄輪（カナワ）期と謂っているものの、細かな特徴が皆写し出され、人物の表現がこれとよく調和している。ことに右の隅の稚児の顔つきがうれしい。

資料 3-13
二等　麦干（宇佐美洋）

穀粒を乾す作業は、限地的によく発達しているので、その十分なる展開を見せたのは貴重な記録と言ってよい。二人の若い女の姿は、もう労働服の著しい衰頽を示している。

資料 3-14
二等　帰路（小出春重）

山の裾に列なる我村里へ、還って行く気持がよく現れている。歌になりそうな光景である。しかも人物の身のこなしにも、持ち物にも、共に二十年前には見られなかった現代化がある。

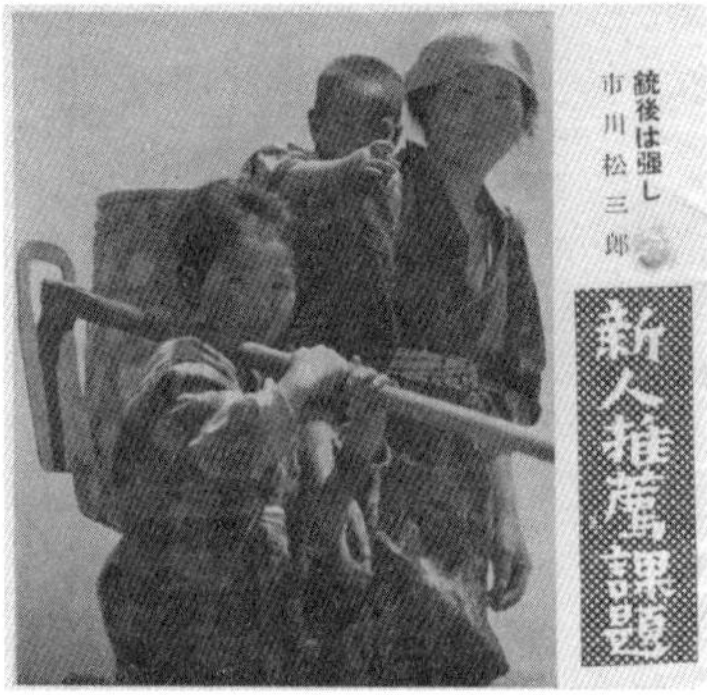

資料 3-15
三等首席　銃後は強し（市川松三郎）

農家という題にはずれているが、母と子三人が顔も似ており、今も同じような気持でいるらしいところがなつかしいのである。

資料 3-16
三等首席　農村風景（黒田淑之）

村を勝手に貫いた新道の一片が、よく写されている。スウエタアに山袴といふ一つのユウモアが、顔のとり方から、同情をもって味あわれておることを示している。

資料 3-17
三等三席　孫の守（中村卯一）

どうして捕えたろうかと思うほどに自然な、また意味の多い顔附きである。背の眠っている小児の顔もよい。家も田圃もこの爺のもので無いことが、わかり過ぎるほどに現されている。

資料 3-18
三等四席　語らひ（山口清）

少しポートレートじみているが手と足とは共によく写されている。年をとった方が左の頸に、ソラウデの呪ひをしているのが面白い。ゴム靴の紐のとれたのも面白い。

30：三〇七］と書く。

ただ一枚の写真が出されているだけだから、その解釈が妥当なのかどうかの判断はむずかしいが、柳田はそこを訪ね、まるで居合わせたかのように写真を読みこむ。切り取られて固定された写真であるからこそじっくりと遠慮なく観察できる、十分な距離をたもって、である。そして「鉄輪期」という囲炉裏の時代区分や「労働服の著しい衰頽」や「二十年前には見られなかった現代化」という変貌を講じ、それぞれの人の「自然な、また意味の多い顔附き」が写しだされていることに興味を感じている［全集30：三〇七―八］。

(23) おそらくわれわれは、この「外国人」と「蕃界」の記述に、『民間伝承論』の「生活意識」「心の採集」にかんする「僅かな例外を除き外人は最早之に参与する能はず」［全集8：一四］という章句を重ねて理解してもよいだろう。しかしながら、年来の主張のくりかえしになるが、それはあくまで「採集」（あるいは「撮影」）の問題であって、「理解」の困難や不可能に簡単にむすびつけてよいものではない。

「民俗と写真」座談会における「自然」

昭和一〇年代以降の柳田の写真への言及では、撮られていることを意識していない「自然」の重要性を、ひとつの大きな論点としている。そこに民俗学の採訪採集というデータ収集の可能性を重ねあわせているところも見落としてはならないだろう。

アルスが出していた総合写真雑誌の『写真文化』に、「柳田国男氏を囲んで民俗と写真座談会」が掲載されたのは、一九四三（昭和一八）年九月であった。出席者は、柳田のほか田中俊雄・土門拳・坂本万七・濱谷浩と同誌記者の六名である。

柳田は今までの民俗学の方法論と写真との関係とを問われて、おおよそ次のような趣旨の説明をしている。

民俗学という学問は、事実を非常に多く集めて比較総合し、その変遷を帰納的に明らかにすることを特質にしている。民間のことばを大切に利用し、手がかりとして重視するのは日本の民俗学の特徴でもあるが、写真という新しい技術が果たすべき役割も大きい。有形文化を目で見える形に記録するというだけでなく、心で感じる無形文化の材料を写真で共有することはできないだろうかと思っていると、次のように発言する。

「言葉に言い表せないけれど、写真ではピンと頭に感ずるようなものがありますね。たとえば同じ篤実な人間、人情のある人間といっても、都会人の顔附きと田舎の人の顔附きとは違う。それればかりでなく同じ田舎といっても、地方に依って特徴があるのです。眼の前に会ってみて優しい人だなと思うと、その優しさとかそういうものが失われないでもし写真に撮れるような時代が来たら、大変われわれの学問が進むのです。それが果して出来るかどうかというのが、今日御相談する一つの問題なんです。」〔柳田ほか 一九四三：四〇〕

その実現のために、なにが障害になっているのか。座談会では、二つの論点で民俗学者柳田国男と写真家とが議論を戦わせ、すれ違わせている。

第一は、「自然にあるもの」をめぐってである。柳田は「相手に撮ることを意識させると不自然になる」、自然にあるものがまったく違ったものになってしまうことを、致命的な問題として危惧している。

「日本人は五つぐらいの子供からお婆さんにいたるまで、狙っているなと気付いたら、ピッと変わってしまう。ちょっとこう写真機を構えられると、鋭敏に変化してしまう。何とかあれが変わらずに撮れるものならば宜いと思うのです。」［柳田ほか 一九四三：四一］

これを受けて、今まで報道写真がかなりやってきた「演出」すなわち「その恰好をやってもらう」撮影技法はどう思うかと田中俊雄が水を向けたのに対して、柳田は「それが一番困る」と応じて「私らが欲しいものだけが抜ける」「知りたいと思うことだけが抜ける」と、ほぼ全面否定している。

しかしながら、それならば柳田はなにひとつ手をくわえない、撮ったまま写ったままの写実を至上の原則としているのかというと、そうではない。次のやりとりを見ると、撮し手のある意味での「編集」を容認している。

「田中　僕らが民衆を撮る場合、その辺のおしめなんかぶら下っているのをあるていど整理したり片附けたりして撮りますが、先生のお立場からは、これは困ることでございますか。
柳田　そんなことはございませんね。あまり手を入れられては困るけれども、雑物を払って、中心点が鮮やかになることは宜しいと思いますね。」〔柳田ほか　一九四三：四五〕

この立場はある意味では、明治末期の自然主義をめぐる「文体」論での主張と重なる。すなわち、文章執筆の目的はその文の印象をもって他者を動かすことにあるわけだから、もし事実を曲げないか同等以上の効果があるのならば、「それほど極端にまで事実に依らなくても宜い」。「事実」とは言いながら、要するに、それを表現することばの枝葉の効果の問題であり、「奥に座った本尊が動く訳でない」〔全集23：六四七〕という議論と、雑物を整理することで「中心点」が鮮明になるという立場は呼応している。
だとすると、柳田が写真というメディアによって撮しだしたい「本尊」、すなわち光をあてたい「中心点」とはなにか。それは「その時、その場で接触する」自然のままの、「もつと軽い感情の動き」だという。

「小さな軽蔑とか小さな愉快さといったようなものを撮ろうという場合、それはどうもスナップでなければいけませんし、正確とは行かないでも、何かそれを永久にするような方法があると、われわれの学問の対象も非常に発達するのです」［柳田ほか 一九四三：四二］

不変不動の連続でも真の伝統でもない。ここでしめされているような、小さな感情の動きやゆらぎを重視する。その態度は、柳田が一九三〇年代の半ばから方法論を整備しながら進めてきた「民俗学」の性格づけにかかわるものだろう。すなわち、慣習的で変わらないがゆえに「型」や「パターン」のように抽出できる位相での「固有信仰」だけを対象とするものではない。むしろ人びとの交流の繊細な感情の動きによって形づくられる、喜怒哀楽や畏怖愛憎のかすかな「心意現象」の変貌にも焦点をあてているものであることがわかる。

写真が注目されるのは、そうした微細な動きをふくむ視覚的な素材を、離れた現場をもつ同志のあいだで資料として共有するメディアだからである。

土門拳の「最大公約数」と柳田国男の「一般的なもの」

第二の論点ともいうべき、土門拳との微妙なすれちがいもまた、小さな感情の動きの把握をふくめた対象者の心持ちのとらえ方をめぐって浮かびあがる。

土門は、柳田が理想として要請するような、撮られていることをまったく意識しない「スナップ」は不可能であり、撮ったところで「写真から来る迫力」が貧弱な弱い作品にしかならない。だから、自然な状態が現れる「或る瞬間」をねらうのではなく、下駄屋なら下駄屋の職人の「最も典型的な態型」というか、その人らしさを「最大公約数」的に表わすように撮る、あるいは「一つのものの中に全体を出そうということ」を狙うのがよいと思うように変わってきた、という論理で柳田に挑む。

これに対して、柳田は次のように慎重に応じている。

「そこにまだ考える余地がありはしますまいか。川端龍子、武者小路実篤を撮るのは宜いですが、下駄屋の職人一人を撮って、これで下駄屋の職人を得たということは問題です。そこには自分を慰める態度がありはしませんか。（中略）いつでも一番問題になるのは、ここで残そうといふ気持を捨てて、ここでちょっと撮って置いて、その次にまた撮って置いて、沢山並べて見ておよそ昭和十八年における下駄屋の職人の心持ちが得られるという気持が出来はしませんか。」［柳田ほか 一九四三：四一］

「私の方（の関心）はいつでもゼネラル」であり、「いつでも伝承というような一般的のものが知りたい」からだと批判する。[24] その根拠を、民俗学者としての柳田のほうが民衆をよく知っており、経験を積んだ「私」の判断のほうが一般的なのだという論理に求めるとすれば、それはまちがいである。さらに「伝承」を「現在」と対比させ、不変や連続をひきだすのも早とちりだろう。

この主張の基底には、ただシンプルに明治末の「自然主義」の主張における距離や認識論的切断の重要性と、一九三〇年代半ばの「重出立証法」の態度を置くだけでよい。

（24）この座談会での対立について、土門拳は戦後の『風貌』（アルス 一九五三）という写真集で、当時自分は「組写真形式による報道写真家」の立場から最低限度の演出の必要性を主張したが、「柳田先生は頑として自説を曲げなかった。僕の言う写真論などには耳もかさなかった。それは飽くまでも民俗学者の立場と要求とに立っていられた。僕はその頑固さに腹を立て、非常に心の狭い人だと思った。その座談会は、写真の基本的な方法論にかんするかぎり、喧嘩別れの形だった。――それ以来、かれこれ十年が経った。今、僕は、社会的リアリズムの立場から、「絶対非演出」の「絶対スナップ」を自ら提唱している。方法論としては明らかに柳田先生に屈服した形である。今度、久し振りに柳田先生にお会いした時、そのことを言って、昔の浅薄な考えを詫びた。「そんなこともありましたねえ」と、先生はなつかしそうに笑っていられた」［土門拳 一九七七：三九］と書いている。

『雪国の民俗』と未刊の分類民俗図録

「民俗と写真」の座談会と同じ年ではあるものの、すこしあとの月の『生活美術』という雑誌に載った「美と民族学」というインタビュー記事において、ちょうど日本写真会で長期間にわたって毎年行われてきた展覧会の入賞作品のなかから「東京の郊外の生活だけを現した写真」を柳

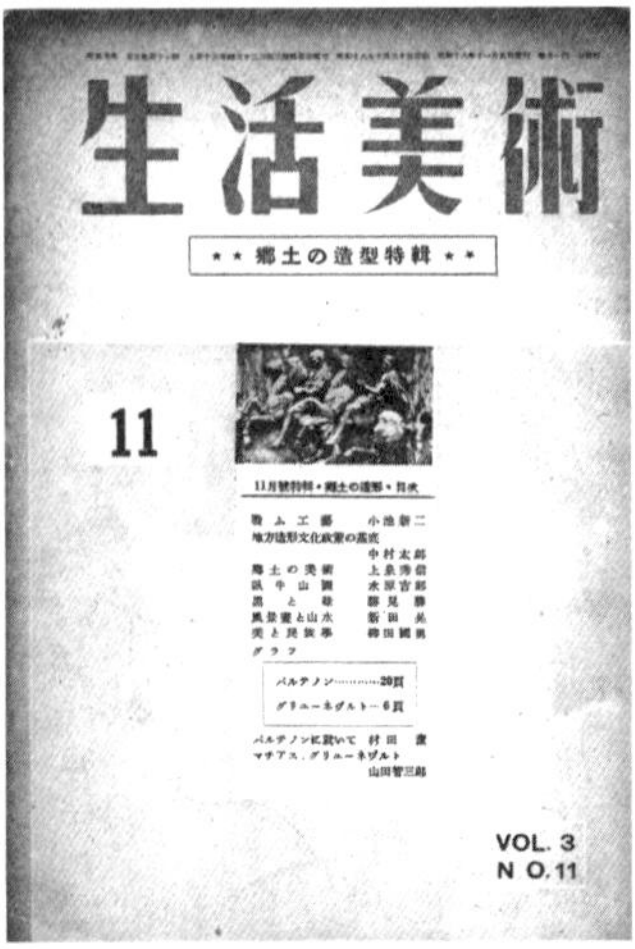

資料 3-20 『生活美術』

資料 3-19 『写真文化』

資料 3-22 『日本民俗図録』

資料 3-21 『雪国の民俗』

田自身が選んで、一冊の写真集にしたばかりだと語っている［全集31：一一四］。
この写真集は福原信三編『武蔵野風物』（靖文社 一九四三）である。
そこに寄せた序文で、柳田は次のように述べている。

「今まではどうだったかを示し得ることが、実は今の新しさと悦ばしさを、説いたり論じたりする者の資格なのである。以前は写真のような親切な技術は無かった。これを自由に利用することは、明らかに現代の幸福である。」［『老読書歴』全集18：五二七］

民俗学の方法と、視覚記録としての写真とのむすびつきを、さらに自覚的に論じたのは、一九四四（昭和一九）年に出た三木茂(25)との共著『雪国の民俗』においてであった。

(25) 三木茂は、東宝映画文化映画部が製作した文化映画「土に生きる」の演出撮影を担当し、「あとがき」によれば『雪国の民俗』に収録された写真はその副産物で「当時その地方の農事・衣食住のことなどを、およそ眼についたものは片つ端から写しまわつて映画製作の参考写真とした」「二千数百枚」のなかから選択されたものだという。映画「土に生きる」は、昭和一六年一〇月二二日に東宝系で公開されたもので、田中純一郎『日本教育映画発達史』（蝸牛社一九七九）には「柳田国男の民俗学にヒントを得て立案され撮影には満一カ年を費した。秋田県南秋田郡内をモデル地区として米作にはげむ農民の生活と風俗を六巻の長篇に記録した秀作。

ベストテン第三位」［田中 一九七九：一四三］の記述がある。『雪国の民俗』の「構成・編輯」の村治夫は、映画「土に生きる」の制作責任者でもある。写真製版の指示から出版社との交渉、割り付けから装幀にいたるまで「出版一切の面倒」を見て、柳田から三人の共著にしようという提案まであった村治夫のこの本へのかかわりについては「柳田国男先生と記録映画」［村一九六三］に詳しい。

柳田の寄稿である「雪国の話」が説くところでは、民間伝承の研究の「眼を軽んじ耳で聴く言葉を頼りとする今までの方針」は、もういちど再審査されなければならない。田舎人の親切や同情ばかりでなく、皮肉や牽制や陳情までもが混じる複雑でわずらわしいやりとりから、総合した「自分の判断」を生み出すには、

「むしろ写真でいうスナップのように、何の目途も無くおのずから言い出された言葉を、重んじなければならぬのである。そういうなかには思い掛けない暗示がある。それを鋭敏に把えて考えるだけの、練習も必要でありまた態度ももっていなければならぬのである。」［「雪国の春」全集22：五六八］

と述べて、これまでのままの民俗学の方法に安住してしまうことに、柳田は警告を発する。フィールドワークとしての旅は大切だが、「たまたま脚健やかにあるきまわった少数が、何も

かも知っているような説を吐く」ことのあやうさは排除できない。であればこそ「遠く離れて居る者でも、写真によってたがいに理解しあうところまで、物を視る教育を進めなければならない」段階に来ているのではないか。そのためにも、写真を撮し、あるいは絵を描くひと自身がその対象となる現象を「あらかじめどれだけまで感じ、または会得しているか」［全集22：五六九］が問われるのだ、と論じている。

ことばで考えることの変わらぬ重要性にくわえて、「写真」によってたがいに理解しあうという教育方法を提起している点は、この段階での民俗学の方法論としておもしろい。

この『雪国の民俗』という書物の形式は、柳田国男が監修者としてかかわり、『アサヒグラフ』以来の因縁あさからぬ朝日新聞社から公刊された『日本民俗図録』の試みにおいて、さらに増補する形で活かされていく予定であったと論じてよい。

しかし、その編集と執筆に携わった大藤時彦と井之口章次は「凡例」に「民俗学にとっては、写真ではあらわし得ない精神生活面が重要である」［民俗学研究所編 一九五五：凡例］というやや限定的で消極的な意義づけにとどめている。この二人の編者をふくめ、戦後の日本民俗学をになった研究者が一九四〇年代に深化した柳田の写真への期待を正確に理解し、受け継いで発展させたとはいいがたい。

柳田自身はというと、もっと積極的であった。なぜもうすこし早くに民俗学に「写真を利用する気持が起こらなかつたか」を「不覚の至り」と悔やみ、「今までの観察ぶり、又記録法の不完全さを反省せざるを得ない」〔全集22：六九二〕というところから『日本民俗図録』の序文を書きはじめているからである。

その反省の内実としてあげられているのが、ある意味での語彙中心主義ののりこえである。たしかにわれわれは行事や民具等の生活文化を、人びとがどのように名づけ理解してきたかを、一つひとつの「ことば」をつうじて収集し考察してきた。しかしながら、ふりかえって採集の現場を考えてみると「名を告げ由来を説明する人の言葉とか眼もととか、時刻場処などの色々の取合せ」〔全集22：六九二〕が集まって作用し、われわれの心を動かして印象を深めていたのである。つまり、ただ切り離され、純粋化された言語としての情報だけでなく、その採集それ自体が現象する「場」がもったであろう力に注目している。そして、写真はまさにその事象の周囲の状況や雰囲気を写しだしているからこそ、方法として価値があると「シチュエイションを好く表すようなスナップで、あるままの姿が撮れるように努力すること」〔全集22：六九三〕の重要性をかかげる。

序文は、昭和一〇年代の多くの時間を費やしてきた「分類習俗語彙」の試みを評価しつつも、一九五五（昭和三〇）年の現在において、それを乗り越える必要性に触れ、「場」までふくめての対象化の原点にもどろうとする希望でむすばれている。

「この図録の新たに出ることを慶ぶと同時に、既に和名抄の頃から始まっているところの、個々の事象・事物について、それ自身の名前だけを切り離して記憶する習慣を止めなければならない。一方で民俗語彙が本にまとめられている以上は、いよいよもってこのことを痛感する。これからは大いに良い写真を集めて、追々に未知の区域を狭め、またその中から新たなる民俗学の問題を発見しかつ整理して行くようにしたいものと思う。」〔『日本民俗図録』序」全集22：六九三〕

『日本民俗図録』の凡例は「図版を一目見て、民俗の変遷と地方差とが、はっきりつかめるような配列」を目指したが、写真の不足等さまざまな制限のために、目的を達成できなかったと告白している。それゆえ「他日、分類民俗図録を刊行したいと考えている」とした。

未刊のままけっきょくは産みだされなかった『分類民俗図録』が、いかなる可能性をはらむ形式のものであったのかは、ここではまったく説明されていない。その後、これを実現するような試みが柳田門下の民俗学者たちにあったかについては、寡聞にして知らない。もし柳田の民俗語彙への反省のうえで取りくまれたとしたら、序文でいう「場」の記録と共有の力とを活かしつつ、「分類習俗語彙」が試みていたような主題領域を限定した具体性を、視覚的に再構成するような工夫が追求されたであろうと私は思う。その未完の課題は、思いのほか渋沢敬三の遺志を継いで「絵引」と取り組んで格闘した人びとの困難と共鳴している。(26)

(26) 渋沢敬三の絵引のプロジェクトを引き継いで形にしたのは、有賀喜左衛門や宮本常一であった。この試みについては、『社会調査史のリテラシー』に収録した「図を考える／図で考える」論文のほかに、国際学会での発表をもとにした “Thinking of Images / Thinking through Images”『アジア文化研究』三三号（二〇〇七）という論文がある。

第四章　歴史社会学の方法と実践

柳田国男の学問の思想と方法とは、どのように論じられてきたか。

一九九〇年代以降、日本民俗学のイデオロギー的基礎を築いた思想家として、柳田国男の功罪がしばしば論じられるようになった。「伝統の創造」［Hobsbawm, 1983＝一九九二］「オリエンタリズム」［Said, 1978＝一九九三］の問題提起のあと、人類学がかつて「帝国主義の娘」と批判されたと同じように、「民俗学」の政治性を動員のナショナリズムとして告発する批判の型式が流行したからである。(1)

（1）一九九〇年代の柳田国男批判の流行の型式は、この学知は「一国民俗学」を目指したものであるがゆえに、国民国家の内側に閉じた思考とされ、その誕生における植民地政策への関与が隠された前提であるとの決めつけのなかで（たとえば［村井紀　一九九二］［川村湊　一九九六］）、可能性としてあったはずの比較民俗学の抑圧が語られるというものであった。柳田国男の学問は「ナショナリズム」に閉じこめられ「植民地主義」を少しものりこえていないという言説は強く、あらためて読みなおし読みかえて学ぼうとする者の想像力をしばっている。もちろん、すでにのりこえているのだなどという弁明を私はしようとは思わない。むしろ批判者をふくめて、だれも本当にはのりこえていない。簡単にのりこえられないからこそ、世界はいまも苦悩している。実感信仰でしかないかたくなな尊敬も、局外者にとどまり続ける批判者の執着も、それだけでは可能性があらわれる一瞬をつかむことができない。それは、別に「柳田国男」という対象にかぎったことではあるまい。

なるほど日本民俗学は、滅びゆくかにみえる文化の「残存」を「伝統」の伝承ととらえ、その背後の「固有」な意味づけにこだわった。そのこだわりゆえに、自らの発見の意味づけを「日本の特殊性」のなかに囲いこみがちな議論をしてきた。そうした「ことあげ」は、疑いもなく顕著で無邪気な、批判されるべき傾向であるかのように見えた。

しかしのちに検討するように、この批判はやや平板で、いささか非歴史的である。

しばしば農政学者としても評価されるこの思想家が新しい学問の方法を模索していた最中には、後に批判される「一国民俗学」はいかなる意味でも、自明なものとしては存在していなかった。むしろ、自らが取りくんだ学問の対外的な呼称は固定されておらず、ある意味で変幻自在であった。すでにいくどかくりかえしている通り、「郷土研究」[2]、「ルーラル・エコノミー」「ルリオロジー」「ルリオグラフィー」「農村生活誌」[3]、「民間伝承論」「民間伝承学」「世界民俗学」「新国学」[4]、「郷土生活の研究法」［全集8］と、一九一〇年代から一九三〇年代にかけて、じつに多様な表現の工夫のなかで、その新しい学のありようは模索されていた。その気分は、民俗学が確立したとされる時期以降にあっても継続している。ここに挙げた以外にも「地方誌」〔「塚と森の話」一九一二＝全集24：一二〇—四〕や「郷土誌」〔『郷土誌論』一九二二＝全集3：一一一—八八〕や「農民史」〔『日本農民史』一九二五＝全集3：四〇七—八〇〕、「凡人史」〔「凡人史の省察」一九二九＝全集28：一八八—九二〕、「現代科学」〔「現代科学といふこと」一九四七＝全集31：三八四—九四〕など、あるいは通念よりも拡充して使うことを期待していたと思しき語彙を、いくつも見つけることができる。

（2）一九一三年三月に柳田国男が高木敏雄とともに創刊した雑誌『郷土研究』において、この新語がかかげられた。無記名の「謹告」〔全集24：一三九—四〇〕が、この雑誌のいわば創刊の辞にあたる趣旨説明を加えている。

（3）これらは、いずれも柳田が無記名で書いた南方熊楠への反論「記者申す〔南方熊楠「「郷土研究」の記者に与ふる書（完結）」に〕」〔全集24：四六四—五〕において現れる。

（4）以上の四つの語は、いずれも一九三四年八月に共立社書店から刊行された『民間伝承論』〔全集8所収〕で使用されている。

今日の制度化された日本民俗学のイメージは、戦後のある世代の研究者や思想家が自らの格闘のなかで作りあげたものである。だから現代の民俗学の自己認識をもって、柳田国男の学問の必然的な帰結と断ずるのは親切でない。そうした批判の多くはけっきょくのところ結果の次元での反省にとどまっていて、この学問が追究の期待の次元において、いかなる可能性を見ていたのか、その全体を描きなおす困難と向かいあおうとしていない。いわゆる「国民国家論」が、その構築性に焦点をあてた重要な問題提起と数多くの新鮮な発見にもかかわらず、意外にも早く飽きられてしまったのはなぜか。次々とあらわれた追随者の模倣が、残念なことに戦時下の国家総動員の結末をなぞって終わる記述の、偏狭な歴史認識をのりこえられなかったからである。

なるほど「民族」や「エトノス」の同一性を探るなかにあらわれる、さまざまな確信はいつもどれもうさんくさい。しかしながら、そこに批判の対象をしぼりこんで安心してしまう前に、まだ検討すべきことが多く残っている。そのひとつが、模索的ながらも自己投企的な新語の多様ないいかえをもって、新しい学問を語ろうとした姿勢であり、その背後において試みられていた方法である。

柳田の「民俗学」の新しい方法は、いかにして立ち上げられようとしていたのか。思想内在的にそれらを了解することこそが試みられなければならないと思う。そこにおいて私たち自身の「歴史社会学」の方法が問われ、自覚的な構築と適用とが要請される。

本章は、そのような問題意識をもつ歴史社会学者の弁明であり、「民俗学」として語られてきた柳田国男の学問構想のもともとの念願の発掘と復権である。

第一節では、「民俗学の政治性」「植民地主義」が議論された一九九〇年代の柳田国男批判の論理を検討する。とりわけ批判が集中した「一国民俗学」という概念について、その占めるべき位置を測りなおしておこう。すこし結論を先取りしておけば、「一国民俗学」は二つのミンゾクガク（民族学と民俗学）を耳で区別するための言いかえに過ぎず、方法としての採集の場の限定という以上に、それほど大きな意味をもつべき語彙ではなかった。

第二節では、柳田の試みを位置づけるための新たな枠組みとしての「歴史社会学」を論ずる。その方法的基準として、暫定的だが

①歴史遡及の現在性
②時間的・内在的比較の脱領域性
③主体の位置への自己反省性

という三つのポイントを挙げておこう。つまり、歴史認識の構築における現在の重要性、方法としての比較の重要性、主体そのもののポジショナリティへの反省の重要性である。

第三節では、柳田国男を位置づけているコンテクスト（文脈）としての「柳田民俗学」図式を解体しておきたい。その図式は、「伝承」論や「常民」論、「方言」論、農政学の「挫折」、「固有信仰」論などのそれぞれの理解に内在し、いわばとりついている。じつはこの図式的で抽象的な「柳田民俗学」の制約は、柳田自身のものではない。戦後民俗学の発展のなかで次第に形づくられ、柳田国男のテクストの読みのなかで作りあげられたものだ。そして、その読みをささえたのが浩瀚な『定本柳田国男集』であった。

第四節では、前節での解体の予備作業をふまえて、あらためて「郷土研究」ということばのもとで組織しようとしていた認識の実践を論じよう。ここでは二つの「論争」にかかわる素材を取りあげる。

ひとつは資料集の編纂の公共性をめぐる、これまであまり注目されていないやりとりである。そこで柳田はいわば「歴史の私有」ともいうべき先祖崇拝や郷土自慢を、するどく批判している。もうひとつは、すでに多くのひとが論じている南方熊楠との往復書簡である。本書の第三章でもすこし触れているが、いささか対照的な人格論に集約されることが多かった論争の評価を、むしろ『郷土誌論』に結晶化していく諸論考を生みだし、「広場としての雑誌」という、運動としての民俗学の方法に関わったものとして位置づけなおす。

第五節にいたって「複数の柳田国男」という、私自身の「全集」論すなわち「テクスト空間の再編成」の重要性を浮かびあがらせる補助線をもういちど論じていくことにしよう。そこにおいて、この論集の全体が『読書空間の近代』の続編であることが暗示されるだろう。

一 「民俗学の政治性」と「一国民俗学」批判

冒頭でも触れた一九九〇年代を吹き抜けた「民俗学の政治性」の問題提起、具体的には「一国民俗学」批判と「植民地主義」批判としてくりひろげられた議論は、いったいなんだったのだろうか。

その基本的な主張を一言に要約すれば、日本の民俗学運動の核となった柳田国男の学問は、国民創出にむけての啓蒙のプロジェクトであったという認識であり、国民国家の限界をのりこえるものではなかったという批判である。

民俗学の運動に内在したとされるナショナルなものを、「日本人」「常民」「郷土」「固有信仰」「民族」「国語」「方言」といった用語群をからみあわせながら、「日本イデオロギー」として批判する。そうしたパターンは、おそらく飽きるほどにくりかえされている。もちろん、前記の認識と批判の基本命題を構成している個々の用語の含意とその解釈とにも、なお論者によって無視できない揺れはばがあるだろう。しかし「民俗学の政治性」をえぐり出さなければならないと考えた人びとの多くは、近代そのもののありようを問う深みにおいてではなく、国民総動員という歴史的現実の批判と重ねあわせて論点を設定した。

柳田国男がときに使った「一国民俗学」の用語は、格好のターゲットであった。文字ならびだけで考えるなら、国内の多様性も世界への開放も排斥しているかのようにひびく。その点で「民俗学の政治性」の暴露を論ずるにふさわしいひびきを有していた。

連続性の捏造としての国民

批判の実践の中心にすえられたのは、この学問は、あらかじめ失われていた「連続性」を捏造し、国民への「統合」という陰謀に加担したという断定である。「方言周圏論」や「一国民俗学」が、その象徴的な標的としてとりあげられた。

批判者の論理は、たとえば以下のような型式のものであった。

なるほど、民俗学は支配者の正統性を補弼した文献史学の歴史に抵抗して、文字記録以外の記憶のフィールドに歴史の方法を解放したかのようにみえる。しかしながらこの学は、民間の習俗的実践のさまざまを、「伝統」と名づけながら、「固有信仰」のパラダイムに回収する説明図式をも用意した。そのことをつうじて、「民族」という観念を連綿と続いてきた実体であるかのごとき表象につくりあげ、「日本」という枠組みの自明性を強めていった。それは同時に国民国家の内部において、核となる文化的な同一性を創造するまなざしとしても機能していく。「基層文化」として設定された「日本」的なるものを、忘れられた起源として、あるいはなかば無意識の慣習の本来の意味としてかかげつづける。そのことで、アイデンティティを基礎づける〈同一なるもの〉を、民俗学は捏造した。そうした同一性がたどりつくせぬほどはるかなる昔から連続して存在したかのような、想像上の常識をつくりだした、というわけである。

その結果、「それまで必ずしも自分をある国家の国民として自覚していなかった人々を国民化する」〔岩竹美加子 一九九六：三五〕のに深く貢献した、という。このようなメカニズムをもって、その政治性が批判されるようになった。

ナショナリズムの構造転換

こうした言説の登場の背後には、近代から現代にいたるナショナリズム認識の変容がある。いうまでもなく民俗学の土俗・土着への関心は、自文化の愛護というナショナルなものへの傾きを有していた。そのことそれ自体は、かなり以前から「国学」や「ロマン主義」の系譜とむすびつけられてきた。ファシズムのような排外主義との連接という先鋭化の危惧を含みつつも、自らの文化を反省的に発見することはまた必要でもあった。そうした原点からは、むしろ柳田民俗学は明治近代に制度化された諸学の知識の、アカデミックで西洋中心的な偏向を浮かびあがらせるものとして、その有効性が理解されてきた。

であればこそ、戦後社会科学の一九六〇年代において、柳田国男の民俗学は健全なナショナリズムとして評価された。「上からのナショナリズム」すなわち国家が働きかける統合とは異なる、それに対抗する「下からのナショナリズム」として、である。民衆という主体の参加をもって体制の変革が生みだされる。そうした可能性につながるものとして、積極的に位置づけられた。それは帝国の植民地政策批判の局面において、民族独立運動を解放の主体形成として評価してきた歴史認識と、どこか同型的であったと考えていいだろう。それゆえ、一九八〇年代に入って民間学の先駆として再評価されたのも偶然ではない。

しかし、こうしたナショナリズム評価はポストコロニアリズムの自覚とともに、次の段階へと移行せざるをえなくなる。多くの思想家たちが「帝国」と「国民国家」のあいだの支配や動員の様式の本質的な類似を、近代に内在する問題として深く問いはじめたからである。

民俗学の政治性批判が、より鋭く表象そのものや記述の実践そのものを問うところへと進出していったのは、それゆえである。そこでは調査や記述の方法それ自体が、原理主義的で際限のない批判にさらされることとなった。方言周圏論や重出立証法を縁どるナショナルな図柄すなわち日本地図型の視野設定はもちろんのこと、文字以外への方法的拡張や、採訪というフィールドワークの実践そのものが問われはじめる。すなわち「同郷人の採集」〔『民間伝承論』全集8：一四〕[5]という呼びかけをもって、既存の歴史認識に対抗しようとしてきた調査戦略そのものを、権力作用として批判するような論理[6]が、はでやかに輸入されはじめたのである。

（5）重なりあう考えかたとして「郷土研究の意義」では「今日までの民間伝承の研究は、その調査者が郷土人でないのが多かっただけに不備なる点が相当に多いのも事実である。一国民俗学の完成にはまず郷土研究が、郷土人の手で精密になされねばならぬ理由がある」〔全集8：六八〕と述べている。

（6）方法のレベルへの批判の拡張は、差異をより大きな共同性（文化、伝統、日本、等々）へと早あがりさせて回収してしまう「民俗学」的説明の短絡の批判の限りで圧倒的に正しいが、調べようとすること自体を、知ろうとすることや書くことそれ自体を抑圧しかねないところへと議論をすぐに一般化してしまう危険性を有する点では、相当にあやうい原理主義の理屈をかかえこんでいる。事実、うまくコントロールできないままに振りまわされ、倦んでかえって批判を導入しなかったときよりも力ない停滞へと押しもどされる無惨もないわけではない。松田素二は、『ライティング・カルチャー』革命の進行のなかで現れた「サンキュロット」たちの暴走について、的確な批判を行っている。この一群の「ポストモダン派」は実験的民族誌の試みすらをも生ぬるい妥協の産物として「粛清」することで、人類学を観念の上でだけ一挙に解体してしまう。彼らにとって、あらゆる「ファクト」は「フィクション」に過ぎず、あらゆる経験的実在は「懐疑の対象ですらなく解体すべき虚構」でしかない。「こうしてあらゆる経験、あらゆるエッセンス、あらゆる権力作用を拒絶する歯止めのない虚無が、文化研究の主役の地位に就いた」［松田素二 一九九九：二二四］。

無自覚な統合による断裂の隠蔽

そこにいたって、民俗学のいとなみは思いもよらなかった局面から批判される。すなわち、本源的な断裂を無自覚な統合に回収してしまう政治的実践として断罪されていくこととなった。

本源的な断裂とは、この学問をになった主体の社会的属性にかかわる。第一に、そのまなざしが都市からの視線であり、第二に知識人からの視線であったという事実が指摘された。見るものと見られるものとのあいだには、都市空間と非都市的な生活空間、知識人と民衆という関係の不平等性が存在していた。にもかかわらず、「基層文化」や「忘れられた日本」や「常民」という論点の設定は、その階級性とも抽象しうる差異を隠蔽したのではないかと論じられはじめたのである。その隠蔽を策略であり陰謀であると決めつけるか、意図せざる効果であったと位置づけるか、あるいは別の解釈をさぐるかは、批判者にとってあまり問題ではなかった。

今ここでおこなわれていることを率直に見つめ、「いくつもの日本」に向けて多様性を追究しているかのように思われていた民俗学が、じつは不平等や格差を押しかくす、共通性探しの「一国民俗学」に過ぎなかったという物語(7)が批判の定番としてクローズアップされた。そして民俗や方言など地域差を有する文化に対して興味をもつ民俗調査の好奇心も、その知の行為それ自体が地域文化を国家の文化のなかの下位文化として位置づける啓蒙のプロジェクトにすぎなかったという、論断が説得力を持ちはじめるようになる。

まさに「国民国家論」のもとで一般化された批判的言説の一つの型式が確立していく。

(7) この共通性探しへの偏向という指摘それ自体は、すでに民俗学の内部においても、柳田国男の周圏論批判や手帖調査批判のなかで展開されていた。しかしその論理はかなり大雑把なものであり、その結果として出された柳田民俗学は日本民俗学ではないという論理は、問題をずらしアリバイを用意する、心理的な安全装置の役割しか果たさなかった。

ナショナリストの植民地主義という「型」に添って

この型式の批判の物語を前提に、柳田国男の「民族」や「日本」をめぐるテクストを、ナショナリズムの限界を露わにする政治的実践としてもっともらしく引用してみせることは、ばくぜんとそう思われているよりははるかに簡単にできる。

「なかなか用心深くあげ足をとられない慎重きわまる」〔家永三郎 一九七七：七〕あの柳田にしてなお、「民族」や「日本」の語は、いささか無防備なまま放りだされている感が強い。たとえば新語としての「常民」や「郷土研究」に比べても、注意深い使い方とは思えない。時代の状況からして無理もないことながら、今日からみると論点未分化なまま、「民族」という集合性の表象が安直に使われている。

いずれにせよ、日本民俗学運動の限界はどこにあったのか、それは頂点にたつ柳田国男の体質そのもののなかに内在していたという主張を組み上げるのに、たいした労力はいらない。関連するキーワードが『定本柳田国男集』の別巻索引にある語ならば、この便利な道具を使って広くあたることもできる。二、三の目についた論文から、批判の型式にはめこめそうな表現を探して切りとるだけならもっとはるかに手軽である。引用のついでに、引用者の思い入れのまま傍点の強調でもくわえれば、だいぶ印象もあざやかになろう。

たとえば、である。

次のように決めつけてしまうこともできる。

学問は「世を益し国恩に報い」〔「食物と心臓」一九三一＝全集10：三七五〕なければならないと考えていた国家官僚にとって、郷土研究はあくまでもナショナルな同一性の創出に向けられたものので、その解明目的を「日本人の生活、殊にこの民族の一団としての過去の経歴であった」〔「郷土研究と郷土教育」一九三三＝全集14：一四五〕とかかげているのを見ても明らかである。衣食住や信仰・儀礼など民衆の日常にあるさまざまな習俗がそれぞれに「古い起源をもつこと」〔同：一五九〕が指摘され、その意味について「同じ一つの民族間の数多い一致と類似と差異とから次第に少しづつ解釈せられて行くのを期して居る」〔同：一五〇〕とも言っているのをみると、日本民族を単一の古くまでさかのぼりうる歴史的な連続体として措定していたのではないか。じじつ「郷土人をして自らその隅々に於ける国の過去を、心づかせたいと私たちは企てたのである」〔同：一四六〕と述べ、「国民総体の生活誌を調べ」〔同：一五四〕たいとも書いているのだから。国を一つの文化的な統合体と見ていた点は、いっけん地方文化の多様性を論じたかのように見える郷土研究にしても同じことで、「日本という大郷土」〔同：一四九〕という言い方からは、郷土の延長に大日本が位置づけられるだろう。この更なる膨張として、いわゆる「大東亜民俗学」[8]が主張されるのは論理の必然ではあるまいか。

さらに日本の特殊性の特権化は、外国では「日本ほど資料がよく保存せられて居ない」〔同：一六九〕とか「我が邦でならば研究し得られる」〔同頁〕といってしまうあたりにも濃厚に漂っている。その一方において近代化・産業化の進展によって「日本で無くては観察することの出来ぬものが、いよいよ幽微になって捕捉し難くなって行く」〔全集10：三七〇〕のだから力を合わせて急がねばならないと呼びかけた。この呼びかけこそが、日本近代において郷土研究あるいは民俗学という民間知識人の運動を立ちあげたのである。

ただしそこにおいても、かつて農政官僚であった柳田国男は、郷土研究のたんなる隆盛だけでは満足せず、「各人各郷土をしてそれぞれ適切なる部署に就かしめなければならない」〔同：三七二〕と分担する者たち、すなわち国民の組織化を説いた。この中央からのまなざしをもつテクノクラートは、内における統合と同時に、外に対する分断を孤立主義的に画策する政治家であった。「白人はしばしばこれらの異人種のためにも、親切にその過去を考えてやったようだが、それでもなお彼らが白人であるがために、気付かぬこともあれば諒解し得ないこともあった」〔全集14：一四六〕と研究主体の理解力に対してまで、民族と人種の区分線を持ちこもうとする、その分断は、ナショナリズムの本質を構成する排外主義として批判されるべきではないか。これらすべてにおいて一国民俗学の政治性は明らかであろう。さらに踏みこんで柳田の思想のなかの日本を追いかけていくと、やはり宿命としての天皇制が浮かびあがる。この日本民俗学の創始者の政治的体質は、「ことに記念すべき教育勅語の渙発によって、国民道徳の第一義は遺憾なく全土に徹底したのであった」〔同：一六六〕とか「今や国家のために忠誠の臣民を養成する方策は既に確立し、また着々と実行せられている」〔同：一六八〕などという反動的なことを臆面もなく書き、「一国の統一、貴とき唯一つの中心に仰ぎつかえまつるという意識の目ざめ」〔同：一六七〕に言及するようなものなので、じつにけしからん、と。

（8）この語は、『民俗台湾』第三巻第一二号（一九四三年一二月発行）の座談会「柳田国男氏を囲みて」の副題見出しにあらわれる。柳田自身の発言では台湾は色々な民族が別々にいるので「大東亜圏民俗学とでもいうようなものを目標として進むには非常にいい稽古台である」〔：四〕で、

「大東亜」はあくまで「圏」であって、それが一つの実体をもつといっているわけではない。川村湊［一九九六］は、この一語に注目するところから、比較民俗学の抑圧者という批判をくりひろげた。しかし「大東亜」の語そのものに戦後貼りつけられたスティグマのまま、「一国民俗学」批判の言いかえにしか使っていない点は単線的である。

　同時期のさまざまな文章のなかになお何度か使われた「大東亜」という語の文脈の検討は不可欠であろうし、たとえば『火の昔』の「三版」（一九四八年二月発行）から「改訂四版」（一九五〇年九月発行）へのあいだで「大東亜圏内の」ということばをはじめ丹念に言いかえたことの意味も、隠蔽という威勢のいい結論を用意する前に検討してみなければならない。

　川村が「虚実」の解剖の最後に展望している「大東亜民俗学の解体」とは、すなわち「東アジアの中の並行的で、決して優劣関係でも、支配・被支配関係でもない、関心と興味の赴くままに展開、進展する〝学的〟創造の分野」［川村　一九九六：二三七］の創成であるという。その認識はまことに正しい。川村の「文化の伝播や影響関係を考える時に、それを上下の優劣関係に即応させてとらえようとすることは誤りであり、また、ある国、ある民族の事象を引き合いに出し、それを全体的な文化の構造体の中から〝切り取って〟例証とすることには慎重でなければならない」［同上：二三二］という出発点にも、私にはまったく異論がない。ただ、川村のこの真摯な学問への期待と、柳田が現実にみすえていた郷土研究という学問への厳しい希望とが、私には川村の批判が暗に示そうとしているほど異質でかけ離れたものだと思えない。もしそれが根本的に違うとしたら、どのように異なるのか、その分岐点はどこにあるのかを論じないまま、批判にとどまるのはあまりに一方的ではないかと思うだけである。

言説批判のまがいもの

あらためて言うまでもなく、これは引用のまがいものである。

先に述べた批判の型式を軌範に、引用者としての私が作りあげた、強引な一点突破の寄せ集めであり、そのかぎりにおいて無理矢理に作った無惨なカリカチュアである。引用には、論旨の文脈に対していささか誠実でない、作為的な切りとりが混じっている。そのことをここに明記しておくが、カギ括弧でくくり出典を添えたテクストは、もちろんすべて柳田自身が書きのこしたもののからの写しである。だから見方によっては「言説批判」であると強弁することもできる。読者のなかには思想の本質の鋭い抉りだしだと論ずる短絡や、明快な説得力を感じる誤読がありうるかもしれない。しかし、それは間違いである。

私としては言説批判の語を、揚げ足とりのレベルにまですすめて使おうとは思わない。だからまず問題とすべきは、それ以前の断片的な引用の資料操作である。どこが不誠実な歪曲なのかについては、私のあらためての解説より、引用箇所表示から原文をたどって、論じようとした文脈との微妙なズレをむしろ自分で確かめてもらいたい。(9)

ここで強調したい論点は、こうした解釈の正邪をただすことではないからである。お望みならばこんな柳田国男と民俗学の「本質」を構築することは簡単で、似たような引用箇所をいくらでも増補していくことができるということにある。いくらでも、簡単に、である。読み手が解釈を生みだし物語を生みだす、だから読み手の自由だという決断にあからさまにいなおるならば、とりわけて論ずる必要すらなくなってしまうが、たとえそこまでの立場をとらないにしても、理論的要請の型式に即しただけの引用はじつにたやすい。

（9）とりわけ天皇制に関して引用した部分は、作為的な揚げ足取りのトリックがあって、柳田の本来のコンテクストはこの「教育勅語」でも「臣民養成」でも「貴とき中心の意識」でもカバーされていない重要な部分があり、そこにこそ郷土研究や郷土教育の必要を見ている。だから、このような引用は文脈の誤った切断であり、悪しき「ことば狩り」に堕してしまっている疑いがある。

しかしながら、枠組みに従属してのみ切り出された引用は、もともとのテクストのなかで著者がことばの新しい意味を編もうと模索していた力を見うしなった、従順な糸くずになってしまう。そして自らの論難の優勢の演出のために、他者の存在やことばの複雑さを論じやすく切り捨てる作法は、その場かぎりのディベートの定石ではあっても、誠実でない。時間の風化に耐えていける学問の知に望まれるべき批評や研究の力ではない。

もし、もともとのテクストの拡がりと向かいあわずに、この引用のまがいものだけから柳田が主張したという郷土研究を想像するならば、まさしく民俗学は国民国家の陰謀のなかの道化師であったのだという印象しかのこさないだろう。しかしながらそう論じてしまった時、その陰謀はいったいだれのものなのか。そしてわれわれはいかにその陰謀からのがれ、今日においてもなお

郵便はがき

料金受取人払郵便

神田局
承認
1968

差出有効期間
平成29年2月
19日まで

101-8791

504

東京都千代田区
猿楽町一―三―十一
大津ビル一階

（受取人）

せりか書房 行

ご購入ありがとうございます。小社への要望事項、ならにこの本のご感想をご記入下さい。今後の出版に活かしいきたいと存じます。ご記入のうえご投函くださいますうお願いいたします。（切手は不要です。）
小社の刊行書籍はホームページ上でご覧下さい。

http://www.serica.co.jp　せりか書房出版

愛読者カード

◆今回お買い求め頂いた本のタイトル

ご感想

◆興味のあるテーマと著者について

◆これまでご購入いただいた書名

（書名）

氏名（フリガナ）

（　　　）歳

住所（〒　　　　　）　　　　　TEL

メールアドレス

職業または学校名

作用している巧妙さから身をひきはがすことができるか。論者がそうした課題を自覚的に論じているとは思えないものが多い。批判者としての思いを吐露し綴るだけの、陰謀の巧妙さの断罪はなお、危うい通過点でしかないのである。(10)

(10) いくえもの意味において徹底したやりなおしである新しい『柳田国男全集』(筑摩書房、一九九八年一〇月から刊行中)の編集委員の一人で、校訂を担当している石井正己は、この種の「イデオロギー論争」の不毛さがテクストの発生学的な研究の停滞に根拠をもつものだととらえ、「九〇年代に入り、柳田を批判すれば、ものが言える、という状況を迎えている。しかし、批判する者も擁護する者も、どれだけ柳田の全体像を捉えているのかと言えば、いささか心もとない」[石井正己 一九九七:六七]と書いた。

不幸なる符合

なるほど『ライティング・カルチャー』以降、人類学は「記述」批判のラディカルな問題提起と向かいあわざるをえなくなった。その問題提起と、柳田国男を「植民地主義」者として告発する論考とが、一九九〇年代に重なりあって文化研究にたずさわる人びとのあいだで受け止められた。

その事実は、結果としてみるといささか不幸な符合だったかもしれない。

いわゆる「言語論的転回」あるいは「カルチュラル・ターン」以降の人類学の困難は、まさしく主体と対象との間の、自己と他者との間の、観察と抵抗との間の権力問題として、根源的なものであった。同様に、国民国家の内側に成立した近代を、植民地主義との関係において批判的に検討する作業は、圧倒的なグローバリズムの時代においてこそ、なされなければならない問題提起(11)であった。「帝国主義の娘」という位置づけがどれほど古典的に響こうとも、学問と権力、調査研究と帝国主義・植民地主義との関係を問うことそれ自体は、いまなお大切である。それぞれの論者たちが次々と持ちこんでくる概念設定の混乱や論理構成の困難にもかかわらず、また問題解決への展望の難しさにもかかわらず、知の構築をめぐる権力への問いとして基本的に正しいし、有効でありつづける。

(11) 柳田国男の「植民地主義」をめぐるイデオロギー暴露が、たとえどれほど論証への展望に欠けた思いこみの羅列だったとしても、この国家批判の問題設定とかかわるかぎりで論理的には一定の批判力をつねに保ちつづける。いささか意地悪くいえば、論証への方法も展望もしめさず、その必要をアジテーションのなかに隠蔽しつづけるがゆえに、効力がありそうにみえるというほうがより正確である。もしも村井紀『南島イデオロギーの発生』が、自ら「無意識なる偽善」[村井紀 一九七四]という論考で先駆的に論じたほどに「形容辞過剰」に注意深くあったならば、これほどに極端な誤読の暴走に身をゆだねなかったと思う。あらためて複雑な改版を重ねたこの一冊を読むと、植民地主義批判の奇妙に過激だがどこか頼りない印象に隠れて読みとりにくいものの、複数の挫折と転向の経験の自覚をかかえこむ著者が柳田国男という知識人にいだいた複雑な感情に根ざす、一種の「私小説」であったことがわかる。

符合の不幸は、いったいどこにあったのか。

端的にいって、「南島イデオロギー」は精神分析の補償のメカニズムに植民地状況を外挿した大がかりな仮説にすぎず、「大東亜民俗学」はスティグマ化されたことばが冠されていたがゆえのスキャンダラスなレッテル以上の内実はもたず、「一国民俗学」は後にのべるように便宜的なものでしかない形容を過剰に読みこんだ問題提起にすぎなかった。自らの文化認識や記述の方法それ自身を、反省的考察の俎上にあげざるを得なくなったポストコロニアリズム時代の人類学批判とのあいだには、課題設定の深さにギャップがあった。

その深度の違いが、近代の国家批判や主体批判のレトリックのいくつかの重なりゆえに、見過ごされてしまった。そこに不幸があった。それゆえ、一見過激な暴露のようにみえた柳田民俗学批判の流行の型式もまた、せいぜいが柳田国男の官僚としての経歴に帰責できるかぎりでの「植民地主義」のイデオロギー批判でしか生みだせなかったのである。

本当に論じられるべきは、その時代の学問が直面した課題であり、現実の不均等発展や中央集権や歴史意識の自閉や資料の欠落といった具体的な困難であった。イデオロギーではなく、知をささえるテクノロジーこそが論じられなければならない。「南島イデオロギー」から「一国民俗学批判」にいたる「民俗学の政治性」論は、民俗の発見を知識の生産の様式にかかわる、認識論的な課題として共有する構えのものではなかったのである。

「一国民俗学」ということば

一九一〇年代から一九三〇年代にかけて郷土研究の必要を主張しつづけたこの思想家は、民俗学の困難について、その新しさゆえに少なくとも現代の批判者が想像する以上に自覚的にならざるをえなかったのではないかと思う。たとえそれが「民俗学の挫折」［佐藤健二、二〇〇一：七七—七九］ともいえる未完成に終わったとしても、である。「一国民俗学」の「死産」とでも要約できそうなイデオロギー的裁断にゆだねるのは、いかにも事後の立場からの合理化がすぎる。

「一国民俗学」という表現の位置を、柳田のテクスト空間のなかでもうすこし正確に測っておこう。

資料 4-1

使用論文題名	刊年	月
「食物と心臓」	1932	1
『民間伝承論』第一章題名	1934	9
「狐飛脚の話」	1939	11
『食物と心臓』序	1940	4
「涕泣史談」	1941	8
「行器考」	(1943	3)
『国史と民俗学』自序	1944	3
「小豆を食べる日」	1949	9
「日本を知るために」	1949	11
「宝貝のこと」	1950	10
「海神宮考」	1950	11
「鼠の浄土」	1960	10

定本索引(12)によって見渡してみると、表（資料4－1）にまとめたように、このことばのもっとも早い使用は一九三二年（昭和七）一月に信濃教育会の雑誌に載せた「食物と心臓」論文である。続いて一九三四年（昭和九）九月の『民間伝承論』で第一章の題名にとりあげられるが、その第一章本文中では一回使われるだけであった。(13) そのあとは「狐飛脚の話」や、単行本化した『食物と心臓』の「序」、『国史と民俗学』の「自序」などで言及され、『海上の道』にまとめられる「宝

貝のこと」以下の三編に続く。

（12）網羅性にはいささか問題のある道具ではあるが、柳田の広大なテクストに対して、これ以上の能力を有する公開の検索ツールは今のところない。「一国民俗誌学」という語には三つの掲載箇所の指摘があるが、このうち定本柳田国男集の第二四巻六三頁と二五巻四七八頁の指摘については、このことばが昭和六年（一九三一）と昭和一九年（一九四四）の論考に使われたといってしまうのは軽率である。この二つの箇所の指摘は、単行本所収のテクストと初出のテクストを同時にひとつの集成に気づかないまま入れてしまうという結果生じたものだからである。再録のあつかい方の原則に依存することではあるが、定本が採用している編集方針からしても、同一のものと認識しなければならないもので、別々に数えるべきものではないからである。

（13）定本では『民間伝承論』は柳田の直接執筆部分は序と「第一章」だけであるとの認識のもとに、「第二章」以下を収録していない。それゆえ索引もまた、第二章以下で使われる「一国民俗学」の語を拾っていない。

「行器考」という年代不詳の草稿での使用が定本索引にリストアップされているが、年譜等とのつきあわせからおそらく一九四三年三月の国民学術協会での講演用と考えられる。それをくわえてながめてみると、十数回に満たない使用のほとんどが一九四〇年代以降で、かえって戦後のほうが多い。はたして後期に使用がかたよるこの用語の表象力によりかかって、いわゆる民俗学の著作だけでも(14)『後狩詞記』（一九〇九年三月）から『海上の道』（一九六一年七月）までを貫く方法意識を、ひとくくりにとらえてしまってよいのかどうかは疑問である。

（14）「民俗学の著作だけでも」という理由は、民俗学以前とされる「農政学」も、その基本骨格において民俗学と変わらないのではないかととらえるからである。この点については、さらに後段において細かく論じたいと思う。

「ミンゾクガク」の混乱

第一に、対象としてかたよっている。すでに本章の冒頭で指摘しているように、柳田国男の新しい学問の呼称をひとつの歴史としてみれば「ルーラル・エコノミー」など本章の冒頭に列挙したように多様で、「郷土研究」「郷土誌論」「郷土生活の研究法」「民間伝承論」などの方が使用の場面も長くにわたり意味の裾野も広い。それらとの関連づけをまったく断ち切って、「一国民俗学」という一語だけに問題を担わせるのは、かたよった単純化である。

第二に、この語が生まれた文脈を確認する必要がある。一九三〇年代の「一国民俗学」は、耳で聞いたら区別できない二つの「ミンゾクガク」（民俗学・民族学）の密接な交流を論ずるための便宜に過ぎなかった。しかも民族学を「万国民俗学」と位置づけ、目標を「世界民俗学」にすえた配置での「一国民俗学」のことであった。だとすれば、その三つが分担し、三つに共通する「民俗学」の射程を構築すべき文脈として踏まえないのはフェアでない。

一九三〇年代半ばは、『民間伝承論』と『郷土生活の研究法』があいついで出され、民俗学の方法論の確立の時期であるとも言われる。確立というより、組織化の時代ととらえたほうが正確だが、この二つの書物が方法論の宣言であったことは事実である。その『郷土生活の研究法』と『民間伝承論』は、当時の「ミンゾクガク」の現状を、次のように述べている。

「独逸人が発明したこの自他内外二つの学問は、じっさい適切なる訳字の選定に難儀をする。私はかりにフォルクスクンデの方を一国民俗誌学、または日本民俗誌学、いま一つのフェルケルクンデの方を万国民俗誌学、もしくは誤解のおそれがないならば比較民俗誌学と名づけて置いて、他日もっと好い語があったら取り替えることにしようと思う。［中略］われわれは、記録文書の歴史をもたぬ天が下の諸蛮民の過去世が、すべてこの郷土研究の方法をもって探尋せられ、自他平等に一つの民俗学の対象となるべき日の、究竟は到来することを信じかつ望むものであるが、現在の事実は遺憾ながらそれからはまだ遠いのである。」［『郷土生活の研究法』全集8：二三三］

「われわれの民間伝承論が、この広義の人類学の中に、どれだけの分野を現在は持っているか、かつまたどれまでの役目を果すのが相当であるかということは、不幸にして今はまだ二つの別々の問題である。私たちは実着の歩みを踏みしめて行くがために、とくにまず一国民俗学の確立を期し、これによって将来の世界民俗学の素地を用意し、ここに働く人々の修練に資するを順序としているのであるが、その序幕においてすらも、すでにいろいろの妨碍に出あっている。これを総世界の人間研究に押し拡め得ないような方法が、民俗学の名を占有して

いる。」［『民間伝承論』全集8：二五］

冷静にテクストをたどるかぎり「一国」は、素材のありかの生態学的な限定である。同化や国民統合への評価を直接には含意していない。むしろ人間研究として不充分な方法が「民俗学」を僭称していることを批判するとともに、「一つの民俗学」「世界民俗学」への止揚も展望されているのだから、「一国民俗学」はその先を持たない行き止まりではない。

入り口の区別

「一国」の形容に期待された効用は、かなり単純で限定的である。

すなわち、耳で聞いたら区別がつかない二つの「ミンゾクガク」すなわち民俗学と民族学との特徴の、声でもわかる区別のために過ぎなかった。(15) すなわち、ドイツ語のフォルクスクンデとフェルケルクンデの、単数と複数の違いを表現する訳語として工夫され、そこに重なり合う英語のフォークロアとエスノロジーの差異を併せて、一方を「一国」「日本」、他方を「万国」「比較」と訳し分けた。そのかぎりでの語の採用、意味の選択にすぎず、思いのほか含意の広がりにとぼしいのである。

（15）『国史と民俗学』［一九四四］の単行本化に際してつけられた「自序」は、十数年前に「郷土研究の将来」を書いたときには、民俗学と民族学という二つの学問の接続はもっと容易なことのように楽観していたと回顧しつつ、目の前の「完全なる分業」を問題状況の継続と見ている。一方の民族学が「官立の研究所、公認の学会」を備えて制度化したのに対して、なお民俗学は未確立の未来の効用でしかないと考えているらしいことも興味ぶかい。

もちろん、ドイツ語圏の文化研究におけるフォルクスクンデとフェルケルクンデの分類自体が、国民国家の刻印を深く受けたものである。その事実を軽視するつもりはない。しかしなお、文章は冷静に読まれるべきである。この引用において強調されているように「郷土研究の方法」が、そのミンゾクガクの片方どちらかの名称に従属するものでないことは、「世界民俗学」に託された将来や「自他平等に一つの民俗学の対象となるべき日」[16]という位置づけからして明らかである。[17]少なくとも「比較」と「一国」だけでなく「世界」の位相をくわえた、三つの言葉の緊張関係のなかで論ずるのが正確である。

『民間伝承論』が描く研究戦略は、「一国民俗学の確立」に行き止まるものでない。テクストにしくまれた誘導の本筋は「民俗学」の名を占有する「総世界の人間研究に押し拡め得ないような方法」への批判にある。つまり「不幸にして」と言及する事態は、「一国民俗学」の未確立ではない。われわれの学問が果たすべき役割と、目指す「広義の人類学」「世界民俗学」のありようとが、かかわらせつきあわせて論じられたことがない「二つの別々の問題」でしかないことにある。[18]

(16) 定本所収のテクストでは、この「一つの民俗学」は「一つの世界民俗学」[定本25：二九六]となっている。その処置の根拠をまだテクストのありように戻って確かめていないが、あるいは成城大学民俗学研究所所蔵のものや大藤時彦が参照した底本などに、柳田自身の訂正書き入れがあったのであろうか。

(17) この問題は、戦後になってもういちどフォークロアとエスノロジーとの関係として、石田英一郎との対話で取り上げられることになる。しかしながら、石田自身は「一国民俗学」の章を有する『民間伝承論』に「人類学者としての先生の高遠な理想」を読んでおり、「不幸にして、柳田先生のこの人類学的な見通しは、いわゆる日本民俗学の世界では実を結ばなかった。逆に、日本という境界をこえて問題を考えることは、先生の本旨に背くものだというような、奇妙な考え方が日本のフォークロリストを支配した」[石田英一郎 一九六四：二五二]と述べている。同様の考えは、石田幹之助も「何となく先生はフォークロア(民俗学)を修める者が民族学(エスノロジー)にも指を染め、それに走るのを嫌はれたやうに伝へられているがこれは断じて間違ひ」[石田幹之助 一九六四：二七六]だと証言する。

(18) であればこそ、方法というレベルで持ち出された批判は、第一に国内外を問わずに一貫して遵守されるものとなっているか、第二に現在の直覚的事実以外の資料を借りてこないこと、第三に観察・実験の数多い収集と精確な分類と綿密な比較にもとづく法則の発見、第四に主観によって対象の重みづけを変えない価値の平等視など[全集8：二五―六]、近代科学の愚直なまでの基本的な身ぶりに説きおよぶ。この根本に対して、ポストモダン的視点を僭称する高みから古き近代の科学主義と名付けただけで超えたかのごとく打ちすててゆく論説があるとしたら、その批判は「方法論」というものがもつべき効力の位相をとりちがえている。

「一国民俗学」の拡大解釈

たしかに、読み間違いやすい部分がないわけではない。最初に「一国民俗学」の語が使われたと思われる「食物と心臓」の例は、微妙なレトリックがからみついているからである。柳田が自信満々かつ積極的に、「われわれの学問」にその名を冠しているかのようにも読める。

「昭和六年の回顧は、われわれの学問のうえにも永く爽快なる印象を遺そうとしている。何よりもありがたいのは、気まぐれにしてまた断片的なる今までの採集をもって満足せず、新たに系統立った観察と記録とを試みんとする計画が、全国の各地に期せずしてあらわれてきたことである。一国民俗学という名称は、いくたびか私が唱えんと欲して躊躇していたところであるが、もう今日となっては大胆僭越と評せられる懸念無しに、この名の新学問が将来日本の土に繁り栄えんことを、祈念しまた希望し得られるようである。」〔『食物と心臓』全集一〇：三六七〕

「日本の土に繁り栄えんことを」の祝詞めいた希望には、「唱えんと欲して」いながらの「躊躇」[19]同様、あまり意味がない。この文脈の理解にとって重要なのは、「新たに系統立った観察と記録とを試みんとする計画が、全国の各地に期せずしてあらわれてきた」という事実の指摘であり、昭和六年のその動きに対する「爽快なる印象」という評価である。

(19) 和歌森太郎は、「先生御自身はその学問を民俗学といいきることを長いことためらわれた」と述べ、研究者集団が「民間伝承の会」から「日本民俗学会」に名称をあらためることにも「むしろお叱りになるくらいの強さでしばらく反発された」[和歌森太郎 一九六二:七二]と書いた。この名称変更は一九四九年であるから、戦後にもこのことばへの抵抗感があったことがわかる。

この観察と記録の計画が、やがて「郷土教育」と呼ばれるようになる一九三〇年代の動きを指すことは、あとでも触れることがあろう。柳田はその郷土教育を「気まぐれにしてまた断片的なる今までの採集」をのりこえるものとして積極的に評価しつつ、しかしながら「われわれの学問」の立ち位置と同一のものだとしていない。

その対抗にこそ、見落としてはいけない、この文章の文脈がある。

ほぼ同時期に行われた「郷土研究と郷土教育」(一九三三)[『国史と民俗学』全集14]という講演ではもうすこし、文部省主導の郷土教育と、柳田が主張する郷土研究との差異が明確に論じられている。ポイントは文部省の郷土教育が、「郷土を」研究し教育するとして疑わず、郷土を対象として固定化して把握している、そのことの批判にある。それに対して、柳田が主張しているのは、「郷土で」研究することの大切さであった。すなわち郷土を媒体として、つまり郷土を通じて知ることの重要性である。(20)

（20）この一九三〇年代の郷土教育をめぐってあらわれる教育行政批判は、じつは一九一〇年代の農政批判の構造とそれほどにかけはなれたものではない。帝国農会主催の仙台での講演会の記録である「農政の新局面」（一九一四）では、一方で「一地方に住んでおる者が自分の村の研究をする」ことの基本的な重要性を押さえつつ、「系統的の農会と称する極めて便利な機関」の登場を「銘々の頭の力」「手足の力」の出資ととらえ、「農会が働かなければならぬ点は非常に多い」と位置づけている。そして、「今まで農商務省や各地方庁で執っておられた農政のごとき、品をたくさん作るという点だけなれば全国一律に訓令を出せばできる」が、そうした政策だけでは不十分である。労力の分担や資本の分配、共有地の利用等々は、それぞれの地方の現場で解決しなければならない。そうした郷土での知恵をもつ村人こそが「中央に出てきて農政の講演をしてお聴かせになる時期」が遠からず来る［全集24：二九三―四］、と述べている。

別な言い方をすれば、対象としての郷土ではなく、方法としての郷土である。

だから、まずは「一国民俗学の確立」を期すという「順序」にかかわる言説をどう位置づけて解釈すべきか。そもそもディシプリンとしての「一国民俗学」には自立しえぬ限界があると、柳田自身が主張していない局面にまで議論を拡大すること自体が逸脱である。ましてや、その呼称のイメージだけを、まるで柳田が引き受けた先物取引の失敗のように過大視し、思想の運命的な破産をことさらに宣告してみせるのは、大げさな詠嘆か、単純な拡大解釈である。批判するにせよ評価するにせよ、むしろ考えるべきは、そこにいう「郷土研究」や「民間伝承論」の方法意識が、いかなる実践によって実現するのか。そうした方法の改良の選択のほうだったのである。

その意義を再検討するにあたり、ふりかえって有効な補助線となるのが、今日の「歴史社会学」の問題意識である。

次にその補助線の有効性を検討してみよう。

二　歴史社会学の方法的基準

「歴史社会学」とはなにか。

そこで確認すべきは他の社会学から区別して、ディシプリンを専門知として特権的に特徴づけるための基準ではない。たとえば柳田国男の学問を、農村社会学や家族社会学や都市社会学としてではなく、歴史社会学に分類するのがふさわしいという理由づけの明示ではない。全体を見わたそうとするあまりに、既知のカテゴリーの対立によって手法を分類し、かえって平板で形式論理学的な自閉を呼び寄せてしまう弊害は避けたい。「歴史」に必要以上に重い意味をあたえ、他の連字符ディシプリンと何が違うかを論ずるのは窮屈な区別だ。異なる部分の摘出だけに関心を集中させれば、むしろ社会学としての可能性が背景にしりぞく。

いかなる方法的な基準を、歴史社会学の実践を基礎づけ、その可能性を広くひらく出発点としてかかげるか。

三点ほどを提起しておきたい。それは社会学における歴史性の再構築の課題でもある。(21)

(21) ここでの議論は、「社会学における歴史性の構築」を論じた『歴史社会学の作法』の第一章［佐藤健二 二〇〇一：三一—五一］とも呼応している。さらにさかのぼるならば、一九七〇年代後半に注目された「社会史」の意義を、駆けだしの研究者として受け止めようとした『読書空間の近代』の第一章とも共鳴するものであろう。

歴史遡及の現在性

方法としての歴史社会学の条件の第一のポイントは、問題設定の現在性である。そこから歴史への遡及が要請される。

すなわち、現代に対する観察から歴史への問いが生み出されている。この歴史の現在性ともいうべき位相の強い自覚こそ、歴史社会学の原点である。そこには、いわゆる「構築主義」や「現象学」に近い立場の選択がある。

「歴史の現在性」の自覚それ自体が、当時支配的であった「史学」の方法への対抗であった。たとえば、「聟入考」［一九二九］という論文がある。初出の副題には「史学対民俗学の一課題」とあって、その対決意識は際立っていた。(22) 当時の歴史学すなわち「史学」における歴史認識の方法と、民俗学と呼ばれはじめたばかりの学問の歴史認識の方法とを、いくつかの点で対置して論じている。

（22）有賀喜左衛門は「『聟入考』と柳田国男」という晩年の論文のなかで、この記念すべき「宣戦布告」の副題が、後に単行本の『婚姻の話』〔全集17所収〕に入れるさいに削られてしまったことを、たいへんに惜しんでいる〔有賀喜左衛門 一九七六：九九―一一一〕。

とりわけ重視しておきたいのは「聟入考」の問題意識の現在性である。現実の社会問題の指摘から、その歴史研究が召喚されている。現在の「法」と「社会生活」の実際とのあいだには矛盾があった。そこにおいて、それまで見られなかった「内縁」の妻や「私生児」ということばに刻みこまれるような社会問題が生まれる。

「現在自分たちは、法制と社会生活との実際とが打ち合わずして、かつては見られなかった内縁の妻、多くの戸籍上の私生児等をもって、国が処理に悩まされている事実を知る。遺族扶養料は誰が取るか、死亡救助金は何人が貰い受け、遺産はどう帰属するのが本主の意思に合うかを考えて、できるかぎり法理の推論を現実の必要と折り合わしめんとする傾向が、年とともに加わってきたことを知っている。事実は法制の力でもこれを否認するわけには行かぬが、何故にかかる事実があるかには、いつまでも疑惑がある。結局この内縁だの私生だのを始末するためには、あらかじめまず何がこういうものを作ったかを解説しなければならぬ。この問題は明白に歴史の問題である。」［「聟入考」全集17：六二七］

周知のように、民法において制度化された規範としての「家」は、習俗として人びとがじっさいに生きてきた婚姻関係や相互扶助関係とのあいだに、さまざまなズレを有していた。そのなかで政治家たちの「妾」が問題になり、「内縁」や「私生児」という法律上の差別待遇が生まれた。その存在を不道徳として、あるいは風俗の乱れとして批判することは、簡単だが安易である。なぜそうした現象が生まれたのかを解明することとは、まったく別な決めつけだからである。

歴史社会学者としての柳田もまた、現今の道徳からの非難に対する現象学的な判断停止（エポケー）を要請しつつ、これは歴史の領域においてさぐり、たどられ、ただされなければならない問題だと説く。そして両性の出会いからその結合の社会的承認にいたる、一連の婚姻の習俗・制度の実態の変動のなかで、この「逸脱」と見られがちな現象を説明しようとする。こうした事実への接近のしかたは、まさに社会学で論じられる「価値自由」の問題提起と深く呼応している。

現代からの問題発見という特質は、『明治大正史世相篇』においても同様に指摘することができる［佐藤健二二〇〇一：一一五―一一六四］。そこでは現代の目の前の現実がとりあげられ、昔からそうだと理由もなく思いこまれていることがじつは思いがけず新しい時代に起源をもつ事実や、その変動の理由は歴史的・社会的な関係性の変容を考察しなければ説明できないことなどが、数多く指摘されている。

そうした意外でおもしろいそれぞれの説明が成功しているかどうか、一つひとつの評価にはふみこまない。それぞれの対象領域にそくした細かい検証が、それぞれに必要だからである。けれども、「聟入考」の序論部分が、こうした現代を原点とする歴史認識の方法論としての性格を有していることは、歴史社会学の第一の方法的基準として強調されていい。

比較のダイナミズム

歴史社会学の条件の第二のポイントとして、比較の方法性がある。

しかもその比較は、素朴実証主義的に対象の複数性をもとめたものではない。構築主義的な認識論にうらづけられた方法的な実証としての比較を要請している点で、社会学である。

歴史研究は、いうまでもなく時系列での比較という変動理解の枠組み（あるいは時間軸を介した比較という枠組み）を設定している。空間を異にした社会間での外面にあらわれた表象の対比からではなく、事象の継続と変容のなかでの比較が追求される。

そうした比較がいわゆる「インターディシプリナリー」、すなわち脱領域的な分析とむすびつかざるをえない点も、それほど不思議ではない。デュルケームやマルセル・モース［デュルケーム＆モース　一九六九］が理解していたように、比較という方法の可能性そのものが、内なる常識の認識論的な切断を含むものだからだ。概念に内在する社会制度や文化の時代的・構造的な制約をあらわにせざるをえない比較の力こそ、歴史社会学の名にふさわしい。

比較ということばがいつのまにか、相異なる社会や人間集団の間での共時的で空間的な対比の認識に限定されてしまったのはなぜか。

人類学におけるフィールドワークが生みだした諸文化の比較は、一九世紀以来の社会進化論の呪縛からの解放をもたらした。すなわち人類の「進歩」「発展」の傾向的進化のしばしば自文化中心主義的なイデオロギー性を解体した。そこまでは健全な認識であるとして、その後の比較文化が国民国家単位の外枠をはめた文化の差異の発見となり、また「文化圏」の単位によりかかった、対比の記述であるかのように考えられるようになったのは、明らかな後退である。歴史軸をさかのぼる考察から比較という方法それ自体を引きあげてしまいかねないところまで、硬直化した用法を生み出したのは副作用というべきだろう。われわれの歴史社会学の方法的基準としてかかげられるべき比較は、空間的・共時的な対照にだけかぎるかたよった用法の限界を打ちやぶり、時間的・継時的な対照の実践をふくむ領域へと設定しなおす。

われわれが使う概念やカテゴリーそれ自体に歴史性が内在している。それを把握しようとすれば、説明はことばのネットワークとしてわれわれの思考をささえる、基本的な諸概念の全体配置をあらためて検討せざるをえない。既存の基礎概念の外側に出て、その枠組みを相対化する。そうした自覚的な脱領域性を、どれだけ達成しているかという評価のまなざしもまた、今日の歴史社会学のひとつの特徴としてよいように思う。

そこにおいて「学際性」と呼ばれたような、境界横断の特質が生まれざるをえない。すなわち、経済史や政治史、宗教史、技術史、国語史といった単一の概念に囲い込まれない、相互連関的で脱領域的な歴史認識を開拓していることこそ、私が柳田国男を「民俗学」においてではなく、歴史社会学としてあらためて評価する有力な理由のひとつである。具体的な技術問題がからむ日常生活の衣食住の文化を、たとえばウェーバーの歴史社会学がどう論じたか。その探索は、ウェーバーの熱心な読者でない私には手にあまるが、経済や労働の問題から政治、さらには宗教の領域までを論じていく幅広さは、二人の思想家の双方に共通する特質として対照しうるものではないかと感じる。[23] 同様の視点は、より哲学的であると同時に雑学的でもあるジンメルのような社会学者をもってきても、論じうるかもしれない。

たんに著作が対象としている領域の広さというだけでない。

そのディシプリン横断的な特質を、早くに家永三郎が評価している。家永は、柳田の「史学」が、神道史・日本宗教史、国文学史、日本風俗史、国語史、家族制度史、思想史、建築史……等々の局面において、既存の歴史学の分野的達成を凌駕しうる質を備えたものであると論じた［家永三郎、一九五三：九一］。また南方熊楠との論争とされている『郷土研究』誌上での応答にあらわれているように、[24] 彼が「エコノミー」という概念に、単純な「経済」のカテゴリーではなく、「生活」という訳語と対応させてみることが適切ではないかととらえていたことは示唆的であろう。宗教的な領域に属するとされる「巫女」の考察までを、そのエコノミーの概念にふくめていたことこそ、じつは脱領域的な実質に迫るものである。

比較のもつ脱領域性の論点は、第三のポイントである自己再帰性とも深くつながっている。

(23) ウェーバーと柳田国男とを対比しつつ論じたのは、橋川文三［一九七七］の先駆的な柳田国男論であった。

(24) 「記者申す［南方熊楠「「郷土研究」の記者に与ふる書（完結）」に］」［全集24］の他、往復書簡に関しては、飯倉照平編『柳田国男南方熊楠往復書簡集』［一九七六］を参照。

主体の位置への問い

歴史社会学の条件の第三のポイントは、反照性であり自己再帰性である。研究主体の立場性や研究という実践の特権性に対する、時代・社会の枠組みを超えた問いかけといってもいい。その意味において、歴史社会学は「社会学の社会学」という自己再帰の実践を包含している。

先に「インターディシプリナリー」「脱領域性」と述べたが、おそらく重要なのは、越境的であるのかどうかの達成の評価ではない。

その動きを生みださざるをえない探究上の動機である。

すなわち、なぜ境界を越える記述や分析にならざるをえないのか、である。脱領域性は、ディシプリンとしての専門知の自覚抜きにはありえない。専門性そのものが歴史的・社会的に構築されてきた。ここでは学知それ自身をささえている専門の前提が問われるからである。探究そのものをささえる歴史性・社会性に対する反省的な問いこそ、私が歴史社会学の判定基準として指摘したい第三の論点である。それは、方法にかかわる問いであると同時に、対象と主体の位置関係にかかわる問いでもある。

この第三のポイントは、ある意味で第一の論点、すなわち「現在の観察からの出発」という問いの現代性と、第二に述べた「比較」という実践の脱領域性とも深く呼応している。その方法論の局面を自覚化した表現であるとも位置づけられる。その意味において、ここで挙げた三つの特質は深く重なりあっている。

歴史社会学が日常生活を焦点化せざるをえないのも、その重なりから生まれるひとつの戦略である。田中紀行［二〇〇三］は「歴史社会学」と「社会史」とのあいだに境界線を引き、たんなる記述に流れやすい日常生活史は「社会史」ではあってもマクロな説明枠組みをもつべき「歴史社会学」とはいえないと裁断したが、その区分には疑問を感じる。日常的な実践のなかにひそむ歴史に焦点をあてることの方法的な意味がすくいあげられていないからだ。

日常生活は、たんなる伝統的な慣習の模倣ではなく、歴史的社会的に構築された実践の集積である。そこに潜む問題の発見それ自体が、歴史というカテゴリーあるいは観念の構成のされかたの変革を必要とし、そうした観念を生みだし、ささえている方法の批判を必要としたからである。その意味において、歴史社会学は現象学的な実践であり、認識論的な実践である。

柳田国男の研究の基礎には、歴史認識における「文字の権力」の相対化と名づけるべき方法的な特質があった。

文字以前の歴史ではなく、文字以外の歴史が描かれねばならない。

その宣言は、まさに先にあげた「聟入考」にとどまらず、彼の歴史研究の方法的な戦略の根幹を構成するものである。しかしそれを「人類学」というディシプリンの影響として、外在的に位置づけ早々と回収してしまうのは、中途半端な理解であり、「歴史学」や「社会学」との安易な棲み分けをも固定化してしまう。文字という技術の補助線は、「研究主体の立場性や研究という実践の特権性」を問う、もっと深い共通の認識論的な課題を浮かびあがらせている。

もちろん、私自身は現在流布している「柳田民俗学」の境界を支持しているわけではない。その理解を根本から変革すべきであるとすら主張してきた。

であればこそ、「柳田国男」の学問として残されているテクストが、いかなる意味においていわゆる「民俗学」ではないのかに光をあてることは意味がある。ここでの議論は、たとえば農政学の政策志向から切断されたところに文化研究の民俗学を置き、新語よりも方言を重視し、世間話よりも昔話に光をあてる学問とする。そうした理解それ自体を対象として立ちあげ、そのパラダイム転換の必要性につながっていくだろう。ありうべき民俗学の、歴史社会学としての可能性を考えてみたいと思う。

次節では、民俗学者としての柳田国男すなわち「柳田民俗学」がいかに了解されてきたかを押さえよう。その固定的な評価を解体するために、である。

三 「柳田民俗学」の解体——予備的考察

残存文化研究への囲い込み

民俗学には、たいへん図式的な「民俗」「伝承」「常民」の理解がある。(25)対象である「民俗」を「伝承」という名の残存文化の研究に押し込め、その文化の担い手を失われつつある「常民」として措定する。古くからの習俗は、現代社会の先端や中心部ではなく、むしろ離れた周辺部において伝承される。であるからこそ、古語や旧慣が残存するような農村や飛び離れた山村、さらには離島こそが、民俗学の宝庫ともいうべきフィールドであるという通俗的な解説が生まれてくる。

第1に、民俗学をささえている、このような概念の特質とその配置が問題である。

かつてうわさ話の研究において論じた枠組み［佐藤健二、一九九五］からみると、この「伝承」観は、世代間のタテ方向の情報の流れしか考えていない点で一面的であり、コミュニケーションの双方向性を考慮に入れていない点で一方向的である。縦横に拡がるコミュニケーションを単純な「伝達」という局面でだけ切ったもので、まさに「対話」を通じて、あるいは時には「ディスコミュニケーション」という切断を通じて、その場でつくり出される創発的な特性をとらえていない。一九八〇年代を通じて、社会科学の共通の認識にまでなった「伝統の創造」の問題提起と共存できない、固定化された「伝承」「民族」「常民」概念しか生み出しえていない。

習俗と伝承を素材にした郷土生活研究に、いわば「新しい歴史学」を予感していた柳田国男の基本的な立場をあえて強調していうなら、彼は日本文化として連続する過去をそのまま発見したのではなかった。むしろ異文化として、説明しえない過去の発見こそが、この文化研究の原点であったといっていい。つまり、異文化研究である。

たとえば、大正のはじめ頃にこの文化研究者はしきりに「塚」について論じた。[26] そこにおいては、意味不明であるからこそ、安易な推論や類推を切断し、組織的な観察を積み上げ、考えなければならないという立場が強調される。まさに歴史の「異文化」性の発見であったといっていい。その起源の不思議を究めようとしないのは「学問上の麻痺」だとまで言う。[27] 文化人類学の驚きと、歴史学の驚きとが、それほど異質ではなく重ねあわせられている。そのとき、歴史社会学はもうひとつの比較社会学であった。

(25) 伝承・常民・民俗という基礎概念の問題を、自分の拠ってたつ学問の問題として鋭く提起したのは一九八〇年代から九〇年代にかけての大月隆寛の学史研究で、『民俗学という不幸』［一九九二］や『顔あげて現場へ往け』［一九九七］にまとめられている。

(26) たとえば「塚と森の話」［全集24：一二〇—四］や、「民俗学上に於ける塚の位置」［全集

25：二八六―九」など。もちろん『石神問答』［全集1所収］や「十三塚」をめぐる考察も、その一環である。

(27)「古物に熱心な人の眼から見ると、何物も埋蔵されていない事も軽蔑の種であるかも知らず、意味の不明なのは即ち無意味なもので済まされるかも知れないが、自分らはこれと反対に、それだから一層考えて見なければならぬということを感ずる。いくら昔の人でも、無意味に何十人前かの労力を費して平地に余計な高みを作るはずがない。近世にいたって次第に石塔をもって土塔に代えるにいたったのを見ても、何か内部に、この面倒をしなければならぬ圧迫を感じたことだけは疑いがない。老人がまだ記憶しているほど新しい念仏塚、供養塚の類でも同じことである。普通人の心理から推して、供養したから塚を建てるのが当然であるとは推論し得られない。

数が多いがために、普通のことと考えて、その起源を究め、その所由を知ろうとしないのは、一種の学問上の麻痺である。平野地方をあるいて見ると、今日でも累々たる塚の数であるが、しかも塚の名が、地名にのみ残って、土がことごとく平になったものの数は、さらに何倍かあるらしいのである。この数十年の間には、現存する塚がまたいちじるしく片付けられることと思う。

政治や戦争にたずさわる上流の者の眼から見れば、塚の存亡のごときは、些々たる問題かも知れない。しかしながら、とにかく我が祖先の平民が、長い間、是非しなければならぬものと考えて、その富と、その生涯の何十分の一かを割いて、我々に残したところの痕跡が、かくのごとき不注意の下に、永久に消え去ることは、それだけでも、不本意である。」［「民俗学上に於ける塚の位置」全集25：二八六―九］。

方言論の位置づけをめぐっても、いわゆる民俗学の常識と、私自身の読解とに同じような分岐点があらわれる。それは前節で述べた、歴史社会学の現在性をめぐる分岐点でもある。

たしかに、方言とは古語の残留であるという伝統的民俗学の教えは、あまりに素朴である。その反動というわけでもなかろうけれども、ある時期から、その論点において「民俗学の政治性」を強弁する、ひねった見方が登場しはじめた。すなわち方言という主題の発見は、国民国家における「地方」を対象として創造しつつ、標準語政策を通じて矯正し、国家語・国語の方へと回収する、巧妙な帝国の植民地主義的な動員すなわち国民化のプロセスだったのだという物語である。「古」を捏造するという、まさにその一点で、ナショナリズムにおける根拠のない古さの感覚の不思議と、このねじれた陰謀批判の論旨は対応している。

しかしながら、少なくとも私が読んで理解したかぎりにおいて、柳田国男にとっての「方言」は、単純なる古語残留の保留地でも、標準語統一政策の密命を帯びて放たれた工作者の草刈り場でもなかった。

あえて単純化していえば、じつは日常生活において新しい表現がどう作られているのかをとらえ、そこにおける民衆の造語能力を考察するフィールドであった。つまり言論の自由が深くかかわる、主体性の領域を問題にする議論だったのである［「新語論の発想」佐藤健二二〇〇一：八〇―一一四］。結局のところ、方言なるものを単純な残存ではなく、新語生成の一つの形態であり現状だととらえ直そうとした。そのことの意義を、ほとんどの論者が読み落としている。

そして新語は、すべてのことばがそうであるように、社会的な真空状態で才能あるコピーライターのような個人が造りだした結果ではない。むしろマスメディアが発達していない社会空間ではとりわけ、具体的な聞き手が存在し、その表現を承認するという場なしには生み出されるはずがない。だからこそ、社会関係に焦点をあてる社会学の対象である。すべての言語は、いつの時期にか考案され定着した新語であったという理解は、論理としては徹底した起源解明のパースペクティブともなりうる。その意味での「方言」への注目は、新語論の応用問題であって、日常生活言語への深い関心のあらわれであった。国民国家における戦時動員論批判の安易な図式的適用などと、議論の射程を混同してすませるわけにはいかない。

いわゆる「方言」論や「昔話」論を、古形残存の文脈で評価する必要はない。むしろ「新語」論としての方言や、「世間話」としての昔話の概念こそが、新しい民俗学におけるもっとも重要な補助線なのだと思う。この主張は、いささか意外な結論かもしれないが、さきほど論じた歴史遡及の現代性の問題と深く呼応する視角である。

保守的な文化研究

第2に、「農政学」すなわち社会政策学の挫折と、文化研究としての「民俗学」の誕生をむすびつけてとらえる図式も、柳田国男理解の文脈を矮小化してきた。この図式は、主として一九六〇年代後半以降の経済思想史的な柳田研究から提起され、意外にも広く受容された「講座派」的な解釈であった。

この図式のもとでの「柳田民俗学」は、まさしく日本の「停滞性」を象徴する、変革しがたい宿命的な「定数」への屈服や放棄・後退を暗示するものとして語られる傾向が強いのだが、はたしてそうした理解はどこまで有効であろうか。

住谷一彦は一九六〇年代後半に「河上肇と柳田国男」という論文を書いて、柳田を日本近代市民社会論の先駆として評価しつつも、その「宿命論」的な挫折を論じた。以後、同じような構図で、「農政学」時代におけるラディカルな現状批判については再発見し再評価する反面、「民俗学」という文化研究以降においてその鋭さは明確に後退したとする図式が、経済思想史や農業経済の研究者を中心に提出され、かなりの範囲で説得力あるものとして受け入れられている。[28] これは農政学から民俗学への展開を、一種の「転向」と描写するレトリックともかかわり、「農政学の挫折」として論じられることとなった。

一九三一（昭和六）年刊行としてあつかわれることが多い[29]『日本農民史』が、小作料金納化を提言した明治末期の『時代ト農政』にくらべて、いかに微温的で後退したものでしかないか、またそれ以後農民や農業政策を主題とした単行本が存在していないことが、「農政学の挫折」という転向のひとつの証明としてあげられることが多い。

(28) 具体的には、住谷一彦［一九七六］、玉城哲［一九七六］、福富正実［一九七八］、岩本由輝

［一九八二、一九八五］などである。これについても『歴史社会学の作法』の第二章「民俗学と市民社会」［：五五―七九］で論じている。
(29) 私はこの『日本農民史』という書物は、一九二五（大正一四）年、すなわちそれより六年前に刊行されたと位置づけるのが正しいと考える。その理由については、『柳田国男全集』第三巻所収の解題を参照されたい。

簡単に要約してしまえば、民俗学の誕生は政治から文化への撤退だという。たしかに単行本の著作としてみるかぎり、いっけん農政学の領域への積極的な発言は少なくなったかのようにも見える。しかしながら、この印象も、遠慮なくいうならば、いわゆる農政学関係の著作を一巻に押し込めて孤立させた『定本柳田国男集』の効果である。『定本』というテクスト空間に方向づけられてしまっている要素を割り引かなければならない。

国際連盟委任統治委員としての活動や、朝日新聞論説委員としての無署名の社説までふくめて考えれば、じつは一九二〇年代から三〇年代にかけても、農業問題をふくめて政治領域で発言していないとはとてもいえない。さらに経済思想史研究者は、国語論の政治性をほとんどまったくといっていいほど無視している。つまりむしろこのような「転向」の図式それ自体が、農業経済思想史の非常に狭い「経済」カテゴリーが、定本というテクスト空間のなかで生み出した評価なのではないか。

であればこそ、私としては「農政学の挫折」イコール「民俗学への転向」という図式が無意識に呼び寄せてしまっている視野限定の効果をまず切断しておきたい。すなわち民俗学以後の時代における郷土教育批判や国語改革の領域での文化批判は、農業経済・農業政策的な発言よりもラディカルな実践ではないとアプリオリに仮定してしまう、その前提を解体しておきたいのである。『時代ト農政』の一冊は、そこで述べられている思想の「内容」である小作料金納化や、土地所有と地代範疇にかかわる論点の詳細な検討ほどには、その書物のテクストとしての「形式」全体は考察されてこなかった。しかしながら、『時代ト農政』が、初出からの書きなおしにおいて講演体ともいうべき文体で統一されていること、岡田良一郎という農本主義的な倫理主義者との論争を内側に含み、なおかつ議論そのものを考えさせるような工夫を入れて刊行されていることには、たいへん大きな意味があると思う。議論の文化への呼びかけであったからだ。

とりわけ序文の特徴は、むしろその論争的な言論の自由への熱気を帯びた加担にある。すなわち「先輩講話時代、黙々拝聴時代」のもとで衰弱している「議論献策」「論難弁駁」の気風をふたたびまきおこしたい、と論じた。その志と、この農政学の書物それ自体が、講演という声の文体を選択したという事実は深く呼応している。そして、「意見のある者はどしどしこれを表白する維新前後のような気風を起こしたい」[全集2:二三六—七]という。そうした読者の批判力への呼びかけを見落としてはならない。議論の気風の衰退は国会という制度の開設を分岐点にしているという指摘も、上からの計画でしかない町村是批判と関連させてみると、たいへん興味ぶかい歴史社会学的な問題提起である。

しかもそれは、後年の国語論での強調とも呼応している。一九四六年一一月国語教育学会の復興第一回大会において、次のように言う。

「言葉を口から外へ出すのは勇気の問題であろうが、その勇気を鈍らせることには、国語教育が手伝いをしている。それだけならまだ辛抱もできるかもしらぬが、それがなお一歩奥に進んで、これでは心の中の考えまたは感じを結んで言葉にする能力を、抑圧するのではないかとさえ私は心配する。こんな事をしておけば、民主主義などは型ばかりで、事実は首領政治・扇動政治になるのもやむを得ない。(中略)いったいどうするつもりなのかと私はいいたい」[「是からの国語教育」全集一八:四一六]

この国語教育の政策論的な批判に、『時代ト農政』序文の問題意識の継続と発展とをみることができる。戦後の同じ時期に、かつての農政学の書物が実業之日本社版著作集で復刊されるのも、単純な偶然ではない。

そうつなげて論ずるならば、『時代ト農政』の「小農」から民俗学の主体概念である「常民」への変化は、変革主体から定数ともいうべきよどんだ不変項への焦点の移動ではなかった。むしろ新たな変革主体概念を求めての拡大であり、普遍化であったのではないか。

心性とテクノロジー

第3に批判すべき「柳田民俗学」の常識的な解釈図式に、民俗学の中心に「固有信仰」を置こうとする理解がある。それは、この学問の目標を日本文化の「固有性」「特異性」の解明に早上がりさせてしまう傾向ともむすびついている。

> 「先生の学問は、「神」を目的としてゐる。日本の神の研究は先生の学問に着手された最初の目的であり、其が又今日において最も明らかな対象として浮き上つて見えるのである」［折口信夫、一九四七：二八二―三］

この折口信夫の理解には、信仰中心主義的な読解の一つの典型があろう。

心意伝承というもっとも採集の不十分な部分に期待を先送りする民俗学は、社会史でいう心性史こそが目標であるというような理解をも肥大化させる。そこに「民族」とか「エトノス」という集合表象概念に、学問的性格規定の全体を預けてしまう依存が随伴している。しかし心性のみの取り出しは無益な抽象化であり、現実の社会関係に対する分析を衰弱させる。

柳田のいわゆる民俗学が、「民族」という概念の実体的な措定と境界画定とを、不可欠の土台として必要としたかは、あらためて検討すべき問題である。

これも通説とまっこうから対立するが、「民族」という概念への中途半端な寄りかかりこそが、かえって民間伝承論の認識論的な方法性の実現をさまたげてきたと私は考える。民俗学もしくは郷土生活研究の方法の理念にとって、不可欠だったのは「自己認識の学」としての徹底のみであったからである。「日本」を超歴史的な連続性として定数化してとらえることが、民俗学的思考の不可欠な前提であるかのように論ずるのは、少なくとも柳田国男のテクストの今日における読みかたとしては、おそろしくかたよった貧しい自己限定であるといわざるをえない。

たとえば一部の論者は『民間伝承論』のマニフェストから、その方法の民族主義を批判する。すなわち、民俗学の中核たる心意現象の「採集」においては「僅かな例外を除き、外人は最早之に参与する能わず」［全集8：一四］、同郷人の地方研究が必ず起こらなければならないゆえんである、という文章を引用し、これは外国人排除のナショナリスティックな排外主義の典型的な現れだと主張したがる。

しかしながら、すでに最初の『読書空間の近代』［佐藤健二 一九八七］でも論じているように、「採集」について語っていることを、そのまま「理解」と重ねあわせてはならない。

無自覚な重ねあわせから過度に単純化した主張、すなわち同郷人のことは同郷人がもっともよくわかる、同じ民族でなければわからない、同じ境遇でなければわからないという閉じた属性還元の前提をひきだすのは、やはり歪曲であろう。

「郡誌調査会に於て」［全集25：二九三—三〇二］という信州の郷土研究者を前にした講演では、

もっと可能性がからみあう社会認識の実践について、丹念に論じている。すなわち「外国人がよその国の自分を書くのは容易な事業ではない」けれども、なお言葉もおぼつかない短時日の寄留者ですら「記述者の態度が真面目ならば、永久に学界の宝として残り得る」という判断を前提に、次の文章が持ち出されていることを読み落としたくないと思う。

「いわんや現在の同胞として感情も心持も、たとえば鬂の陰までもわかるほどに常に郷土と接触しているお互いのことを観察して、今日の日本の平民の生活を永久に伝えようとするのであれば、熱心をもってその事業にあたる以上は必ず立派なものが出来なければならぬ道理であります。しかもそれを既に自意識のさかんになつた今の時代においておこなうのですから、もはや難事業ではなくなったといい得るのであります。」［「郡誌調査会に於て」全集25：三〇二］

さらに続けて、この郡が郡誌編纂の仕事をいちどきに多くの人が参加して仕上げようということは、それだけでも価値があると論じて、次のようにいう。

「村ならば村のことを一人だけの学者が採集することになると、まづ第一に種々な不便と弊が伴います。誰も心付かぬなかに新しい事柄を報導しようなどと思うと、いかに慎んでもどうか自分のみ先覚の心持になって、観察せられる相手が群小に見える。それではいわゆる同じレベルに立って触れるという趣意にも遠く、また見られる側から申しても面白くない。またこのような個人的の観察はよそに行くと誇張して伝えられやすい。共同事業であるとそれとは異なっていい自己省察の修練になります。」〔同上、全集25：三〇一〕

明らかに問題は「外国人」であるかどうかではない。

それよりも、観察の実践が抱えこまざるをえない不平等な関係性であり、また共同事業というコミュニケーション関係を通じた「自己省察」の力をどれだけ使いこなせるかにあることがわかる。省察・反省・反照は、ただ内面で完結する実践ではない。条件として「共同事業」の有利さが挙げられている点に、この学問の方法が公共性に向かおうとしたきざしを論ずることは可能だと思う。

柳田が構想した学問としての民俗学が、歴史社会学として評価されうるのは、言語という技術形態もふくめて、技術が媒介する文化へのまなざしを有していた点にある。その点において、この「民俗学」は神秘的で無媒介な心性の持続史ではない。

『明治大正史世相篇』における火の分裂と個人の誕生にしても、また木綿の導入による色彩の禁忌からの解放にしても、さらには歩き方や視線の感じ方の変化というたいへんユニークな主題の設定にしても、従来の歴史研究にない新しい問題提起である。感覚の歴史とテクノロジーの歴史のインターフェースをまさしく説明すべき対象として構築しているのであって、単純に情動や感覚という内面的な変化の心性史だけをとりだして論じているわけではないのである。

その意味において、この民俗学は社会的なテクノロジーの把握を重要な構造的媒介とする、歴史社会学的実践の可能性に接続している。

四 「郷土研究」の実践

いわゆる「一国民俗学」批判が提起したのは、民俗学という知の運動とナショナリズムとの密接な、しかしながらズレを含みうる関係を、日本近代の文化研究のなかでどのように考えていったらよいのか、という問題である。

「郷土研究」という一九一〇年代には新語であったということばに込められた意味やコンテクストについての検討は、この微妙なズレの内実を明らかにするために役立つ。

実践を主体にわりあてる

柳田の「郷土研究」についての論考を並べてみると、比較的熱心に問題を論じているのではないかと思われる二つの時期がある。(30)

ひとつは雑誌『郷土研究』を編集していた時代で一九一〇年代、もうひとつは郷土教育が世で注目された一九三〇年代である。しかし、この二つの時期の主張に、大きな違いがあるかといえば、ほとんど基本的な枠組みでは連続しているといってよい。ただ取り巻く状況と、説きたてなければならない相手の違いによって、力点が異なる印象を残すだけである。

柳田はなんどとなく「郷土研究」という語は、高木敏雄と協力して出発した雑誌『郷土研究』が用いはじめであり、この雑誌がひとつの気運をつくりだしたと指摘している。[31] じっさい郷土は新しい風味のことばであり、これ以前に刊行されていた書物雑誌のタイトルには少ない。このことばを冠した出版物のほとんどは、昭和初年以降の刊行である。「ふるさと」を思わせる郷土と、研究という硬質の用語をあわせた新語は、どこかしら新鮮であったかもしれないと思う。

無記名の編集者は、[32]「正直なところ、われわれは郷土研究という文字だけなりとも成るべく広く流布したい」[「大阪の郷土研究」(一九一四)全集24：四八六]と書き、あるいは「たとえ完全にわれわれの定義に合わぬ実質であったとしてもよろしい。まず名が行われたら次で内容の当否を詮議する者が起こるであらうと思う」[「郷土研究という文字」(一九一五)全集24：五二四]と、流布にむけての楽観的な展望を残している。ある意味では、それほどに郷土とよばれるところへのまなざしは、趣味や道楽のように見られていたし、賛同者にしてもその興味や関わりは雑多だったのであろう。楽観的な展望とほぼ同じ時期に、柳田自身が趣味道楽を批判し、その混在を自覚していたことは、学の育成を種蒔きに比した、次の引用に明らかである。

「雑草の成長力が、稲粱よりも更に大なることを忘れていた。われわれの眼をもって見れば、興味をもっぱらとする読者の要求はすなわち一種の雑草である。この要求は悪くすると面白い虚言を寛仮するの弊に陥らしめる。（中略）学に忠なる寄稿者諸君の勉励が、いまなお各地の郷土研究を標榜する者の全部を感化し得なかったのは、まったくわれわれが道を行うの手腕に乏しかったためである」［「郷土研究の二星霜」（一九一五）全集24：五一一］

（30）題名に「郷土」および「郷土研究」を含む論考群をさしあたりの考察の糸口にした。柳田国男の学問が郷土ということばを、どのように位置づけ描きだしたのかを、本格的に考えるためには拡大した用意が必要である。しかしそれをテクストの内側から立ち上げるのは、ほとんど普通名詞に近いだけに相当な力仕事である。正直にいって、漏れが多いと不満が寄せられている定本索引にしても、それが指摘している関連語（たとえば郷土玩具、郷土教育、郷土研究、郷土芸術、郷土史、郷土誌、郷土人、郷土調査、郷土地理、郷土舞踊、郷土文芸等々）は充分すぎるほどに多量で、ひとつひとつ網羅的にたどるだけでも荷が重い。ここでの考察は本格的な内容分析にまでは届かない、予備的な描き出しである。

（31）たとえば編集者による無記名の「郷土研究の気運」（一九一三年六月）［全集24：二七六］、「東北と郷土研究」（一九三〇年六月）［全集28：三〇二］、「郷土研究の将来」（一九三一年九月）［全集14：一二八―三〇］など。

(32) 必ずしも柳田国男が書いたとは断定しえないもの、すなわち『郷土研究』の編集者が書いた無記名の文章が新しい『柳田国男全集』に収録されていることを、「全集」の読者は不思議に思うかもしれない。その収録の論理については、あらためて念入りに「全集」とはそもそもいかなる機能を果たすべき資料集成なのかという前提から論じる必要があろうが、最低限の方針説明については『柳田国男全集』第24巻の「郷土研究」解題［：六六二―八］を参照してほしい。

一九三〇年代になると、少なくとも表面的な状況は相当に変化している。

郷土研究は、郷土教育の流行のなかで光をあてられ、直接に役に立つ領域であるかのような理解に迎えられたからである。先に述べた「食物と心臓」が、信濃教育会で出している雑誌に載ったのは、そのような時期であった。一九三一年九月に一冊を出した『郷土科学講座』の「発刊の言葉」は次のように証言している。

「郷土研究・郷土教育という語はかなり久しく言われて来ていたのではありますが、今日まではほんのわずかの限られた人々の間でのみ重んじられていたにすぎません。それが最近にいたって驚くべき機運を作って各地に宣伝せられるようになり、文部当局においても本年度からは各師範学校の郷土室施設補助費を倍加してますますその奨励を計ることになったと言います。その他、各府県を通じて郷土研究会と銘うった会がいくつとなく存在し、種々の事業を計画しているようであります。[33]」

すでに十数年来の郷土研究の推進者であった柳田国男は、郷土教育の当面の流行[34]を一方ではここに見られるように追い風として歓迎していた。しかしながら、それが願ったような郷土研究でありうるかについては、先に言及した「郷土研究と郷土教育」で論じているように、慎重に留保している。そして「郷土」と「研究」との結合が備えるべき条件をあげることで、そこにかかわる主体自身の審査と論議の場所へと差しもどしつづけたのである。

(33)『民俗芸術』第四巻第五号(一九三一年九月)に掲載された広告から。なおこの「発刊の言葉」は柳田の「郷土科学に就いて」[全集28:四一四―一二〇]の解題に資料として全文が引用されている。

(34) この時代の郷土教育については教育史の分野を中心に研究が厚い一方、その画一性もまた批判されはじめた。伊藤純郎『郷土教育運動の研究』[一九九八]によると、まず文部省主導の運動としてその「郷土を教育の目標として、郷土に関する知識観念を付与し、郷土愛の覚醒や祖国愛を涵養することを主たる目的とし」たことを民衆教化支配政策として否定し、そのうえでそれを「主観的心情的」に押し進めようとする国家と師範学校系統の実践に対して「客観的科学的」を主張した郷土教育連盟を対抗する存在として評価するというのが、図式的な「定説」になっているという。伊藤は、柳田の郷土教育論を補助線として使いながら、定説=理論的枠組みをなぞるだけの中央追従型の郷土教育運動史の認識を批判し、地域の実態へと観察と分析を進めている。同様に小国喜弘『民俗学運動と学校教育』[二〇〇一]は、まさに郷土にいてその教育実践を担っていた人々の発掘を通じて、その実態を分析している。

これがことばの精確な意味において、政治の実践であることは私も深く同意する。

しかしながらくりかえしになるが、そうした郷土での教育や研究を担う主体の設定があるいは「常民」と名ざされ、ときに「国民」や「民族」という語で表象される範囲に重なりあうかのように見えたとしても、ただその符合や対応の確認だけで考察を停止してしまうのは安易であり、すぐに別あつらえの批判型に乗りかえるのは軽率である。

問題とすべきは、主体をどう名づけたかではない。「郷土」ということばの持ちだしが、いかなる実践をその主体にわりあてたのか。そうした観点から理念は審査され、テクストは解読されなければならないからである。これまでの批判も評価も、そこに踏み込んでいない。

それゆえ本節では、担う主体にわりあてられた実践のほうから、郷土研究の特質を考えたいと思う。

歴史の私有に抵抗する

まず第1に、郷土研究は、歴史の私有囲いこみに対立し抵抗する共有の実践として、それぞれの主体の資料批判力にわりあてられる。

「郷土叢書の話」[35]［全集7：三五八―八五］は、一九二〇年代に書かれた、思いのほか論争的な一篇である。歴史認識が構築され検証される場が成立していない現状への鋭い批判であると同時に、民俗学という民間学がもつべき批判力への期待として読むことができる。

論考は、『岩手毎日新聞』に寄せられた小原敏丸の古い書物の「保存」に関する意見［小原敏丸、一九二六a、b］に、まっこうから反対するという立場から書かれている。「むしろ岩手県の愛郷心が無用に鼓舞せられ、あるいは記念碑式光栄に熱中するあまりに、公平に古書の価値を鑑別すること能はず、ないしは保存の真趣旨を閉却する人の多かるべきを懸念」［全集七：三五八］するがゆえに、あえて苦言を呈するので考えてもらいたい、という。「愛郷心」や「記念碑式光栄」に惑わされることなく、書物の価値を見分け、保存という事業の意義を知らなければならない、という。

（35）この論考の題名の「郷土叢書」は、『退読書歴』（書物展望社、一九三三年七月）への収録時に入れられたもので、初出の新聞（『岩手日報』一九二六年九月二〇日〜一〇月八日掲載）の段階では「書物の話」というシンプルなものであった。改題それ自体に、一九三〇年代の郷土教育ブームに対する対抗意識を読みとってよい。

批判の対象となった小原の主張の趣旨は、ある意味で明快である。

岩手でいま進んでいるという『南部叢書』へのある旧家の資料の収録を断る、そのことの正当性をめぐる弁明である。そこで小原は、次のように議論を組み立てている。

自分が関与している旧家の書籍古文書の資料が、いかに「研究」や「訴訟」を口実にして、借りにきた連中に汚され、傷つけられたか。その経験を述べたあと、自分もまた愛書家・蔵書家の一人として主張する。現代人の書籍に対する態度ほどけしからんものはない。第一に借りて読もうというひとに十分な読解力のないためにその価値を認識できず、第二に無断で他に発表して盗用するような不心得が横行しているのだから嘆かわしい。したがって第三に、都会に学びに行けなかった中途半端ないまどきの師範学校出の連中によって郷土の郡誌村誌が書かれ編纂されているかぎり、「古書珍籍の散逸汚涜」「盗難と火災」という厄災を被らないためには、叢書への収録は断り、家に伝わった資料は門外不出にせざるをえない、と説いた。

記事の結論を、小原は次のように威勢よくむすんでいる。

「貴重なる古写本は、柳田氏に話してその賛同は得なかったが、将来自費出版の出来るまでは社会にこれを提供する事を見合せる考えである。火災その他にあったらどうすると云う議論も出て来ようが、家蔵の珍書を縦横に汚されるの惨を見んより、一層の事一挙火中のものたらしむる、また快ではあるまいか。」［小原、一九二六a］

ここには、書物を所蔵する名家と呼ばれる有力者たちの、財産お宝の感覚と、研究しようとする主体に対する権威主義的な資格審査が入りまじっている。その粗雑で横暴な論理の癒着に、「賛同」しなかった柳田は徹底的な反論をくわえた。

「人の大切な古書籍を借りて置きながら、それを不注意に汚したり破ったりすることの、悪徳なることを認めぬ者は一人もあるまい。いわんや証拠がなく、または相手の遠慮深きを利用して、忘れて横領しようというやつは人ではない。一郷一県の中堅にある者が、その地位を挟んで押し借り強奪をしたとすれば、自分たちはむしろ鼓を鳴らしてその罪を問わず、因循として憤りを忍ぶ者をさえ軽蔑したいと思うのである。しかし、その罪悪と書物を学問の用に供することとは、二つの問題である。自分は果たしてそれが何の関係があると問うてみたい。」[『退読書歴』全集7：三八一]

多くの旧家において古文書書籍の類は、たんなる記録ではなかった。それは「家宝」であって、先祖伝来という自尊心があつく塗りこめられた信仰の対象ですらあった。歴史を知るための資料という以上に、家共同の自尊心の源であるがゆえに、自由にその価値を吟味し、判定をくだし、叢書として公刊するにさいし必要な取捨選択をくわえる研究行為が、所有を誇りとして自認するものとのあいだに摩擦を引き起こすだろうことも、無視できない現実である。

「率直なるわたしの希望は、自由にかの家の文庫をさがして、学問本位の価値批判をなし、二三有益のものを利用したいのであったが、それは往々にして旧家の自尊心を傷つけるものだということを経験しているから、まず断念のほかはあるまいと感じていた。ゆえに小原氏が自費刊行を声明して、協同を拒絶せられるのも意外で無い。」[同上、全集7：三八〇]

拒絶の心理に一応の理解をしめしたあと、柳田はそこからの正当化の論理を批判する。

「ただ進んで若干未見の書が、ことごとく世用疑い無きものであるかのごとく、またこれを欠くときはすなわち『南部叢書』は完全ならざるがごとく、人を信ぜしめんとするは正しくない。叢書は最初からある限りの古書を網羅せんとは言わず、むしろまず有益有意義のものから刊行を企てているのではないか。もしよくよく世を益し学問に意義ありとの確信があるなら、そんならなぜに早い機会を捉えて、地方に流布せぬかということになるだろう。何となればそのやがてという自費出版のごときは、実は単なる保存行為に過ぎぬからである。」〔同上、全集7：三八〇〕

ここで批判されているのは、歴史を私する欲望である。資料を私有する者の権力であり、保存の語に隠された排除の論理である。自らが保有している知識すなわちデータの価値は疑わずに、一方でそれをふくまない全体は無価値であるかのごとき議論をつくりあげる。そうした価値のつくり込みこそが、所有者が行使する権力であり、私有への囲い込みである。だからこそ、郷土研究としての民俗学は、単純な「保存行為」であるべきでない。あえていうならば、知られていない知識の共有行為であり、共有をつうじての批判の交流事業でなければならない。汚す壊れる無くなるという危険への危惧のうしろに隠された、知識を公共のものにしようとしない態度を柳田はするどく批判している。

柳田はいささかの皮肉もこめて、書物の価値の鑑別の重要性を述べる。「日本のような写本国」[同：三六二]すなわち筆まめ道楽の随筆階級がせっせと写本をつくりだした社会では、かえってテクストの豊富に苦しめられる。しかし地方の写本には、その価値をめぐる簡便な一判別法がある、という。すなわち「中央の学風にかぶれて所謂伊勢貞丈、大塚嘉樹などを珍重している人は、概して土地の現象に冷淡」ゆえ「地方に在って地方の事に触れぬような写本ならば、大体において安くその価を見積もっても失敗は無い」[同：三六三]と断じている。

このテクニックの背後には、文化研究の不均等発展に抵抗しようとする状況認識がある。「日本のように文献の中央統一が、完全に行われている国もちょっと類がない」[36][「『日本志篇』に題す」全集7：三五二]という権力関係の認識が、何度となく言葉をかえて強調されることとも、そこに関連づけて読むことができよう。文化の中央集権は、目の前の現実として認めざるをえず、それを乗り越えようとする実践においても再生産されがちであるがゆえに、自覚的な切断が必要となる。

(36)『古書籍在庫目録　日本志篇』(巖松堂書店古典部、一九二八年九月)に寄せた序文で、後に『退読書歴』に収録された。もちろんここでの引用の「日本のように」の類例の限定は、世界の事情に対する柳田の無知なる速断、比較を踏まえないレトリックの効果においてたしなめられるべきだが、権力関係ととらえてよい不均等の認識それ自体の発見の価値はそのことによっていささかも低下しない。

小原の資料公開の拒絶と排除の態度には、ある意味での家自慢の先祖崇拝がひそんでいた。しかし、柳田の構想した学問は明らかに、それを容認していない。そして郷土研究は、自らに内在する郷土自慢をも反省的に乗り越えなければならないという論理は、たぶん同じ型式の先祖信仰批判として素直に接続しうる。

そこにおいて主体に割り当てられてくるのは、郷土研究の実践は、そうした自文化中心主義の自閉を批判しうる比較や一般化の論理の力を備えなければならないという論点である。

『郷土誌論』で柳田は、「最近二三十年の間」［全集3：一一五］にじつに多くつくられ、ときに公刊された郷土誌の序文を、退屈をしのんで読んで類型を設定した。第一は業者がつくった観光誘致の冊子にすぎない遊覧案内、第二は愛郷精神の涵養を目的とする郷土自慢、第三は風雅人や随筆家が暇にまかせて編集した案内記、第四に教育会などが出している地誌のような大冊である。

このうちの第二のものについて、「愛郷心などという見事な語は、いかようにもその意味が取られます。果たして郷土のどの点を、どの種の人に愛せしめるのであるか。もしまた田舎者と呼ばれるのを不愉快に思うような人々に、御国自慢の種を供するだけであったなら」［同：一一六］価値がない、という。だから比較が必要なのだという主張については、『郷土誌論』から『国史と民俗学』までじつに豊富で、引用箇所に困らない。

「郷土研究は決して独占割拠の学問ではなくて、むしろその反対の事業なのである」[「郷土史に就いての希望」(一九三〇)全集28:三四三]。

これは、それぞれの郷土はあるがままの価値をもつという、それ自体は尊重されてよい態度が、イデオロギーとして抱えこみかねない文化相対主義の批判である。今日の文化研究は、存在や生存にかかわる平等なる権利と不干渉を主張する「文化相対主義」が、その地域に内在する抑圧と差別の歴史を隠蔽するような、自文化中心主義・現在中心主義の自閉をはらみうることを鋭く批判してきた。

しばしば国民国家論の紋切り型の批判にさらされる「周圏論」や「重出立証法」も、この意味では別の効能をもつ。つまり「民俗」や「方言」を郷土自慢に内閉させてしまう個別主義的な認識の割拠を批判するテクニックであり、比較という思考のひとつのテクノロジー形式であったことも見落とせない。そうした比較の実践を、けっきょくは国民の歴史にゆきつくだけだという大雑把な一括の影に埋もれさせてしまうならば、弊害はむしろそちらのほうが大きい。(37)

(37) 雑誌『郷土研究』の編者として、寄稿者が百名をよほど越えたので、記念の名簿を作りたいと述べたあと「ただ府県別にすると長崎山梨青森秋田富山広島がまだで、さらに府県の各郡について言うと、なんらの便宜も無い地方が多いのは遺憾のいたりである。読者の御援助を望む所である」〔「諸国通信状況」（一九一五）全集24：五三〇―一〕と書いた。この遺憾を、国民国家の全域を制覇する運動ゆえのものととらえるよりも、郷土を拠点とした比較の便宜の構想ゆえのものと位置づけるほうが自然ではないか。

「けっきょく」の立場に早上がりする論理の形式化は、しばしば暴力的である。自分にはその批判は当てはまらないと思いこんだ独善の無自覚な副産物でないとすれば、事実の経緯や関係を論ずる必要を無視して遠いところまで突き進み、先回りして下した判決である。そのプロセスの混同と過度の一般化は、エゴイズムの限界を公共性にむかって開こうとするすべての行為を不能ならしめる。

この郷土自慢という自文化中心主義と文化相対主義の批判において、郷土研究が主体に要請した身ぶりが、疑問であり反省であり、別な観点からいえば主体化(38)の政治そのものであったことが位置づけられることになろう。郷土を、どこか身体レベルで設定された、無意識にまで根ざす主体性と読むならば、その意義は、文字の権力によって組織された既存の史料以外のテクストへの拡大を説いた方法的な戦略と対応する。(39)

(38) 主体化という観点から、柳田が大正の末から昭和のはじめにかけて熱心に論じた「郷土舞踊」を論ずること、とりわけその見物批判を位置づけることは、この文脈からも重要だと考えるが、充分な準備がない。接続する課題として、主題の指摘だけを残しておく。

(39) その意味で、私自身は民俗学の運動は「啓蒙のプロジェクト」であったという認識に、基本的には反対ではない。かつて『読書空間の近代』という我流の柳田解読においても、「郷土を研究の対象としていたのではなかった」すなわち「郷土を研究しようとしたのではなく、郷土であるものを研究しようとしていたのであった」（傍丸原文［全集14：一四五］）という柳田のことばを、思考の方法としてのことばの役割に重ねあわせて、「ことばを考えるのではなく、ことばで何かを考える」という方法性の局面で解釈する立場を提起した。つまり「郷土」は身体の現場であり、思考のメディアである、と。

批判力共有の場に

第2に、資料や観察における批判力の共有を、雑誌というメディアの広場への参加を通じて構築しようとした理想もまた、郷土研究が主体にわりあてた実践として、民俗学運動の可能性の理解に重要な役割を果たす。

柳田国男が「郷土研究」の方法性を最初にまとめて述べたのは一九二二（大正一一）年三月刊行の『郷土誌論』であった。この本の核をなす菅沼可児彦というペンネームで柳田国男が書いたいくつかの論文が、『郷土研究』の創刊から一年ほど経ち、柳田の単独編集に移った頃に南方熊楠から寄せられた雑誌と民俗学の批判に対し、それを意識した形で書かれていることは、往復書簡を論じた研究者たちの間でもほとんどといっていいほど論じられてこなかった。とりわけ「郷土誌編纂者の用意」［全集三：一一五―一二三］は、南方の3回に分割掲載された書簡の完結と同じ号に、巻頭論文[40]（資料4―2）として載せられている。南方の批判を踏まえたうえでの「郷土

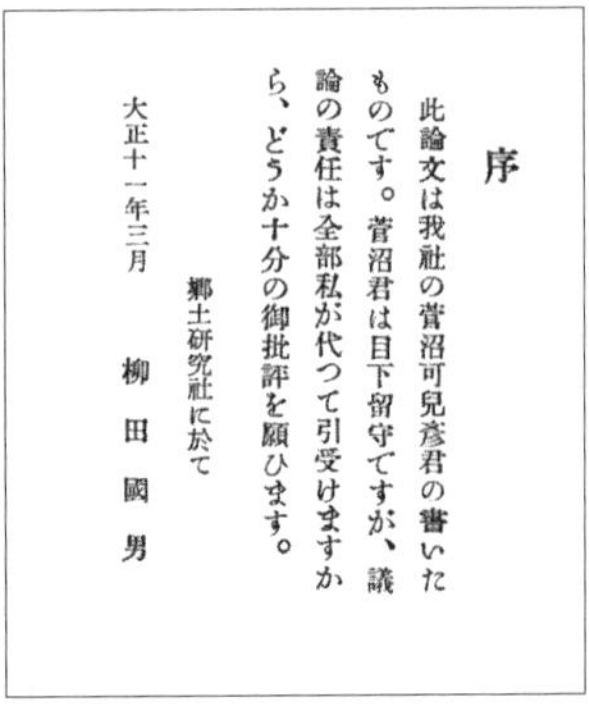

序

此論文は我社の菅沼可兒彦君の書いたものです。菅沼君は目下留守ですが、議論の責任は全部私が代つて引受けますから、どうか十分の御批評を願ひます。

郷土研究社に於て

大正十一年三月　柳田國男

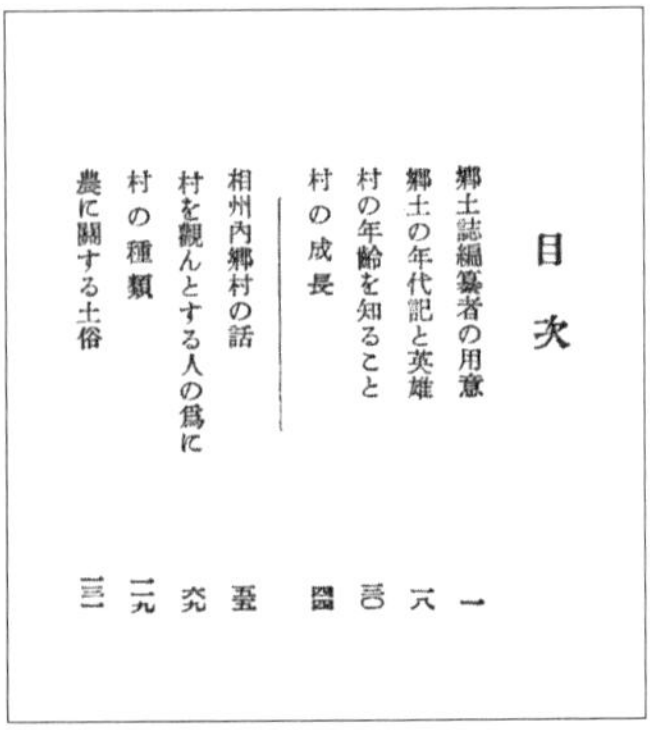

目次

資料 4-2 『郷土誌論』の「序」と「目次」

研究」論と位置づけるべきであろう。

(40) 菅沼可児彦（柳田国男）「郷土誌編纂者の用意」（『郷土研究』第二巻第七号、一九一四年九月）は、南方熊楠「「郷土研究」の記者に与ふる書」（『郷土研究』第二巻第五号〜第七号、一九一四年七月〜九月）の論考が掲載し終わる同じ号に掲載された。往復の手紙のやりとり自体は、五月に行われている。往復の全体については、飯倉照平編『柳田国男南方熊楠往復書簡集』［一九七六］がまとめている。

南方熊楠と柳田国男との往復書簡による論争は、多面的である。

これまでのところ、言及すべき話題を思いつくままに並べ順序も長さも気にかけずに書きまくる南方の自由奔放に対して、性行為や残酷の直接表現などを忌避した柳田の検閲官・編集者的体質との対立として解釈されてきた。あるいは、制度分析や数量的実態を把握せぬままで「地方経済学」を名乗るならば民俗学やら説話学を雑誌から削除すべしと迫るディシプリンの形式重視の批判の立場に対する、巫女や毛坊主の分析も立派に「ルーラル・エコノミー」「農村生活誌」の分析だと思うがいかがかと対抗する強気の弁明との差異で論じられてきた。(41)

しかし南方の批判の末尾に、無記名の編者付記として付けられた「記者申す〔南方熊楠「「郷土研究」の記者に与ふる書（完結）」に〕」を読むかぎり、柳田は少なくとも二つの論理を強調して作りだすことで、郷土研究という実践を積極的に意味づけなおそうとしていることがわかる。

（41）これ以外にも原稿料の問題や、前編集者の高木敏雄を挟んだ南方の論考のあつかいをめぐるすれ違いなど、考慮すべきさまざまがあろう。さらに南方と柳田の論争の公平なる評価には、往復書簡にあらわれた直接の対立論点を追いかけるだけでは不十分だろう。双方ともに我が強くクセのある人物であり、またいずれも単純とはいいがたい文体同士の応酬ゆえに、このディスコースの解釈それ自体にしぼった論考が書かれねばなるまい。ここで押さえるのは、いわゆる論争自体の評定ではなく、応酬をきっかけに明確化して語られるようになった郷土研究の条件の内実である。

記述の役割

第一の論理は、記述の役割の重視である。

「経済にも記述の方面があるに拘らず、今の地方経済と云ふ用語は例の改良論の方をのみ言ふやうで誤解の種」〔全集24：四六四〕である、という。地方改良運動が、上からの政策でもって理想を押しつけ、経済が実態の説明ではなく目標設定のようになってしまっていることへの批判は、その前提となる記述の不十分に向けられている。それゆえに「ただ「平民は如何に生活するか」または「如何に生活し来ったか」を記述して世論の前提を確実にする」〔全集24：四六五〕ことが郷土研究の目標だと語る。

しかしこれを記述と分析、実態と解釈の二項対立的な把握に閉じこめてはならない。「状況の記述闡明」〔全集24：四六四〕にこそ力を注ぐといえば、すべての記述は解釈でしかありえず、結局は表象の政治の権力効果にすぎないという教養の結論だけを純朴にくりかえす者には、中途半端な妥協のように映る。しかし冷静に考えれば、記述は解釈をすでに含んでいるという言明は、記述が集められ、蓄積され、整理され、比較され、共有されなければならないという基盤構築の実践の重要性を、なんら妨げるものでない。

広場としての雑誌

であればこそ第二の論理として、雑誌という知識の流通形態に対して、学問の存在意義とむすびつけた積極性があらわれる。

柳田は、南方の「地方経済学」と「民俗学」[42]との分割によるディシプリンの確立という主張に対して、むしろ交流と共有の場を擁護するところにずらして答えていく。

「雑誌の目的を単純にせよ、輪郭を明瞭にせよとの注文であります。此は雑誌であるから出来ませぬ。殊に此雑誌が荒野の開拓者であるから出来ませぬ。」［全集24：四六四］

これまた無記名の「郷土研究の休刊」［『郷土研究』第四巻第一二号、一九一七年三月］で、柳田は書物はたまり水だが、雑誌は「一筋の流れ川」［全集25：一二三〇］であるとして、次のように述べている。

「先月正しいと信じて発表した意見が、此月の批評注意乃至は新報告によって訂正追補せられつつ進む所に、急造の不完全を償うてあまりあるほどの価値がある。これがわれわれの依頼していた雑誌の妙用である。」［全集25：一二三〇］

ここでは雑誌という形態と、そこに参加して報告し、あるいは教えられ批判されて考え、共有資料として利用する読者の運動とが重ねあわされ、新しい学問の実践と深く呼応するように配置されている。すなわちは広場でなければならないということになろう。そこで開かれた実質を保持しつづけることは、単純に編集者にすべてが帰せられる責任ではなく、そこにかかわる主体それぞれに割り当てられる。「むしろ成るだけ自分等の傾向より遠いものから、材料を採るように勉強したい」［全集24：四六四］という理想は、編集者だけの心構えではない。

(42)「徳島県の郷土研究」［全集24：二九五］「南紀郷土研究」［全集24：四一六］における地方民間雑誌への注目なども、こうした観点から考えることができる。

雑誌の改良あるいは広場の改革

「記者申す」の弁明を受ける形で、創刊以来かかげられていた「謹告」［全集24：二三九―二四〇］の例示（資料4－3）が変わり、第二巻第八号（一九一四年一〇月）の「社告」［全集24：四八一―四八二］（資料4－4）では、「読者の採集報告を切望する事項」が改めて細かな形で箇条書きされ、呼びかけられる。このことは、「紙上問答」(43)（資料4－6）というコミュニケーションの思想を徹底したことを含意し、さらに踏み込めば南方など地方に住まう人々との書簡のネットワークの延長上に、雑誌という空間を位置づけたことすら意味するだろう。その意味において、民俗学は郵便システムに裏打ちされた観察と記録の運動だったのである。

運動としての雑誌発行は、観察の共有をめざし批判の共有をめざしただけでなく、臨床診断の場として、「郷土研究」という実践にとって不可欠の空間を用意する。踏み込んでいえば、その空間こそ「地方」や「地域」とは異なる「郷土」という概念の可能性が成立する場であった。もちろんいうまでもなく、雑誌はいかなる意味でも「郷土」そのものではない。郷土はそれぞれの日常に住まう読者の実践のなかにしかあらわれない。すでに『読書空間の近代』で論じたように、

◎謹告

一、郷土研究は日本民族生活の凡ての方面の現象を根本的に研究して日本の郷土に發生したる民族文化の源流と要素と發展とを文獻科學的に説明しこれによりて日本文獻學に貢獻する所あらんことを期す

一、本紙は毎號原著の外に日本郷土研究の凡ての方面に渉りて重要なる資料報告隨筆書志等を掲げ、且つ問答欄を設けて讀者相互の意見の交換を計らんことを期す

一、本紙の目的及び事業の贊助者たる愛讀者の爲に全紙面を開放し、各種の研究論文隨感隨筆、特に資料及び報告の寄稿を歡迎し同趣味者共同研究の機關たらんことを期す

◎原稿は成るべく十行二十字詰に認められたし　○地名人名その他訓み誤りやすき文字には悉く振假名を附せられたし　○各地方よりの報告は潤色の文字を避けて、有りのまゝを記述せられたし　○特に傳説童話民謠俚諺等に於ては成るべく方言を用ひて地方的彩色を保存せられたし　○難解の事項言語には説明を附せられたし

編輯締切は毎月二十日とす

原稿の送附書籍雜誌の寄贈交換その他編輯上に關する用件は凡て東京市小石川區高田老松町十七番地郷土研究編輯所宛の事

購讀及び廣告に關する件は左記郷土研究社宛の事

東京小石川區竹早町三十七　郷土研究社

資料 4-3　『郷土研究』1-1（1913 年 3 月）

社告

我々の雜誌に於て殊に讀者の採集報告を切望する事項は　○村々に於て現に行はるゝ珍しき年中行事　○農業林業商工業動植鑛物の採取等に關する特色ある慣行又は之に伴なふ儀式　○一族一郷又は部落間の交際往來に關する昔からの作法　○生死婚姻其他重大なる人事に伴なふ現在の風習　○忌み嫌ひと稱して人のせぬ事及び其理由　○まじなひと名けて祈禱以外に災害を避くる手段　○大小の神樣佛樣に對する信仰と其祭り祈禱願掛け御禮詣りの有樣　○妖怪などゝ言ひて神佛以外に人の怖るゝ物の種類名稱　○村に昔あつた事として老人などのする話　○山川淵谷森塚古木巖石城跡屋敷跡乃至は鳥獸草木其他の天然物に關する言ひ傳へ　○物の名などの珍しきもの　○昔からある土地の唄の類なり

書物に出でたるものは永く殘り見る人が見れば眞僞も明かなり。人のよく知る郷土の鎭關は却りて目前に消え失せんとす。注意深き住民旅人の力に因るに非ざれば之を世に傳ふる能はず我々は讀者諸君の先づ之に付き色々の不審を抱かれんことを望む

右等の趣味ある社會現象に付て各自の意見を述べられたる文章は之を本欄又は小篇欄に掲ぐべし

或問題に付て他の地方の讀者と智識を交換せんとせらるゝ諸君は紙上問答欄を利用せらるべし質問に對しては親切なる教示を求む

地方に於ける郷土研究の事業之に關する著書の刊行新聞雜誌の記事の有益なるものあるときは之を本誌の記者に注意せられたし

寄贈の原稿又は書籍雜誌は本社へ宛てられたし又直接柳田國男へ送らるゝも可なり

東京小石川區音羽町三丁目十一番地　郷土研究社

資料 4-4　『郷土研究』2-8（1914 年 10 月）

月刊雜誌 **郷土研究** 地方の通信を望む

郷土研究は左の題目に付き地方の諸君より多くの通信報告應答等を寄せられんことを望む。

○各地農樵漁獵等の慣行 ○村の起原開發 ○耕地屋敷用水秣場薪山等に關する制度 ○縁組相續分家等の慣習 ○盆正月彼岸土用等の行事 ○神社佛堂森塚巖石老樹に就ての口碑 ○城跡屋敷跡其他の古跡 ○老人の昔話 ○子供の唄 ○色々の古い遊戯 ○マジナヒ ○イミキラヒ ○名物 ○方言の類 其他の珍話

郷土研究は昨年三月の創刊にて過ぐる一年間には各地の趣味深き報告の外左の長篇を錄せり。

△日本童話の話 △巫女の話 △各地旅行談 △アイヌの話 △今昔物語の話 △山男の話 △地名の話 △捕魚の話 △地藏の話 △特殊部落の話 其他色々

郷土研究は三月より愈第二年に入り更に有益なる府縣の通信を募り且左の諸篇を出す。

△農業神話の研究 △毛坊主考 △海岸風景の研究 △農村家屋の話 △祭禮より見たる昔の神道 △窟及び塚の話 △諸國の地誌と其著者 其他の新しき記事

郷土研究は右の如くにして我が貴重なる日本國土と我々平民の生活との永い因縁を明かにし其祖先の遺志と遺績とを通じて六千萬人の兄弟の親交を新にせんとするもの也。

郷土研究は此目的を以て之を全國の同志者に公開す。即ち故郷を愛慕する人々の共同の備忘錄にして同時に又田舍の事物に深き趣味を有する旅行者の共有の日記帖なり。

郷土研究は一部の代價郵税共金十六錢。一年分十一冊の代價金一圓八十錢。勿論有益なる材料を供給せられたる諸君に向つては其寄稿を掲載したる雜誌は其都度之を贈呈すべし。

郷土研究發行所 東京小石川區音羽町三丁目十一番地 **郷土研究社** 振替貯金口座東京二三九一七番

原稿宛先 東京小石川區高田老松町十六番地 **郷土研究編輯所**

資料 4-5 『民俗』2-2（1914 年 4 月）掲載の広告

紙上問答

一度掲載した質問に對しては永久に應答を歡迎す
後日の爲め成るべく住所氏名を明示せられたし
問答は共に番號を以て呼ぶことにしたし

○問（一） 大唐米《だいたうまい》 太米《たいまい》 赤米 又はトボシなどと稱する一種の米《こめ》がある。漢名《かんがい》は秈とある。瘠地《やせち》にもよく育《そだ》ち、蟲害《ちうがい》も少《すくな》く成熟《せいじゆく》も早《はや》く、飯《めし》にしては不味《ふみ》なれども多產《たさん》であると謂ふ。此米の種類《しゆるゐ》耕《かう》作方法用途《さくはうはふようと》竝に其由來《ゆらい》其他の話《はなし》を御承知《ごしようち》の方《かた》は細《さい》大《だい》ともに御敎示《ごけうし》を願《ねが》いたい（柳田國男）

○問（二） アハシマ（淡島又は粟島）樣《さま》と云ふ神《かみ》がある。東西《とうざい》の府縣《ふけん》に弘《ひろ》く行《おこな》はるゝ信仰《しんかう》にして而も地方《ちはう》に由《よ》つて頗《すこぶる》相違《さうゐ》があるかと思ふ。どうか此神樣に就《つい》ての村々《むらむら》の言傳《いひつたへ》などを聞《き》かせて下され

（郷土會の一會員）

資料 4-6 『郷土研究』1-1（1913 年 3 月）紙上問答欄

郷土はあくまでそれぞれの身体レベルからの設定であったからであり、たぶん常民という用語と同じく、単純な共通文化の抽出ではなく、比較や批判の共有なしにはたちあがらない概念でもあった。民俗学と呼ばれるようになる郷土研究は、そのような意味での批判力を主体に要請していたのである。

もし、この読解が正しいとすれば、二つの課題が生みだされる。

ひとつは、なぜその構想が実現しなかったのか、批判の主体性の構築が成功しなかったのかである。その歴史研究を、断罪主義にも修正主義にも陥ることなく遂行していくためには、もうひとつの課題への取り組みが不可欠である。すなわち、現代のわれわれの方法は、このような郷土研究の基準を満たしているのだろうかという問いである。

(43)『郷土研究』の当初から力を入れた工夫であった「紙上問答」には、成らなかったけれども「一冊子となす計画」[全集24:五五八]が一九一五年(大正四)七月近辺にはあった。この雑誌のなかに設定された機能は、『民間伝承』の「小さな問題の登録」という理念にまでつながっていく。

五 「複数の柳田国男」とテクスト空間の再編成

なぜ「柳田国男」というテクストを素材にするのかも、上述の問いと無関係ではない。それは解決されないままに残された問いを、ふたたび問うためである。本論文で描き出してきた「郷土研究」も「柳田国男」も、けっきょくの目からみれば一つの解釈にすぎず、冒頭で批判したような切り縮めの型式と、なんら資格において違いがないではないかとつめよられるかもしれない。そのかぎりではその通りであって、資格の違いはない。

しかし資格審査の論法にとどまるかぎりにおいて、なにも解決せずなにもはじめることがない。その認識こそ、むしろ出発点としなければならない。

複数の柳田国男

そこに『読書空間の近代』の延長として、ふたたびテクストとしての柳田国男を素材にするという、本書の立場がある。

ここでたどったのは民俗学という学問が何を願ったのかという、いわば「本願」(44)の描きだしではあるが、しかし柳田国男は本当はこう考えていたのであるという教義の復興ではない。

ましてや異端審問のための神学であるべきではない。

もしかしたら現実の柳田国男は、植民地主義批判者が暴露する以上に底意地の悪い陰謀家だったかもしれないし、長く地方で報告を出しつづけた民俗学者たちが景仰する以上に同情慈悲の人だったかもしれない。私は声高な批判者よりもずっと丹念にテクストの広大曲折と向かいあってきたし、無邪気な賛美者よりは精確にそれを読んできたと思うが、柳田国男はじつはこう考えていたのですと代弁しようとは思わないし、たぶんだれもがそうであるように不可能である。であればこそ「複数の柳田国男」(45)という立場の積極性を生かしたいと思う。その歴史的限界の告発や弁護のためにではなく、解決を見ないままに残され忘れられた重要な問いを、ふたたび問うためにである。

(44) 有賀喜左衛門が「民俗学の本願」[一九二九]で使っている意味であって、「素志」「本来の意図」「もともとの願い」というふうに考えてよい。
(45) 刊行開始を記念した対談、佐藤健二・船曳建夫[一九九七]の副題に「複数の柳田国男がいる」と付けた。その意味は、アルチュセールのマルクス研究から引用している。

そのためにこそ、文字記録のもつ権力の批判という、私自身の歴史社会学にとって重要な方法論的主題に帰ろう。それはそのまま「柳田国男」解釈の実践においてもまた、歴史社会学的な方法性が復権されなければならないという主張にゆきつく。

柳田国男という思想家は、まことに旺盛なテクスト生産者であった。

単行本にしても一〇〇冊を優に越え、論文ベースでみると数えかたにもよるが、タイトル数は四〇〇〇を越えるだろう。柳田のテクスト生産だけでなく、それを鳥瞰する二次的なテクスト集成それ自身が、すでにひとつの歴史をもっている。なかでも一九六二年一月に刊行がはじまった『定本　柳田国男集』は、それ以後この思想家の残したものを学ぼうとするものたちにとって、いわば下部構造といっていい「土台」を構成した。

しかしながら、それゆえに生じた視点や解釈の偏りに、この集成の読者たちははたしてどれだけ自覚的であっただろうか。この定本というテクスト集成が生み出した「読書空間」の質を批判することは、柳田国男研究にひとつの変革をもたらすだろう。そのとき、ウェーバー論においてテクスト編集の問題の重要性がますます明らかになりつつあるのと同じように、柳田国男研究において、『定本』というテクスト集成がもった意義と限界の問題が浮かび上がる。

ここでは歴史社会学の実践におけるテクスト空間の重要な役割という論点を提示するかぎりにおいて、三点だけ簡単に論点を予示しておきたい。

テクストの分類配列方針としての編集方針

第1に『定本』は、日本近代の「全集」文化という出版物の大部分がそうであるように、似通った主題を取り扱っているものを一巻にまとめる形で全三六巻の全体を編成した。すなわち、主題別・ジャンル別・テーマ別の配列である。その方針にそって、『遠野物語』は『山の人生』や『妖怪談義』と組んだ一巻を構成し、『国史と民俗学』と『明治大正史世相編』が並べられ、『時代ト農政』は「農民史研究の一部」のような論文と一緒に『都市と農村』の隣に置かれた。

一面において、それは便利なカテゴリーや分野の提供であったが、その反面、読者は結果的につくりあげられた「恣意的」な分類と統一感のない時間距離の感覚とに、はめ込まれたテクストからの出発を余儀なくされている。あえていうならば『定本』固有の問題とは、書誌学的なデータ表示があまりにも不十分であることも手伝って、その出発点を自分で測ることが難しく、確かなものでないという点にある。

ここでいう「恣意的」には、単純に二重の意味がある。

ひとつは、主題別であるかぎりにおいて常にあるテクストをどの主題に属させるかの判断は、非両立的で決断的にならざるをえない。重複が原理的に許されないため、分類において恣意性を避けられない事態が生まれるという意味である。

もう一つは、仮にそれらすべてが編者や編集委員会の責任や編集方針に帰せられるとして、じつは編者の実践が準拠している基準がまことに見えにくい。責任主体としての名前も、準則としての編集方針も明示しないことで、じっさいに恣意的であるという事実すら気づかれにくくなっているという意味において、である。

結果としてみると、主題別に全体を配列するという『定本』の編集方針は、読者を分断していった。農政学と民俗学のあいだを引き離し、生活技術史と国語政策の著作の基本的な連絡を見えにくくし、逆に執筆年代の異なる書物論考を組ませて提示することで、テクスト間の関係に傾向性を有する誤読を生みだしやすくしていく。

テクストの多次元性

第2に、『定本』ではテクストが狭い意味での本文に限られ、しかも最終的な加筆版であるとの一種の正本認定が行われることによって、無視しがたいいくつかの制約が読者にもたらされることになった。

「全集」文化が暗黙のうちに前提としていたテクスト概念は、まとまった長さをもつ作品論考の本文でしかなかった。それは、挿絵や写真をテクスト外へと追いやり、索引の工夫という形式をもって構成しようとした知識のありかたを、論じられることのない視野の外へと残す効果を読書空間に生み出した。

本来「書物」という資料の形式自体が、目次や柱や図版や挿絵、さらに頭注や索引の複合において一種のマルチ・メディア性を有していたことを、出版資本主義のひとつの商品として生み出された教養主義的な「セット」としての「全集」は、深く認識していない。『定本』もまた、そのような意味におけるテクストの多様性を、残念ながら受け止めていない。その結果、柳田が挿絵をもって語ろうとしたことや、柱のテクストの工夫によって残そうとしたことなどが、口述筆記という形でしか残されなかった本文とともに『定本』から落とされる結果となった。

定本という形での正典化が行われたがゆえに、テクストそれ自身のもつ歴史性が固定化され、さかのぼって流動化し、翻って再検討する運動が抑制される傾向が生じた。

であればこそ、書き入れや改版など加筆削除の地層をたどって、多元的なテクストの変容の運動を前提とした「柳田国男」の把握をたちあげることは、あらためて取り組まれるべき歴史社会学の課題であると思う。おそらくは欧米のソーシャル・ヒストリーの運動がランケ以降の史料概念を拡大し、地方にまで拡がった民俗学の運動が古文書学の史料の壁を壊していったように、歴史社会学において資料の拡大が担う認識論的な意味は大きい。

運動としての民俗学

テクストのもつ運動の認識は、おそらく一人「柳田国男」の個性の描きなおしにとどまらないだろう。なぜなら『定本』に結集され、それによって設定されたテクスト空間の特質を見えにくくした第3の論点として、編者だけではなく読者もまた、運動としての民俗学の性格を認識できていなかったことがあるからである。すなわち、柳田国男の雑誌の編集者や投稿者として書かれた部分を軽視し、書簡なども付録的にしか扱わなかったことによって、じつは民俗学がもっていた運動としての側面が、結果としてみると隠されてしまったのである。

すでに上で述べたように『郷土研究』という雑誌の編集者として、南方熊楠の書簡に対してかかげた反論にあらわれているように、なるべく異質なものに出会える広場であろうとしたことも(46)、運動という特質を考えると重要なことである。

たとえば『郷土研究』には「紙上問答」という欄が設けられていた。それは雑誌に集うものが「問い」すなわち疑問を出し合い、各地の読者たちから答えや関連する事実を出し合う投稿欄であった。それには通し番号がついていて、昔の号に出た疑問に対しても、いつでも答えが寄せられる、そういう工夫がされている(47)。

この広場としての「雑誌」という場が生み出したネットワークと、新全集が充実させようとしている書簡編の意義とは、じつは隣り合っており、連続しているということを強調しておかなければならない。公刊され印刷複製されたテクストと手書きのテクストとは、質が異なるということを見落としてはいけないけれども、あえていうならば書簡は一部限りの直接的なものではあれ、その読み手に向けてのネットワークは、「紙上問答」がつくってきたネットワークと重なりあっていくようなダイナミズムをもっていたのである。(48)

(46)「一つは雑誌の目的を単純にせよ、輪廓を明瞭にせよとの注文であります。此は雑誌であるから出来ませぬ。殊に此雑誌が荒野の開拓者であるから出来ませぬ。適当なる引受人に一部を割譲し得る迄の間は、所謂郷土の研究は其全体を此雑誌が遣らねばなりませぬ。素より紙面の過半は読者の領分ではありますが、記者の趣味が狭ければどうしても其方へ偏重し易いことは、南方氏のような人までが尻馬になら乗ろうと仰せられるのを見ても分ります。従って寧ろ成るだけ自分等の傾向より遠いものから、材料を採るように勉強したいと思います。」[「記者申す」全集24：四六四]

(47) 柳田はいろいろな筆名を使って、結果としてみると、自分で出した問いに自分で解答やデータを寄せていたりする。しかしながら、それを今日のメディアで問題にされるような「やらせ」と非難するのは、あまりに同情がない。もちろん例示を出すことで、同じような報告を期待したということもあるだろう。しかしあえて意義を論ずるならば、知るというプロセスがもつべき問いと答えの往復運動の公開として評価すべきものではなかっただろうか。

(48) 柳田が作り使った、幾種類もの自分の写真の絵はがきも、このネットワークの実態と特質とを考えるうえで重要な資料だろう。一方において、地方の民俗学者たちに「御真影」のように大事にされていたりする事実をとらえて、天皇制との類比を引き出して揶揄するだけでは、まだまだ不十分だと思う。

テクストのもつ社会的なダイナミズムに関連して、一般に「個人全集」という資料集成が果たすべき役割とは何かという問題がはたして徹底して論じられたことがあっただろうかという疑問も、歴史社会学の実践としてつけくわえられるべきだろう。

私は個人全集の形それ自身が、対象となる個人すなわち思想家の仕事の形や質によって、まったく違ってくるものだろうと思う。これまであまり違ってこなかったという事実に対しては、掘り下げ不十分だったのではないかとすら思う。であればこそ、ウェーバー全集と柳田全集とは、当然、編集理念も形態も異なっていい。南方熊楠ならば、全集の編集方針が柳田国男のばあいとまったく異なり、おそらく書簡編がもつ意味が単行本編を上回るような形態が必要になる。その差異は、必ずしも再編集あるいは再構成する主体の違いに還元しつくしてしまうことはできず、やはりウェーバーや南方熊楠の仕事のもっていた意味の運動と、柳田のテクストのもった運動性とのちがいとしてもまた、解読されなければならない。

そうした自覚的な、それゆえに必然的に多様な、全集テクストづくりというのはまことに少ないといわざるをえない。それはなぜか。それ自体が日本の出版文化の歴史は現状とに内在する問題でもあると思う。

もうひとりの柳田国男

「複数の柳田国男」にむけてということばで提起したかったことは、柳田国男もまた、ただひとつの統合された思想ではないということにある。

テクストの中の、ある柳田は不当なまでに神格化され、別の柳田はだれも受け継がなかった。そして柳田自身が、彼の人生においてはうまく育てることができなかった柳田すら、そこにはありえた。その意味においては、もし柳田が生きていたとして、自らの意図をあらためて詳しく説明したとしても、それ自体は特権的な「正解」ではありえない。むしろ説明された時点における一つの解釈に過ぎず、それ自体が特定の時点と特定の形態とを有する一つの資料にすぎないのである。

柳田が南方熊楠を思って論じた、いわば追悼文で、南方がいかに並はずれた人物であったか、その博覧強記と集中力において、いかに優れた異常人物であったかを回想したあと、しかしその彼にしてなお、境遇に縛られた巨人だったのだと次のようにいう。

人の一生には、予想だにしなかったような偶然の故障やしがらみがあって、自分でもまた後に悔やむような不本意な選択をせざるをえないことすら、少ないとはいえない。柳田自身は南方先生の評伝が必ず書かれなければならないと信じるものであるけれども、それならば評伝は何のためにあるのか。それはじつはもう一人の南方熊楠のためにある。すなわち、どのようにしたらもう一人の「南方熊楠」をこの世界に生まれせしめ、その縛られた生涯の苦しみ、ありえたかもしれない可能性を十分には開花させえなかった、その後悔をふたたび苦く味あわずにすませられるか。それを知るためにこそ、思想家論は書かれなければならない、と。

まさしく、そのような意味において、もう一人の柳田国男を描きだすこと自身が、歴史社会学という方法のひとつの希望の実験でもありうる。いうまでもなく、この「もう一人」は単数形に限定されない、alternatives である。

第五章　方法としての民俗学／運動としての民俗学／構想力としての民俗学

一　「現在化」の実践としての民俗学史

夭折した小川徹太郎のしごとを集めて『越境と抵抗』〔新評論、二〇〇六〕という一冊を編み、執拗にしのびよる感傷を蹴とばしながら解説を書いていたとき、そうか「都市のフォークロアの会」の立ち上げからもうすこしで四半世紀のときが過ぎようとしているのかと思った。

四半世紀すなわち二五年とは、どんな長さの時間なのだろうか。

柳田国男の著作の刻みで測るならば、明治四三年（一九一〇）の初版私刊本の『遠野物語』から、昭和一〇年（一九三五）の郷土研究社版『増補版　遠野物語』までのあいだである。それはまた研究者同士の往復書簡体を選んだ『石神問答』（一九一〇）から、全国の同志を集めて初めて開かれた日本民俗学講習会の記録『日本民俗学研究』（一九三五）の刊行までと同じ長さで、その途中には村の研究方法論としての『郷土誌論』(一九二二)や重出立証法の『蝸牛考』(一九三〇)、広範囲の資料論をふくむ『郷土生活の研究法』(一九三五)までがはさまっている。この四半世紀を学の制度化ととらえるか、固有の方法論の確立による専門化ととらえるか、統合あるいは動員のプロセス、さらには転向や挫折の過程ととらえてみるかは別にして、やがて民俗学と呼ばれるようになる民間伝承研究が、「民俗学史」として語れるほどの変容を経験したことはたしかだろう。

『増補版 遠野物語』は「僅か一世紀の四分の一の間にも、進むべきものは必然に進んだ」と記す。そのなかで「そうたいしたもので無かった」最初の『遠野物語』にもりこんだ「これだけの事物すら」当時は知られず、さらに「これを問題にしようとするある一人の態度を、奇異とし好事と評していた」[全集2:六九]と柳田があらためて書いたのは、成功と評価されるようになった時期からの謙遜韜晦というだけではあるまい。日常ふつうの習わしや聞き覚えのあたりまえをあえて問い、「問題」として探ろうとする研究行為を待ちうける、いつの世でも変わらない冷たい応対を、むしろ後進に覚悟させたかったのかもしれない。この「再版覚書」では、一方で昭和初期の追い風をうけた同時代の「郷土教育」の流行を表むきは祝福している。「口碑」という事物が「学業の対象として、大切なものだということもまた認められてきた」と、その認知を喜んでもいる。その一方で、しかし次のように憂えたのは、その当時の民俗学の現在が引き受けざるをえない未成熟と孤立とを、静かに見つめていたからである。

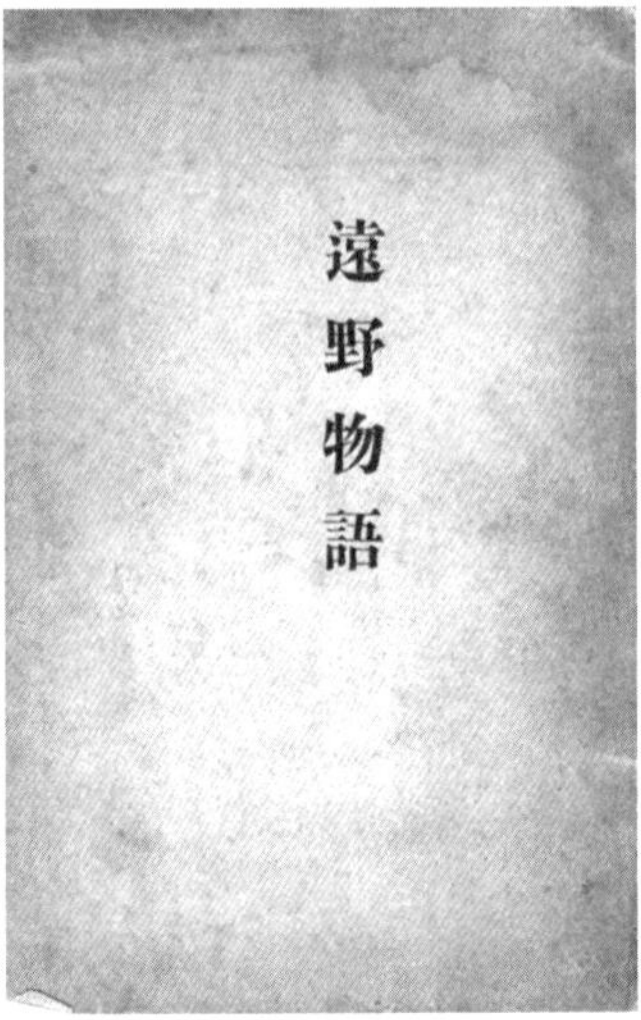

資料 5-1 『遠野物語』

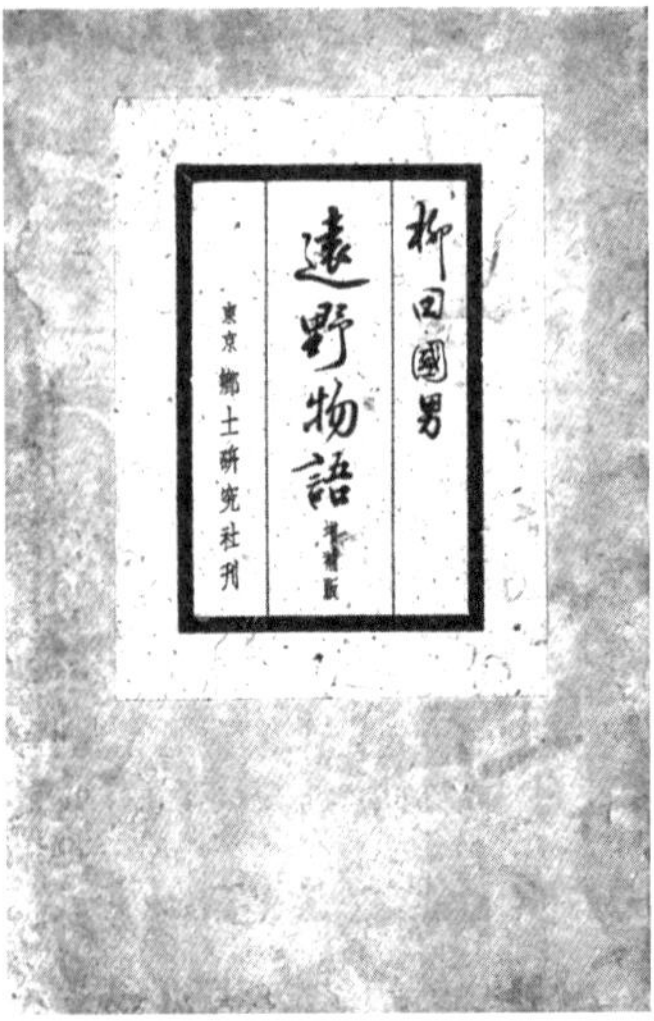

資料 5-2 『遠野物語』増補版

資料 5-3 小川徹太郎遺稿集

「都市のフォークロアの会」と名づけた集まりは、大月隆寛を中心に重信幸彦・小川徹太郎・吉見俊哉と私との小さな勉強会だった。1985 年あたりから活動を始めたように思う。2003 年 7 月に小川が急逝し、友人たちが集まって遺稿集を出版した。めぐりあわせで私が編集し、解説を書くことになった。表紙には彼の残した細かい文字のロゼッタストーンのようなメモをデザインしてもらった。

「少なくとも遠野の一渓谷ぐらいは、今少しく説明しやすくなっていてもよいはずであつたが、伊能翁は先ず世を謝し、佐々木君は異郷に客死し、当時の同志は四散して消息相通ぜず、自分もまた年頃企てて居た広遠野譚の完成を、断念しなければならなくなっている」[全集2:六九]

やがて日本民俗学の創始者と呼ばれるこの思想家は、郷土教育のスローガンの蔓延と郷土研究への期待の高まりにもかかわらず、「方法としての民俗学」がなおさまざまな困難にかこまれ、試練のただなかにあることを忘れていない。しかしながら「運動としての民俗学」の将来に希望を託すこともまた組織者の義務であり、あるいは未成の学の幻視者として引き受けざるをえない役割であった。であればこそ、民俗の学をこの後に「嗣いで起るべき少壮の学徒」が、知識の蓄積や参照ネットワークの未成熟な環境にはばまれ、機会や時代のなりゆきにしばられざるをえなかった自分たちの達成をひもとくことで、「相戒めて更に切実なる進路を見出さうとするであらう」[全集2:七〇]とむすんでいる。

わが「都市のフォークロアの会」は、さらに半世紀のちの読者であった。そのように「戒め」とともに呼びかけられていたことを不勉強にして知らないまま、自分自身が向かいあう研究や調査の困難から進路を見いだそうと、それぞれに立ち上がり模索していた。

そこに集った研究者の卵のすべてが「都市」を専攻していたわけではない。それなのに「都市の」という形容句を冠して気にもとめなかったのは、このことばが少なくとも一九八〇年代においては、民俗学の革新とその必要を象徴し、集約する役割を果たしていたからではないかと思う。たぶん都市には、「新しい」や「現代」という形容詞にない物質感や現場感があった。「対象」認識に内在してあらわれる学問の方法や想像力の課題を、具体的かつ実践的に問おうとする立場からは、その事物としての存在感は魅力的であったともいえる。まず調査やフィールドワークという観察実践の場において作用する力を問いはじめたのも、それゆえである。[1]

（1）地域民俗学の主張や伝承母体論なども無関係でない農民農村中心主義は、知識人・識字階級に焦点をあてない民衆庶民常民パラダイムともあいまって、都市生活には無関心であったがゆえに、都市ということばは新しさを担いえた。しかしながらあらたに「都市民俗」を名乗る試みも、すでに昭和初期に小島勝治が唱えていた「都市民俗学」や職業生活や統計の研究には、あまり注目していなかった。

一九八七年の第三九回日本民俗学会年会へのいわば「殴り込み報告」の、どこか楽しかった高揚とやりどころがない空振りぶりは、その会場にでもいあわせただれかがいつか、雑多な記憶の湖底からさらいだして語ってくれるのを待とう。この小さくて気まぐれな研究会の運動は、やがて佐倉の国立歴史民俗博物館を場とした共同研究「民俗誌の記述についての基礎的研究」へと活動の中心をうつし、民俗学がいかなる認識を生産してきたのかを、自分たちの頭で、そして可能

『らく』(5-4) は、1987 年の日本民俗学会年会でのテーマ部会「民俗学にとって「事実」とは——対象認識の問題」の覚書として作成した配布資料で、ワープロ稿を大学施設の簡易印刷機でプリントしホチキス止めして配った。口承研究をめぐる 2 冊 (5-5) は 1991 年と 2001 年の日本口承文芸学会でのシンポジウム用に作成した。いずれも予稿集として出すことで、声の一過性と異なる文字による反省を組織したかったからである。

資料 5-4 『らく』第 1 号 (1987 年 10 月)

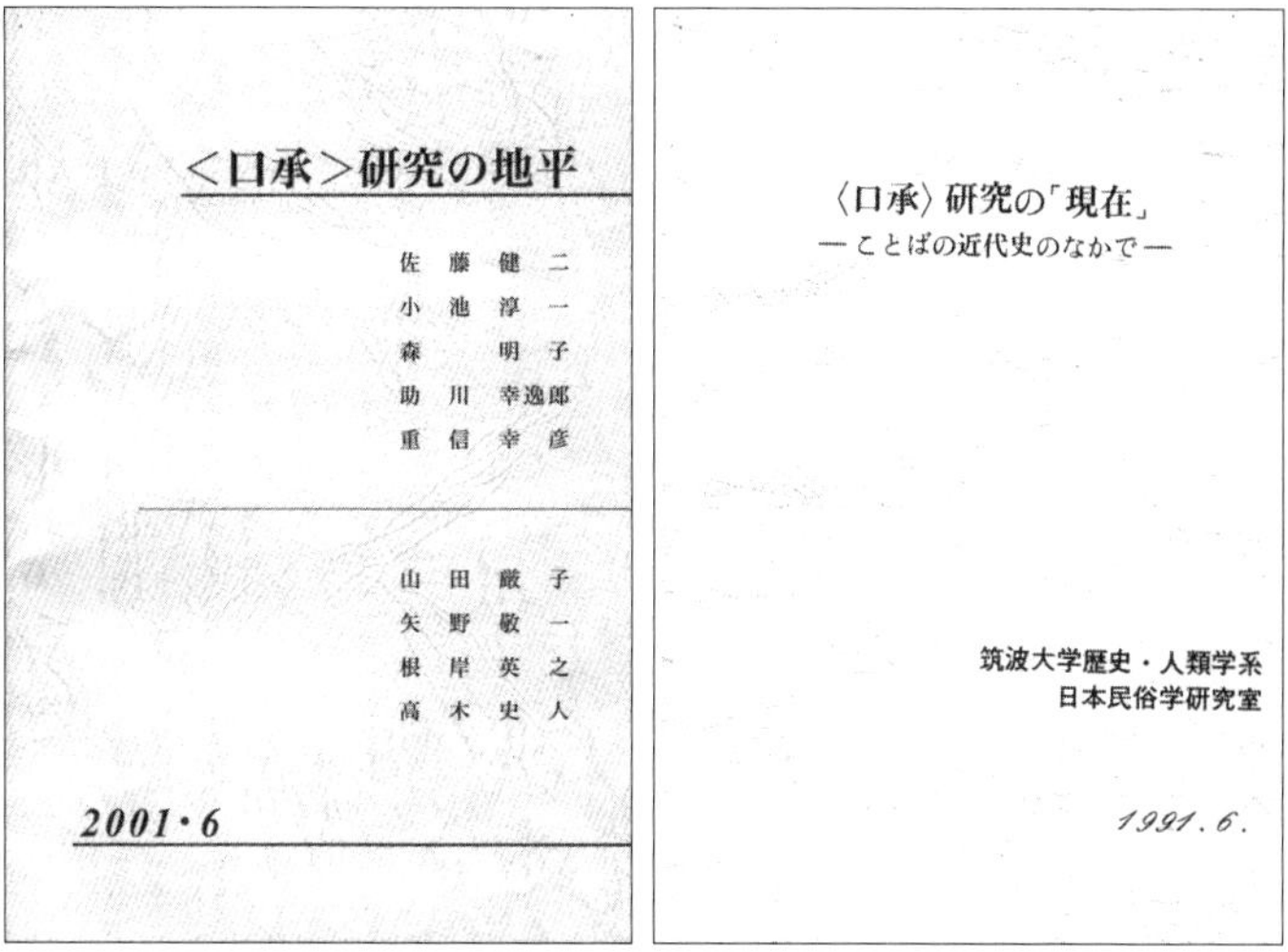

資料 5-5 日本口承文芸学会シンポジウム用配布資料

なかぎり自分たちの目と耳で確かめる作業へとつながっていった。長野や福島などの各地を訪ねて、すでに故老といってよい郷土の研究者に、それぞれの民俗学が歩んできた道について教えてもらったことを、なつかしく楽しく思いだす。『〈口承〉研究の「現在」』(2)と『〈口承〉研究の地平』(3)という二冊のシンポジウム予稿集を生みだした動きも、また私自身はかたわらからの関与にとどまったが『正しい民俗芸能研究〈第0号〉』(4)に代表される芸能研究の新しい機運も、民俗学的想像力の復権という一連の活動に叙するべき共同作業であった。

(2) 筑波大学歴史・人類学系日本民俗学研究室、一九九一年六月発行
(3) 「口承」研究の会、二〇〇一年六月発行
(4) 民俗芸能研究の会／第一民俗芸能学会、一九九一年一二月発行

「都市」と「口承文芸」と「民俗芸能」とでは、想定されるべき学の目的も課題も異なるのではないかと、場の意味を区別する向きもあろうが、私のなかでは一九八〇年代半ばから民俗学の可能性を考えてきた、ひとつの「未完のプロジェクト」としてつながっている。そしてわれわれは二〇〇五年に、歴史民俗博物館の共同研究として「日本における民俗研究の形成と発展に関する基礎研究」をかかげ、ふたたび共有すべき学史の可能性を検討し、「郷土」や「民俗」や「伝承」や「談話会」の名のもとに蓄積してきた、経験と方法に光をあてようとした。

小川徹太郎の軌跡をたぐりながら、かすかな意外とともに再確認したのは、進行途上の現在にあると思っていたわれわれの試みすら、もうすでに歴史の領域に追いやられかねない時間をはらんでいることである。すなわち、私たちが民俗学に学び、期待し、それゆえに考えてゆきたいと願った初発の問題提起そのものが、すでにそこからの達成や未成の功罪を語られてしまうかもしれない、距離の向こうにある。

もちろん学史を描くという作業は、その「史」の文字の厳めしい印象に反し、ある意味で「過去化」への抵抗である。

顕彰し祭りあげるために、あるいは喪失や忘却を嘆くために、有名無名の研究者の事績が文字に起こされ確かめられるわけではないだろう。学史とは、先行者の実践を故事来歴として切りすて、記録の塚に封じこめ、記憶の奥底に埋葬するための墓碑銘ではない。むしろ、たとえば失敗という結果においてかくされ、ときに不運という偶然にその実現がさまたげられ、無念にも許された時間の不十分さゆえに未完にとどまった、方法と運動の冒険を想像力においてたどりよみがえらせる、いわば「現在化」の実践である。

そこにこそ、民俗学史の本願がある。

二　民俗学史としての『現代日本民俗学』

そのように「民俗学史」の実践の現在性をとらえる立場から、これまであまり論じられていない現在と歴史との交流を指摘しておきたい。それは一九七〇年代にあらわれた『現代日本民俗学』(Ⅰ・Ⅱ、三一書房、一九七四・一九七五)の試みが、じつはその本質において、ある世代からの日本の民俗学史研究の実践でもあったという事実である。

野口武徳・宮田登・福田アジオという三人の編者の、連名で書かれた「序」を読むと、一九七〇年代の「民俗学」に対する深い危機感が、この「民俗学の課題や方法」を再審査しようとする試みの動機としてあったことがわかる。その危機感は、いまから考えると、二重の独立が必要であるという意識にふちどられていた。

ひとつは、「柳田国男からの独立」(5)である。

もうひとつは、「隣接科学からの独立」(6)である。

そして柳田国男の死後、民俗学の名を担う研究者たちが「主体性」を失っているのではないだろうかという診断が、この本の根底にある。だから、編者は次のように、それぞれが歴史と向かいあうことを呼びかけるのである。

「各人が民俗学のあり方を考えつつ自分の課題の研究を進めねばならない。そして相互にきびしい批判をくり返し、その中から柳田を継承しつつ、民俗学の新しい段階を切り拓く可能性を追求することが早急になされる必要がある。」［野口・宮田・福田 一九七四 Ⅰ：一一－二］

「先学によっておこなわれた議論や論争がいかなる問題を提起し、その中で解決されたものは何で、未決着のものは何か、またその議論で抜け落ちていたのは何か、ということを整理し、それらとの関連で自己の新たな研究を開始することが要求される。この研究史的整理という作業は他人がおこなったものに依存したのでは意味がない。やはり研究者としての主体性に基づいて自ら先行論文を読んでおこなう以外はないのである。」［同前 Ⅰ：一二］

しかしながら、編者たちによれば民俗学の後進世代は、研究史と向かいあおうにも固有の困難を抱え込んでいる。第一の苦労は「論文の多くが発行部数の少ない専門雑誌や研究書に発表されたものであり、現在となってはその入手が相当むずかしいこと」、すなわちアクセスの困難である。第二の困難は理解のむずかしさで、「柳田を中心とした集団内部で研究が進められてきたので、活字にされることなく重要な考えや議論が展開したことがあり、その当時のことを知らない者には充分に理解できない点があること」［同前 Ⅰ：一二］だという(7)。

(5) 直接的かつ表層的には、一九六二年に世を去った「超越的な先達」[I：一]を指すが、知識や認識の生産プロセスに即して考えるならば、一九六四年までに本編三一巻および別巻四巻までの刊行を終え、一九七一年に総索引・書誌・年譜の一巻を加えて完結した『定本柳田国男集』というテクスト空間からの独立まで含意させうる。しかしながら、その論点について、三人の編者はあまり自覚的ではない。

(6) 歴史学や人類学や一部の社会学が、ここでの主に念頭に置かれた「隣接科学」である。もちろん、文学や言語学、農政学や経済学、法制史等々が「隣接科学」として言及されていない制約も論じられるべきだろうが、歴史学等々との関係もふくめて、その細部の位置関係になると編者のあいだでも若干のずれはあることも見落とせない。さらには、戦後の一時期「社会科学」の名を独占していたかのようにふるまっていた、マルクス主義の「科学」観との位置取りの差異も無視できない論点である。

(7) この第二の問題点にかんしては、私自身は基本的にまったく異なった立場を選ぶ。集団内部の口伝えや口頭での議論が研究においてたいへん重要な役割を果たしていたとしても、その場に同席していなかった者が理解を諦めなければならないかどうかは疑問で、論考とはいえないような断片的な記録からも、仲間うちの謄写版の資料からも、多くのことを知りうるからである。さらに「柳田を中心とした集団」が研究を進めてきたという言い方も、生み出されたのが一枚岩の解釈であったかのような印象をあたえる点でいささか不用意である。かえって柳田国男の「神話」にしばられた発想だと思うが、当時の実態のリアリティの証言として読むことも必要であろう。三人の編者のなかでは、とりわけ野口武徳が率直に表明しているが、当時の若手である編者たちの世代からすると、柳田国男と戦前の運動を共有している当時の長老世代のあいだに属する学者たちが民俗学を固定化し、その発展を制約しているという。深読みだとは思うが、その世代の「感情的反発」や「理論的方法論的コンプレックス」［Ⅰ：二四六―二五〇］の問題を、婉曲に一般化し反語的にひねった指摘であると読むことも可能である。そうした世代論も、また複数の世代間での断絶についても、「運動としての民俗学」の学史は適切に位置づけるべきであろう。

たしかに民俗や郷土の研究報告は、流通範囲がかぎられた謄写版や私刊本で発行されることもめずらしくなかった。重要な意見や論点が、同人雑誌の性格が強い少部数の雑誌や、畑ちがいの刊行物に載せられて、あとからの探索や参照が簡単でなかった。こうした特質もある意味では「運動としての民俗学」が残した遺産であった。入手参照の困難をまずは解決すべく、民俗学のあり方に関連する論考の蓄積を共有しようと企画されたのが、『現代日本民俗学』というアンソロジーの二冊だったのである。

テクストの収集と参照と解読は、しばしば二次的で、間接的で、準備的なものと位置づけられてしまうが、じつは採訪やフィールドワークと同じく、直接の参与と一定の習熟とがもとめられる観察の実践である。その意義は、ただ読んで主体的で独創的な解釈が出せればいいのだという、達成の有無だけには還元されない。なぜかしばしば見落とされてしまうが、テクストを共有することは、さらに根本的で、前提的な意味をもつ。テクストをデータとして比較し、批判や再読を可能にするしくみ、すなわち資料集成（コーパス）あるいはテクスト空間の共有とは、それぞれの思考の土台をつくりあげると同時に、その思考にたいする批判や反批判が共有される根拠を築く。

それゆえ見えにくい論議・論争の蓄積を、多くの人びとが同時に手にして読める印刷物にして、共通に参照しやすい知識の状況をつくり出すこと自体が、個々の研究者の「研究史的整理」の環境の革新として作用するだろう。一般的な意味での「学史」とは、論文・論考をささえる個別の「研究史的整理」の実践の総体、いわば積分だと考えることができるのだから、この試み自体が民俗学史の構築に連接する。

しかも『現代日本民俗学』は、民俗学の特質や方法をめぐる「論争」に焦点をあてた。その点は他にさきがけて戦略的であった。その企図の意義を高く評価し、手段としての概念と方法とに光をあてた、新たな民俗学史の模索でもあったと私が考えるのはそれゆえである。

しかし『現代日本民俗学』は成果として、なにか新しい民俗学を生みだしたのだろうか。学の理念と方法をめぐる、この書物の「研究史的整理」は、残念なことに、新たな構想力や方法意識をかもしえず、主体的に更新された新たな「研究史的整理」としての新たな学史を積極的には媒介しなかったように思う。(8) その失敗もまた明晰かつ自覚的に、総括されてよい時期にきている。

（8）蓄積を共有するという参照の力に、一定の量的な限界を背負ったことも、不利な条件だった。このテクストが書物として出版社から刊行され、市場に流通するために、一面では収録を無制限に広げて、厚みや冊数を膨大にするわけにはいかなかっただろう。それゆえに、収録範囲をやや形式的に「戦後」に限り、柳田国男の言説についてはすでに成立していた定本のテクスト空間に委任してしまう方針が導かれた。その限界があったこともたしかである。

無視できないひとつの弱点として残されたのは、「ニセの論点」あるいは「疑似問題」の容認である。すなわち編者もまた、不用意な概念設定ゆえの「問題」の疑似性に気づいていながら、かつての「論争」が生み出してしまった視点の固定と視野の狭窄とを、踏みこんで解除しようとしなかった。

総括の座談会を読みなおしてみると、若き日の福田アジオも、新進気鋭の宮田登もまた、民俗学のあり方をめぐっての論争に、すでに納得できない感覚と違和感とをいだいていることがわかる。たとえば福田は「平山敏治郎氏に始まる一連の論争」すなわち第一部の「民俗学の歴史性と現代性」について、「あまりよくわからなくて、何ともはや困る」と評価し、「そうたいして大きな役割りを果たすような論争でもないような気がする」［野口・宮田・福田 一九七五 Ⅱ：三〇七］とつぶやく。これに宮田もまた「同感ですね」と応じ、「過去科学」か「現在科学」かという論議の単純化がどうも「ピンとこない」と唱和している。すでに意義不鮮明な論争を、はたして載せて共有すべきかどうかは、議論がわかれるかもしれない。(9)しかしながら、たいして意味がないと判断する「問題」の意味のなさ、すなわち疑似性については、編者は介入してその所以をできうるかぎり明示し解説する責任を分担している。そのうえで論述それ自体の意義の判定は、もちろん読者の主体性にゆだねるべきだ。思うにかつての論争の論者の多くがまだ存命であり、それを再録することとの関係において、鮮明な評価や断定はむずかしかったのだろう。とはいえ、同様の及び腰は、歴史学や民族学（文化人類学）との関係のあり方を主題化した第二部や第三部でもうかがえる。

（9）「学界内外で何らかの形で話題となった論文を集め」〔前掲Ⅰ：二〕という平明で率直な方針が、後進教育の観点から優先されたことは理解できるが、現在の問題意識から参照の意義が選択され、参照共有の枠組み自体が読者の視野を構成するという点からすれば、その編集がもちえた批判力は不十分であった。「独立運動」に従属する限定された論点に、読者を誘導してしまったかもしれない。もちろん、その責任の少なくとも半分は、読者としての後進研究者の側にある。

意味があるか有効かどうかの評価とは別に、なぜこうした形で民俗学の意義と課題とが、論争の争点となったかについても、突きはなした分析が必要であった。

それについて、宮田は「ちょうど日本民俗学会として成立して、隣接諸科学との間に伍して市民権を獲得していく時期ですから、内部固めをやる必要があった」のだろうと推測し、福田が「一種の独立運動みたいなもの」〔前掲Ⅱ：三〇八〕と要約しているのは、おそらく機能的な説明として正しいだろう。そうだとすれば、このような論点を生み出した諸概念の力能、すなわち「伝承」や「時代性」や「地方史」や「歴史学」や「民族学」等々のやや大きなカテゴリーに対する、意義や課題の配置それ自体が、いわば学会の独立というアカデミック・ナショナリズムの発動のために「創造された伝統」である。[10]

(10) 誤解がないようにいわずもがなの注を補っておくが、私は「創造された伝統」だから「ニセの論点」であり「疑似問題」だと論じているのではない。そうではなく、ここで問題にしてきたのは、「歴史性と現代性」とか「歴史学と民俗学」あるいは「民俗と風俗」「常民と市民」という主題の、論点配置の虚構性であり疑似性である。自らが恣意的に設定し依存している通念の区分線に、自己言及的にもどってきて同じようにしばられるだけの概念の論議など、そもそもの出発点が偽物で疑似的なものなので問うてみても意味がないという指摘と、国民国家やナショナリズムに内在する「創造された伝統」の構築性の指摘とは、さしあたり別物である。

そしてわれわれは、そのような概念の配置において「運動としての民俗学」にくわえられた政治性の審査を、「方法としての民俗学」の可能性の診断ととりちがえてはならない。

『現代日本民俗学』は、I巻が「意義と課題」を掲げて、主に隣接科学からの独立をテーマとし、II巻は「概念と方法」を副題にすえて、基礎概念と資料操作法と民俗調査論とをクローズアップしている。ここには、柳田国男からの独立という課題が色濃くあらわれる。

「疑似問題」とは異なるもうひとつの重要な弱点は、この「概念と方法」を考えるために集められた素材の歴史的射程の短さである。これもまた、じつは結果としてであり、一つ一つのテクストの功罪という以上に、それらが「基礎概念」「資料操作法」「調査法」のくくりにおいて重ねあわせられた、集合的な効果として生みだされていたと思う。

たとえば、Ⅱ巻の第一部「民俗学の基礎概念」では、「常民」が民俗を研究するうえで重要な基礎概念とされている。一九七〇年代においては、たぶんその明確化が課題として強く意識されていたのであろう。しかし、私がたどって検討してみたかぎり、「常民」は民俗学の研究の歴史的実践を貫くような「基礎概念」ではなかった。[11]「国民」や「階級」と同等の位置にならぶ特別な主体概念あるいは人間類型というより、「日常」や「常識」や「通常」「普通」と互換的に使いまわしてもかまわないような位相の形容句であり、専門用語としての役割を期待された造語ではなかった。

不幸不運なことにというべきであろうか、他の人文社会科学の論議ではほとんど使われなかったために、常民が民俗学の固有の対象として一人立ちさせられ、ディシプリンの存立にまでかかわるとフレームアップされた。しかしその時期は存外に新しく、むしろキーワード化が本格的になったのは、前述のような学会の独立運動の機運のなかでではなかっただろうか。

(11) 早くには『読書空間の近代』で「読者の批判力――常民論再読」として論じており［佐藤健二 一九八七：二八三－三一二］、そこでの議論をさらに文字／階層／定住という三つの軸から整理しなおしたものとして、本書の第三章の付論に収録した「常民」［小松和彦・関一敏編、二〇〇二：三〇－四〇］がある。

「重出立証法」も「周圏論」も、同じような重要性の誤認が刻印されている。

「重出立証法」は、一つの例を記録文書から引用しただけでは社会的事実の提示としては不十分だという意味での「単独立証法」の批判から、それに見合うよう工夫された表現である。『民間伝承論』で説明の譬えに出された「重ね撮り写真」は、坪井正五郎がゴルトンに学びつつ試みた犯罪者の顔写真の重ね焼きという操作によって得られた視覚イメージだが、言語や習俗の領域に持ち出されたときには、事例を重ねて考えるという以上に踏み込んだ含意はなかった。「重出」も「立証」も、資料を比較して説明を組みたてるという実践の必要を、念を入れ、力をこめて伝えようとしたレトリック[12]にすぎない。あえて独立固有の資料操作法の名称でなければならないのかについて、私は疑問に思う。

(12) しばしば参照される『民俗学辞典』[一九五一]の、重ねあわせやモンタージュのケースの記号的な図解への踏み込みも、資料操作法というよりは、比較の進め方のイメージであろう。

「周圏論」の地図による分布の図解は、なるほど一つのデータ処理操作の技法ではあるが、これも比較を進め、知識を積み重ねていくアイデアの一つであって、図示や表作成のような可視化の技法とならぶ工夫の一例でしかない。周圏論を象徴する同心円の使い方には、たしかに伝播のメカニズムに踏み込んだ説明モデルが混じっている。しかしながら、分布を可視化する技法と伝播の説明モデルの役割のちがいをも区別せずに、独立した一つの方法論として「周圏論」の名称を使っているなら、その粗雑な用法に寄りかかって書かれた論文それ自体が批判されてよい。

そして、私はもういちど、民俗学の学としての「一種の独立運動」が、比較による説明を意味したただけの「重出立証法」や、検証すべき具体的で小さな仮説にすぎなかった「周圏論」を、主要なる方法論にまでフレームアップしてしまったのではないかを検討しなおすべきだと考える。学の意義と方法の課題に焦点をあてて論争を一覧し整理をはかるという一点突破の戦略は、独立運動の時代の対外的・対内的緊張のなかで、方法論コンプレックスも災いして、編者たちもまた願っていたような民俗学としての「居直り」「開き直り」〔前掲Ⅱ：三一九－三三六〕の自由な境地に着地することができなかった。野口武徳の「ここにいるわたしたちが、使っている方法は、昔の民俗学が正調民俗学とすれば、民俗学でなくなってくる」〔同前Ⅱ：三二六〕という、自己否定に結びつきかねない歴史意識は、その不安の率直な表出形態であったと思う。

にもかかわらず、私は一九七〇年代の『現代日本民俗学』の実践が、新たな民俗学的想像力の構築をめざした、真摯な試みであったことを疑っていない。そしてその試みが端緒をひらこうとした、テクスト空間の共有は、いまも民俗学史を構築する基礎をなす技法である。

一九六〇年代に完成した「定本」のいわばつまみ読みによって世に流布した「柳田国男」が、一九九〇年代にはじまった『柳田国男全集』の刊行において脱構築されはじめた今ならば、もっと自由そして丹念に、民俗学史を発想することができる。たとえば『日本民俗学研究』が言及している諸地方の研究ネットワークや会誌・個人誌の広がりを重ねあわせて、研究実践の多様な記録を参照する枠組みをつくれるだろう。そうした枠組みの構築が、そのまま自然に、かつ自動的に、民俗学史の認識を立ち上げるわけではけっしてない。しかしながらいま、あえてそうした基礎をなす「視野」、すなわち知識をみわたす範囲の共有から、学史を構築しなおさなければならないことを、『現代日本民俗学』の実験は教えてくれている。

三　「野の学問」の方法／運動／構想力

「隣接科学からの独立」と「柳田国男からの独立」は、あまりに一九七〇年代的な定式化であったけれども、民俗学がいかに学問としての自立・独立を獲得するかは、今においてなお問われる課題でありつづけている。そして、今日のわれわれが、かつての研究者たちよりも適切に、あるいは巧みに、また率直に、この学問の固有性と存在意義にせまりえているかは、はなはだ心もとない。

しかし故人をふくめた他人が説く「民俗学」のありがたい功徳の託宣にそのまま依存するつもりがないなら、それぞれが自分で選んだ研究の可能性を感じ、発見の力の信じるところを出し合って、競いあい重ねあわせていく以外に、この基本的な問いに答えを出す道はない。さらにいうならば、じつは答える努力以上に問いかたそのものが、問われなければならない。問いは答え以上に「問題」を発展させる大きな原動力だからである。

先に「疑似問題」ということを論じたが、それをなぜ私がことさらに批判し否定するかも、じつはこのメカニズムと深く関わっている。「疑似問題」は、けっして二項対立図式への抽象化に限定されるわけではないが、その隠蔽力を簡単に説明するのには、論文でよく使われる「AかBか」の対立的な定式化は便利だろう。

たとえば、常民は「実体概念」か「抽象概念」か、遠野物語は「文学」か「民俗学」か、あるいはこの論文は「口承文芸」論であって「社会伝承」論ではない、等々。そのように問いを定式化すれば、ひとは実体の表象か抽象された特質かを決められる証拠を探そうとし、遠野物語に柳田の創作がまじっていないかを考え、あるいはたしかに社会組織の考察まで手が回らなかったと反省するかもしれない。しかし、「実体概念／抽象概念」という対の奇妙さや、「文学／民俗学」の対照の不均等性や非排他性はあらためて検討されず、「社会伝承」とはそもそも何かは問われないままに残されてしまう。つまり、ひょっとしたら無意味で無茶な組み合わせかもしれない問いかけの構成要素それ自体がもつ問題は問われず、そもそもそうした概念の配置において問うことでいったい何が明らかになるのかの考察は、論議の対象から遠ざけられてしまう。

もちろん、そうした道具立ての概念が、あえて答えないほうがよいような疑似問題におちいっていないかどうかの検討は、問いを定式化する以前の問題である。だから問う前にじゅうぶんに論じておかなければならない、というのは大切な心がまえだ。しかしながら、すでに論じられているなかにも疑似問題はある。すでに問われ論じられている問題のたてかた自体がまちがっているかピントがはずれていて、認識をくもらせ論議をにごらせているばあいも少なくない。いかなる問いでも自由に立てられるのだが、その問いを立てたとたんに、じつは一定のかたちで答えの実践が方向づけられ、構築されている。そのことを見落としてはならない。であればこそ、問いかたを問いなおし、ゆたかにすることが、「答え」にあてはまる証拠や説明を探すことより、時には大切な役割を果たすのである。

やや脇道での準備が長くなったので、議論をもどそう。

民俗学史の描きなおしにおいても、学としての民俗学の特質やその現代的意味をどこにもとめるのか、その大きな見通しは不可欠である。それを現代の民俗学の研究者たちは、どのように問うているのだろうか。

二〇〇五年に東京大学教養学部の駒場キャンパスで開かれた日本民俗学会第五七回年会のシンポジウム「野の学問とアカデミズム：民俗学の実践性を問う」のテーマは、まさしく現在における民俗学の意義と課題を問いなおすことだったのだと思う。すでに学会員でなかった私が、なぜパネリストの一人として登壇することになったのかの理由はわからない。たぶん私が同じ大学組織に所属していて便利だという属性と、編者の責任を分担するまでの介入はしなかったが一冊にまとめるにあたっての制作を縁の下で手伝った『新しい民俗学へ』（せりか書房、二〇〇二）の副題が「野の学問のためのレッスン」であったこととの連想だろう。

しかし、正直なところを告白するなら、壇上でのパネリストとしての居心地はわるく、あまりやることがなくて落ちつかなかった。オーガナイザーである菅豊・岩本通弥・中村淳の三人が、論議の基盤として用意した問いかけに、どこかしっくりとしない違和感をぬぐえず、話題をかみあわせることができなかったからだ。

私は、なぜ深い違和を感じたのだろうか。ここで論じようとする「方法としての民俗学」「運動としての民俗学」という視点にかかわり、「構想力としての民俗学」の理解にかかわるので、あえてこだわっておきたい。

『研究発表要旨集』（日本民俗学会第五七回実行委員会事務局、二〇〇五年一〇月発行）に載せられた三人連名の主題説明から、シンポジウムのオーガナイザーが、民俗学の意義と課題をどのように問いなおそうとしたのかを確かめることができる。

菅・岩本・中村の主張は、つきつめると「在野性」と「実践性」という、二つのキー概念の配置のうえに組み立てられている。その論理構成の道筋は、次のような五つに要約できる。

①まず基本に置かれているのは、二重の「在野性」という、民俗学の特質である。日本近代の学問の歴史において、「官学アカデミズム」とは異なる「民間学」すなわち「野の学問」であったという民俗学の位置取りに、その固有の意義をおく。そして「研究対象の在野性と、研究者の在野性という、少なくとも二重の「野」の性質を強く帯びる」点が、忘れられてはならない学の特質であったと分析する。

②「研究対象の在野性」とは、「国家が捨象してきた「民衆」にこそ」研究の主題と目的があるということで、「官学アカデミズムが追求してきた国家的価値」に対抗し、それを批判する「『民

衆」的価値」「「市民」的価値」が、民俗学を意義づける。「民間伝承の会以来、「民衆」・「市民」に開かれた形で、積極的にその生活疑問を取り込み進んできたのが、この学会の最大の特徴であろう」という記述[13]は、菅・岩本・中村のいう「研究対象の在野性」で押さえておきたい中心イメージだと思われる。

(13) 研究対象を論じながら、「民衆」「市民」という主体に属することばを最初から持ちだしてしまって、分析すべき事物にそこで言う「生活疑問」がどのように生みだされるのかに論議が具体化していかない。そのあたりには、これまでの「常民」論争の実体探しが刻みこんでしまった悪影響を感じる。

③力こぶを入れて説いているのが、「研究主体の在野性」である。手っとり早くいえば「制度的なアカデミーには属さない多くのアクター」が、民俗学の「研究の重要な担い手」であるという実態を指す。とりわけ菅・岩本・中村の視点から重要になるのは、「制度的なアカデミーの外にいながらも、制度的な公的機関に属する民俗学研究者」で、それをアメリカの民俗学界にならって「パブリック・フォークロリスト」と呼び、新たな形で「在野性」をになうものであると位置づけている。[14]

(14) ここでいう「制度的なアカデミー」とは、学校制度としての大学とそこでの大学教育を指し、その外にある「公的機関」の「パブリック・フォークロリスト」とは、具体的には博物館学芸員、文化行政担当者、小中高の教職員、NPOなど「公共のセクター(public sector)に関わる人々」

を指すのだという主張である。

④きわめて特徴的なのは、この「二重の在野性」と民俗学の「実践性」との、ベタな重ねあわせといってもよい強いむすびつけである。すなわち、民俗学は「「野」の担い手、あるいは代弁者としての役割を自負し、また期待されてきたといっても過言ではない」。柳田国男の「経世済民」も学問実用の理念も「人生の御用学者」という物言いも、そうした実践性の表現であり、宮本常一の「野」との強いかかわりもしかり、だという。現状の「問題」も、その在野性と実践性とのむすびつけから導きだされている。すなわち、「その在野性とそれに付随する実践性は、残念ながら草創期の表明以上に今日の民俗学のなかで実現されているとは言い難く」、いまその「在野性の意味を、民俗学は改めて見つめ直すときを迎えている」。

⑤そのようにシンポジウムの目的を説明したあと、「研究主体の在野性」を研究者の布置全体のなかで考えるための「あくまで便宜的」な分類だがと留保を付けつつ、「アマチュアのフォークロリスト」「アカデミック・フォークロリスト」「パブリック・フォークロリスト」「アプライド・フォークロリスト」という四つに分けてみることが有効ではないかと提示する。そのうえで、「「市民」参加」、「実践（応用）」「多様なアクターの協同と責任・倫理」という三つの論点[15]を、パネリストに問いかけた。

(15) この三つの論点は、「在野性」と「実践性」という基本の問いからどう引き出されたのかが、論理内在的にはたどりにくい。あえて踏み込んで言い換えるとすると、「アマチュアリズムを尊重してきた」日本民俗学会の強みをどうしたら「市民」の学問参加にむすびつけられるのかであり、パブリック・フォークロリストと分類される研究者の増加を見こして「アカデミック・フォークロアにはない独自の可能性や、独自の問題設定」をいかに提示できるか、そして科学であることを手放さずにいかにアクター間の責任と倫理をもった協働が可能なのか、ということではないかと推理できる。それ自体は考えていい論点かもしれないが、そもそもの「在野性」を見つめなおすという問題とどうつながるのか。

民俗学の歴史を踏まえた、一見それなりに整った問題提起のように見えながら、じつは「国家と市民社会の対抗」というやや古びた民主主義論の固定的な枠組みを前提にしていて、社会学に親しんできた私としては、いささかいきぐるしいというのが第一印象であった。けっきょくのところ、近代の「国家」「アカデミズム」「大学教育」に対抗させて「野」を置く通念の二項図式を、「在野性」としてなぞったうえに、「パブリック」すなわち公共セクターを、「野」の含意の範囲にくわえて位置づけてみた、それだけのように見えて、ここで使われていることばの使い方には「動き」がない。たぶんにいきぐるしいと思ったのは、こちらの身体にまで移って伝わってくるような、思考や想像力の「動き」が感じられなかったからである。民俗学の意義の整理にも、課題の提示にも、すでになんどもくりかえされ伝承された通念を、内側から打ちやぶる動きが必要ではないか。

もちろん、たいして長くない趣旨説明ゆえ、三人のオーガナイザーにしても思うところをじゅうぶんには述べられなかったのかもしれない。さらなる評価や批判は、必要ならば本格的な論考を待っておこなうべきであろう。だからここでは、私自身が感じた違和感やいきぐるしさのほうに視点を移し、もうすこし分析しておきたい。

私の違和感は、簡単に二つにまとめることができる。ひとつは「野」の意味の、位置づけかたをめぐる違和感である。もうひとつは、「フォークロリスト」すなわち民俗学の研究主体を分類して、四つの類型を設定した、その分類に対する違和感である。そして、この二つは底のところでつながっている。

「野の学問」(16)をいいかえて「研究対象の在野性」と「研究主体の在野性」、すなわち対象と主体とで押さえようとした理解は、私がこれまで重要な領域であり戦略的なポイントであると論じ続けてきた「方法」への視座を欠落させている。なぜ「研究方法の在野性」を論じようとしないのか。(17)研究方法における「野」の意味を抜かして、柳田国男の学問の特質は語れないし、おそらく郷土研究から民俗学へ受けつがれた学問の歴史の固有性はとらえられないと思う。

(16) これを「ノ」の学問と読むか、「ヤ」の学問と読むかで、じつは意味の広がりが異なる。「ノの」と重ねて読めば、音はやさしく響き、これまで光があてられていない「民間の」というイメージとともに、学ぶひとを「フィールド」の野の現場に誘う。「ヤの」とつよく発音すれば、「野党」や「下野」の語感とともに、対抗性を強調することになり、意図しないままに「野生」や「粗野」や「野心」のエネルギーを含意にまきこむ。視覚的な文字のうえだけで黙読のまま意味をやりとりすれば、その背後にひそむ声によって媒介された違いが隠されて、耳の想像力が封じられてしまう。こうした方法のもつ力の違いの発見は、まさに民俗学の教えではなかったか。

(17) たぶん論者たちは、「研究主体」の論点それ自体のなかに「研究方法」は包含されているのだと主張するだろう。しかし、私自身は方法を主体に還元してしまうことが、主体／対象の二分法への無自覚な回帰でしかないことが気になる。あえて方法を独立させ、主体と対象との双方にかかわる第三項とすることに意味があると思うからである。

そこでの「野」には、これまた二重の意味があるだろう。一つは「フィールド」という意味で、採訪や参与を可能にする場を指す。と同時に、支配的な研究手段であるとともに社会的支配の手段でもあった文字記録に対して、一定の対抗力すなわち「在野性」をもつ、声や身ぶりに刻みこまれたものの収集と整理と一覧と比較とを意味するだろう。民俗学の可能性は、まさしくその認識を生産する実践をささえている「方法」のレベル、すなわち主体と対象とを媒介する領域における、「野」の復権にこそあるのではないか。そう考え、そう信じている者にとって、シンポジウムのオーガナイザーが用意した枠組みにおいては発言できる余地がなく、それゆえいかにも居心地が悪かったのである。

研究主体の四つの分類にしても、いかなる効果を生みだすためのものか。分けて名前をつけてみた、当てはめてみたというだけでは、動きがない。この分類の設置に対する第一印象の悪さも、じつはこの方法領域を重視した私の態度とオーガナイザーの戦略とのズレに由来しているように思う。けっきょくのところ、提示してくれた担い手の四分類は、組織に属しているか、あるいはいかなる職業かという主体の「属性」に還元されていて、それぞれの主体が認識を生産する方法の違いにもとづくものではなかった。もちろん「属性」要因から攻めていくという戦略もありうるが、そうなると対象領域の分類である「セクター」論と、主体担い手の分類である「アクター」論とが、べったりと貼りついてしまっているらしいのも不自由で、その相互のズレや組み合わせの関係が問いにくい道具立てになってしまっていることが気になる。そのあたりも、カテゴリー相互の「動き」が生まれず、いきぐるしく感じた理由だと思う。

これまた誤解がないように補っておくが、分類するという実践は、比較を積み重ねて分析を組織していくうえで、じつは根本的に重要で欠くべからざる方法である。それはより小さいカテゴリーに「分ける」という作用だけでなく、じつは一見離れて無関係に見えていたものを、一定のカテゴリーのもとで「つなげる」という編集作用をもつがゆえに、切り分けるだけでないダイナミックな動きをはらんでいる。だから分類を細分化することだとイメージするのは、間違いである。あえていえば、全体を一覧し並べてみせる論理を軸として立ちあげることなのである。

柳田国男の民俗資料の「三部分類」論が、個々の資料解説の意義を越えて、調査する身体に面白く受けとめられたのは、資料の領域をうまく三つに分けたからではない。調査者が対象に近づいていく順序のリアリティに沿って、資料の全域を見わたす軸をはじめて立ち上げたからである。

二〇年も前に『読書空間の近代』（弘文堂、一九八七）で図解したように、「見ること」「聞くこと」「感じること」や「旅人」「寄留者」「同郷人」など、調査する者の身体から全体を押さえる、じつに大胆な軸の組み合わせにおいて、資料を配置する枠組みのアイデアを提示したところに、驚きをもって迎えられる新鮮さがあった。

研究対象の推移や研究主体の変容だけではない。その二つを媒介する方法の領域においての動きや革新を、おそらく新たな民俗学史は積極的に描きださなければならないだろう。「学説史」「理論史」としての学史ではなく、「方法史」としての学史といってもいい。「方法としての民俗学」の歴史である。

しかしそれはたとえば『採集手帖』（郷土生活研究所、一九三四）から『日本民俗学入門』（改造社、一九四二）を経て『民俗調査ハンドブック』（吉川弘文館、一九七四）にいたる、項目と資料操作法の技術史が既存の学史の年表にくわわればいいのだということではない。むしろ、私が「方法」とよんでいる領域は、認識の生産過程の総体を包含する。だから問いをことばにすることからはじまって、調査する、資料を集め読む、データを加工する、論文を書く、雑誌に公開して共有する等々の、具体的で個別的な実践に寄り添ってはじめて、論ずるべき実態が浮かびあがるものだろう。

調査や採訪という実践の歴史に焦点をあてた「調査史」は、民俗学史においても重要な領域である。「運動としての民俗学」という理解が必要なのは、そうした実践の実態解明の局面においてである。もちろん、一人一人のそれぞれの採訪の積み重ねだけではない。役割分担を伴う共同調査もあれば、研究会の組織化や談話会の試みもまた、運動の内実を形成するだろう。先にふれた、謄写版での刊行もふくめた雑誌は、早くに赤松啓介が『民俗学』（三笠書房、一九三八）などで注目していたが、運動としての民俗学を媒介する重要な媒体《メディア》であった。

その意味で、「方法としての民俗学」と「運動としての民俗学」は、新たに描きだされるべき民俗学史のなかで、密接に、しかし独自の論理と固有の役割とをもってからみあうだろう。

最近は「フォークロリズム」の名のもとで、「イデオロギーとしての民俗学」を批判的に検討するまなざしが、学史研究にくわわっている。それは理論や学説のなかにひそむ「イズム（主義）」のえぐりだしとして、「運動としての民俗学」の現在や時代の機能にかんする反省的思考をふくむものだ。しかしながら、その剔抉が単なる批判にとどまって、「方法としての民俗学」に新たな視点と力とをもたらすものでなければ、けっきょくのところ国民国家論や植民地主義論のような無惨なイデオロギー暴露に終わるだろう。であればこそ、民俗学史に向かい合う想像力には、ただ残された論考の結論としての「説」をなぞるだけでなく、また「説」が流布することによって引き起こした固定的な理解のかたよりやあやまりを正すだけでなく、その論考の文字以前に埋もれてしまった実践を読み解き、その認識が生産された場を追体験しつつ考えるような、積極性がもとめられる。

われわれの歴史認識が立ちかえるべきは、「国家」や「アカデミズム」のような仮想敵に依存した「在野性」のイデオロギーではなかった。大切なのは、民俗学が生み出してきた「方法」や「運動」の多様性について、それを知識として共有し批判するための土台をつくりあげ、そのしくみを使いこなすことである。それは「民俗学史」の構築であるとともに、お望みならば「社会学の社会学」をまねて「民俗学の民俗学」と言挙げしてもよい。到底一人の慧眼と文庫収集作業の徹底だけで達成できる試みではないかもしれない。

しかし、そうしたプロジェクトは、仮にもうひとりの「柳田国男」がよみがえってあらわれたとしても、その一人にまかせてよい課題ではない。現代日本民俗学の諸領域の、おのおのの研究主題の現場と、それぞれの「郷土」において、主体的に「研究史的整理」と向かいあい、埋もれた方法や運動を現在に呼びもどす作業をそれぞれが工夫し、分担する必要があろう。われわれもまた、そうした共有地（＝共有知）を構築する努力からしりぞくつもりはない。しかし民俗学が活躍してきたフィールドの広さと散らばり具合を考えるなら、それぞれの場の課題を分けて、そのそれぞれを受けもつ自発的な協同を欠くわけにはゆかない。そうした努力の現場において遂行される、解読の実践にやどる「構想力」あるいは「想像力」に、民俗学の希望をつなぎたい。

第六章　近代日本民俗学史のために

「民俗学」と呼ばれるようになった学問の歴史をどう書き、歴史を踏まえた現在をどのように描くべきか。それは、答えがすでにわかっているたぐいの問いかけではない。

歴史民俗博物館の活動へのかかわりを通じて、近代日本民俗学史の構築に向けて多少の準備はしてきたつもりだったが、なお掘り下げや広げかたが不十分で、民俗学史を名乗れるようなものを編めるほどの水準にはいたっていない。しかし、日本近代の「民俗学」[1]には、まだ測量されていない源流がある一方で、すでにして忘れられ埋もれてしまった研究実践の領域も広く、一人だけの探究や精進で簡単に達成できる課題でもなさそうである。ちょうど民間における「伝承」の発見がそうであったように、問題意識を共有して、そこで見いだされる作業を分担することも有効ではないかと思う。

この覚書は、「民俗学史」研究において共有すべき課題や資料の存在形態を意識しつつ論じてみた、いくつかの実験の貼りまぜである。

（1）「民俗学」の範囲設定それ自体が、今日では揺れている。柳田国男の用語に戻って考えるなら、『青年と学問』が論じた「フォクロア」や「日本の民俗学」だけでなく、「郷土研究」「郷土誌」「郷土生活の研究」「民間伝承」や、「土俗学」「地方学」「南島研究」「農村生活誌」「ルーラル・エコノミー」「ルリオグラフィー」「神道史」「農民文芸」「口承文芸史」「世相研究」等々の多様で幅広い表現をすべて含めて、ここでは「民俗学」と考える。

一　近代日本民俗学史構築の意義

なぜ「日本民俗学史」が必要なのか。すなわち、民俗学という学問それ自体の歴史を明らかにするということは、現代の民俗学の実践にいかなる意味をもつのか。

「学史」の探究は、その学問の現在のありようを相対化する力をもつ。ここで「相対化」と言っているのは、ある知識や情報の「絶対化」あるいは「神話化」に対抗する認識の形成であり、さしあたりは認識のありかたの複数性の承認である。もちろん、相対化はつねに研究の入り口にすぎない。その用意の上に、「総体化[2]」ともいうべき全体の再構成、すなわち、これまで見えなかったり忘れられたりしていた、もうひとつの全体の立ち上げという作業が続く。つまり、歴史を書くということは、たんなる相対化に終わらない。総体化として論じられてきたような、全体をひとつの構造として見わたす視野を立ち上げるところを目指す。

（2）「総体化」は社会学者の見田宗介のことばで、「管理化」といういわば上からの全体の透明化が、結局のところ「意味の多次元性の粛清」でしかないことに対抗する、もうひとつの透明化として設定されている。すなわち見田の表現を借りれば「管理化されたシステムの論理によって、存在的・存在論的に二重に抑圧され圧殺されたものたちの自己回復」［見田宗介 一九七六：二二］であり、「諸個体のもつ意味の諸次元の総体性の奪回」と「全体の具体的な連関の総体性の獲得」という二重の全体性を志向するという意味で、対抗するもうひとつの透明化であると考えている。この点については、佐藤健二［二〇〇〇］で論じたことがある。

「歴史」は、現在の価値関心とは無縁に実在する、過去完了の完結した知識ではない。われわれが「歴史」と呼んでいる知識は、むしろわれわれが生きている現在から資料という痕跡を意味づけることで、浮かびあがらせた過去の表象である。であればこそ、その核にある現在からの意味づけのありかたが、つねに問われる。

歴史社会学は、まさにそうした歴史にかんする知識の現象学的で構築主義的なありようを痛切に意識してきた。たとえば、かつての王朝は自らの権力を正当化するために滅亡した前王朝の正史を編み、あるいは社寺の縁起や諸職の由来書は、今を根拠づけるもくろみにおいて名高く価値のありそうな事績をつらねた。しかし、歴史の参照やその発掘が、現在を正統化するためだけに行われるわけでないことはいうまでもない。また記念碑の碑文がその役割を担ったように、過去の事績そのものを顕彰し、あるいは取り戻せないものとして嘆きつつ記すことだけが目的でもない。歴史の探究が、たとえ単純に忘れられてしまったことを知りたいという過去への好奇心から出たものであっても、差異の発見がはらむ「比較」の力によって、現状に潜む問題点を明らかにできる。今ばくぜんと信じられていることの「相対化」は、そのために役立つ。比較において生み出される気づきの力は、学問の原点である。その原点を見落としてはならないと思う。

日本民俗学史の構築が立ち向かうべき課題について考えてみたいと思うのも、現代民俗学の現状に疑問を感じ、目前の問題と取り組む方法にあやうさと困難を感じるがゆえである。それならば「日本民俗学史」の名において、なにを明らかにすべきなのか。まずはその問いが共有されなければならない。そして明確にすべき部分をそれぞれが自覚し、それぞれに分担しうるならば、新たな水準での「ユイ」や「モヤイ」が可能になるだろう。同じ志をもつ研究者が掘り起こし見通しよく整理してくれた知識や、知りたいと思いながらも便宜がととのわずに遠くに見ていた民俗研究の蓄積に、接することができるようになることは一つの可能性である。柳田国男が「一国民俗学」という誤解されやすい用語で、切に望んでいた環境とは、あるいはそのようなものではなかったか。

二　日本民俗学史の再点検と地方民俗学史

何年か前、たまたまある書評紙から、最新の「日本民俗学史」である福田アジオ『日本の民俗学――「野」の学問の二〇〇年』〔吉川弘文館、二〇〇九〕を書評する機会をもらった（『週刊読書人』二〇〇九年一二月一八日号）。福田氏の労作は、ある意味で手際よくこれまでの民俗学研究の展開を整理しているのだが、どこか基本のところで「民俗学」という学問それ自体において自覚すべき歴史の構築と描き出しに失敗しているのではないかというのが、最初の読後の印象だった。深読みの失礼を覚悟のうえであえて診断するならば、なにか「研究史年表」の項目を、文章としてつなげて読み上げられている感じで、時期区分にひどくこだわっている割には「学史」を貫いているであろう、研究主体の実践の全体の特質が見通せなかった。つまりなにが、この民俗学の学問としての成長や発展や衰退を生み出したのか。その筋道というのか、諸契機の配置というのか、いわば構造のようなものが私などには想像しにくく、なにか福田氏自身が「民俗学」という名乗りにおいてとても大事だと思っているらしいことの中核が、説かれないままにされているという感じが残った。時期区分は、結果としての著作を整理して述べるための枠組みではない。それ以上に、その区分の根拠を通じて、歴史の推進力や抑制力の理解が問われるものだからである。

（3）「日本の民俗学史についての記述研究は必ずしも多くない。専門的に日本民俗学史を研究している研究者もいない」〔福田アジオ 二〇〇九：一〕、と福田は言う。結果としては、正しい指摘なのだと思う。自らの学問それ自体の歴史を語ることが、抑圧されてきたのだという説明も成り立つだろう。柳田国男の生前には、歴史を語ろうとすれば本格的な柳田国男論を避けるわけにはいかないという重圧がのしかかり、戦後日本民俗学においては、学史を評するよりも、野に出て採訪に勤しむのが研究であるという新しい抑圧が研究者を縛ったからである。また、まだ歴史を語るには若い学問だという自意識も、どこかで作用していただろう。しかし、その分だけ「民俗」「伝承」「常民」といった、基本に置かれたカテゴリーへの考察が現状に寄りかかって、概念的な彫琢がなおざりにされたという弱点を抱え込むことになった。

もちろん福田氏自身も不満足だったようだ。学史記述の「難しさ」〔福田 二〇〇九：三〇三〕を痛感し、自らが試みたその「大冒険」〔同前：三〇三〕について、「成功したと言う自信はない」〔同前：三〇四〕、「不完全・不十分な」「一つの習作」〔同前：三〇五〕であると述べているからである。どこか柳田の『明治大正史世相篇』の「自序」での措辞を思わせる謙虚な自己評価だと思うが、福田氏の「あとがき」のほうが、いささか不親切で弱く響くのも否めない。柳田の「自序」は、理想を説くためにこそ、あえて「フォクロアとしては失敗である」〔全集5：三三九〕と宣言し、「ただしこの経験は少なくとも嗣いで試みる人には参考になると信じるが故に」〔同前：三三七〕と、なぜ失敗といわざるをえないのかに分析を進めていく。そして民俗学が目標とすべき歴史認識のありかたや、資料収集・標本調製という世相研究の方法の問題、さらには伝記式歴史への不満という、記述の方針もしくは文体の特質への解説へと踏みこんでいった。福田氏の労作の学史記述において、今われわれが引き受けなければならない課題は、どこにひそんでいるのか。私の短い書評では、あるいはうまく展開できなかった論点をふくめ、あらためてもうすこし補足説明するところから、議論をはじめよう。

研究史と刊行物史

これまでの民俗学史に対する福田氏の第一の批判は、それが「刊行物・著作物の歴史」［福田二〇〇九：二］でしかなかったという点に向けられている。たしかに、柳田国男以外の研究者による学史としてはもっとも早いものの一つである大藤時彦の「日本民俗研究小史」（一九三八）は、雑誌『郷土研究』の発刊を重視し、そこに運動としての民俗学のひとつの原点を見ている。また、その後に出された『民族』や『民間伝承』という雑誌にも、学史を構成する上で、大きな役割をあたえた。また関敬吾の「日本民俗学の歴史」（一九五八）は、大藤や宮本常一や和歌森太郎の学史を参考にしながら、『人類学会報告』『民俗』から『旅と伝説』『嶋』にいたるまでの雑誌の表紙を図版として掲載し、研究団体と雑誌とを前半の歴史的記述の枠組みとした。福田氏はこのような先達たちの歴史語りの手法に対抗して、あえて高く「学史は団体組織史や雑誌刊行史ではない」［二〇〇九：三〇四］という鮮明な批判の旗をかかげる。

なるほど、団体結成や雑誌発刊を年表にまとめただけで民俗学史が終わってはならない。その点で、この批判は圧倒的に正しい。しかしもしこれが「雑誌」のもつ意味や「研究団体」が果たす役割は相対的に小さいという判断や、民俗学の調査研究の内容とは別物なのであまり考えなくてもよいという誤解を生み出すのであれば、いささかあやうい。その軽視は誤った歴史認識であり、不用意な方法論であると私としては批判せざるをえない。それは関敬吾の民俗学史の後半が、主題別問題別の概説に分解して、学史としての統一性を欠いたものとなった結果とも呼応するものだ。すでに論じている通り、謄写版刷のものをふくめた「雑誌」は、運動としての民俗学にとって非常に重要な役割を果たした「広場」であったと私は考えている。そのようなメディアとしての印刷物が組織した力をとらえないまま、いかにも民俗学的な研究主題をめぐる論考や研究成果だけを、学史として論ずる。そうした視野の限定こそが、学史の記述をことさらに中央集権的で、理念的なものにとどめてきたと思うからである。(4)

(4) 福田氏の説明を文字通りにたどると、「時期区分」を刊行物とりわけ雑誌によって行うことに、批判の中心があるらしい。赤松啓介の認識を「日本の民俗学は『郷土研究』の発刊からとし、明治期の人類学の研究を前史としている。その時期区分も雑誌の刊行年によっている」と批判し、関敬吾の民俗学史を「時期区分が相変わらず刊行物の年次にたよっている点が問題である」［福田 二〇〇九：三二］と書く。たしかに「時期区分」のカテゴリー設定は、歴史認識そのものに関わる問題であるが、「民俗学が何を明らかにしようとして、どのような方法で研究し、その研究は社会の動向と如何に関係していたかをとらえて段階区分する」〔同前：二三〇四〕必要があるという主張と、雑誌や刊行物の重要性を認めることは、私はなんら矛盾しないと思う。

この論点は、福田氏が提出したこれまでの学史へのもうひとつの批判とも、深く関わっているように思う。福田氏の批判の第二は、これまでの学史研究は結局のところ「柳田国男中心の民俗学史」であって、「柳田国男から自立した民俗学史は見られない」という点にある。だからこそ「柳田国男を正当に位置づける努力」をないがしろにするつもりはないものの、「柳田国男以外の動向や活動、あるいは民俗への認識をも十分に組み込んだ民俗学史」〔福田 二〇〇九：一〕を目指すべきだ、という主張が導きだされる。私も、この主張それ自体には基本的に賛成である。民俗学を複数の主体が織りなすひとつの運動としてとらえ、柳田国男が果たした組織者あるいはファシリテーターとしての大きな役割を踏まえつつも、それぞれの地方が展開した多様な形態を見落としてはならないと考えているからである。

しかしながら、そう発願したはずの福田氏自身が「通して読み返してみると、結局柳田国男中心の記述に陥っていることを痛感した」〔同前：三〇五〕のだから、その乗り越えはただ目指すだけ、願うだけの願望論では不十分だということになる。意図とは異なる結果になったのであれば、そこにどんな方法が足りなかったのか、それを考えてみる必要がある。

地方雑誌の固有性

正反対の提言に聞こえるかもしれないけれども、私は「雑誌刊行史」や「団体組織史」、あるいはさまざまな地方に生成し消滅した雑誌や研究団体の資料に、もっと学史研究は深く踏みこむべきだったのではないかと思う。

巻末の付表1は、その基礎作業の一つである。民俗学の「学史」というとつねに言及される大藤時彦（一九三八、一九四二）、関敬吾（一九五三）の論考の「雑誌」の取りあげかたの偏りを明らかにするために作成した。その欠落を明確にするため、関敬吾の学史が発表されたと同じ『日本民俗学大系』の一一巻『地方別調査研究』において、それぞれの地方について知る研究者が「各地方の調査研究史」［大間知篤三 一九五八：二］を執筆している、その解説で触れられている「雑誌」を挙げてみた。それぞれの地方の研究状況の書き方は異なっていて、学史としての視座は一貫したものとはいいがたいけれども、付表2のように執筆者を一覧にしてみると、戦後日本民俗学を支えてきた採訪者・研究者が並んでいることがわかるだろう。

そして付表1と付表2とを眺め渡してみると、大藤時彦と関敬吾の「学史」の言及と記述が、地方の研究者たちが支え、また地方での郷土研究を支えてきた小さな広場であった雑誌にまで届いていないことが明白になる。特異なものとして位置づけられることが多い赤松啓介の『民俗学』（一九三八）や、社会経済史学会で発表されたためにあまり引用されなかった宮本常一「民俗研究史」（一九四四）のまなざしに比べてみても、大藤や関の記述が、全国的に発行され流通した雑誌に偏っていることは明らかであった。[5]

もちろん、地方の小さな雑誌は短命に終わったものも多く、「広場」といえるほどには維持しえなかったものも少なくないかもしれない。しかしながら、だからといって重要な役割を果たした媒体ではなかったと、断じてしまうことはできない。三号雑誌にもなれず、創刊号で力尽きてしまった雑誌であっても、その向こう側にそれを支える書き手や読み手がいたからである。そのネットワークが「かつ消え、かつ結びて」、日本民俗学史の基底を作り上げていたことも、事実なのである。そこにおける「民俗の認識」の進化や変容や振れ幅に近づこうとするならば、やはり手がかりとなる記録が残る場は、会の活動が埋め込まれた雑誌であろう。[6] それを共有して参照できるようにすることは、まずは構築すべき日本民俗学史の前提を築く。

（5）逆に宮本と赤松の二人に、地方の雑誌への目配りが明確にあることがなぜなのかが説明されてよいかもしれない。大阪を中心としての活動を身近に感じていたからか、あるいはフィールドワーカーとしての活動によるものかはわからないが。

（6）謄写版などで出される場合も多く、少部数印刷されたにすぎないものは失われやすい。にもかかわらず、なおその地に住んで活動した研究家たちの蔵書には残っていることも多い。それらの発掘もまた、フィールドワークを駆使する民俗学が得意とする活躍の領域である。

三　「年表」という技法の功罪

地方民俗雑誌への視野の問題はさておいて、福田氏の民俗学史の試みにおいて、理念として深く共感したのは「年表のように生起した事実を年代順に配列するだけでは学史にはならない」［福田二〇〇九：三〇三］というまっとうな宣言である。まさしく、「年表」をいかに乗り越えるかは、方法の問題である。その論点こそ、民俗学が簡単にはゆずることができない方法意識の特質の一つなのではあるまいか。

「年表」の乗り越えかたこそが、民俗学の方法意識の特徴ある核の一つとなりうるだろうという評価には、すこし説明が必要だろう。いうまでもなく、方法論としての民俗学が、データ処理の視覚的技術としての「年表」を排除するという意味ではない。しかしながら「歴史」と「年表」とを無意識のうちに重ねてしまう歴史理解と、民俗学の歴史意識は鋭く対立するはずである。それは民俗学がとらえようとしてきた「歴史」そのものについて、解説することともなるに違いない。

たとえば『郷土誌論』（一九二二）に収められた「菅沼可児彦」(7)の論考が挙げた、①年号にとらわれず、②固有名詞に重きを置かず、③文字以外の材料をも観察に繰り入れて、④比較において探っていくもの［全集3：一二二］として設定された「歴史」は、いわば社会学的な方法にもとづく歴史観ともいってよい、新しい特質をもつものだった。あるいは「優れたる人格の自ら意識して為し遂げたる主要事績だけを、跡付けて居ればそれでよい」〔全集17：六二七〕かのような当時の国史の英雄史観への居直りを激しく批判した「聟入考」（一九二九）における、生活制度の長期にわたる変遷への注目も、まさしく民俗学がとらえようとする「歴史」の固有の質を表現するものだった。

（7）これは柳田国男の筆名の一つで、論考の初出の『郷土研究』誌上で使われた。すでに私は、前章において、この筆名で発表された方法論の一連の論考が、南方熊楠の郷土研究批判に対する反応であったことを論じている。

現代においてもしばしば誤解されているのだが、われわれが探究する「歴史」とは、「昔はこうだった」という断片的な知識にとどまるものでも、「彼の人はかく語り、かく振る舞った」という事実の蘊蓄で織り上げられた物語でもない。むしろ民俗学や人類学や社会学がとらえようとする歴史は、現在の心意や行動のありように、無意識なままに作用している過去である。であればこそ、そのあまり意識したことのない拘束がどこに由来するのかが自覚的に問われ、「相対化」や「認識論的な切断」を通じて問題とされる。これまで気がつかなかった資料を参照することで、はじめて明確化するような、過去とのつながりや断絶がある。つまり、そうした関係としての「歴史」は、本質において「眼前の事実」のなかにあらわれる。

「年表」「年号」の拘束力

この発見の力を深く受け止めるためにこそ、漠然と「学史」という概念のなかで使ってしまっている「歴史」の意味をもういちど確かめ、設定し直しておかなければならないと思う。私自身は、民俗学とはもうひとつの歴史学であったと考えるが、それはいかなる意味において「もうひとつの」「オルターナティブ」すなわち「これまでと異なる別の形態における」実現を主張しうるものだったのか。

ひとつには、民俗学のまなざしが「年表」「年号」が持ってしまう歴史認識の拘束力を批判しうるものであったことで、その有効性を正確に指摘しておかなければならない。とりわけ、日本近代の通俗的な歴史意識において、天皇の元号を軸に区切られた時代区分は一定の強い力をもつ尺度として成り立っていた。つまり柳田国男の批判的な表現を借りるならば、まず相対化されるべきは「たとえば社頭の腰掛石に日本武尊の御遺蹟を伝えたとすれば、社の神もその頃の物として「人皇十二代景行天皇の御時」とやり」「本尊は八幡太郎の護持仏などとの噂があれば、すぐに「天喜四年の春」と来る」［「郷土誌論」全集3：一二七］というような、断片的な伝説の情報をすぐに「時代」とむすびつける年表還元的で年号依存的な時間意識である。それは、「歴史」を語ろうとする人びとのものの見方に、枠組みとして根づよく、また古さや尊さの内容において根ぶかく侵入していたのである。

であればこそ、さきに引用した『明治大正史世相篇』（一九三一）は、柳田自身の歴史記述の方法と文体とにおいて、新たな冒険を試みようとした。第1に「打ち明けて自分の遂げざりし野望を言うならば、じつは自分は現代生活の横断面、すなわち毎日われわれの眼前に出ては消える事実のみに拠って、立派に歴史は書けるものだと思っている」〔全集5：三三七〕と歴史の〈現在性〉あるいは〈現前性〉を強調し、[8] 第2に「在来の伝記式歴史に不満である結果、故意に固有名詞を一つでも掲げまいとした」〔同前：三三九〕といい切ることで、「一回性」に還元されない〈構造〉に焦点をあてた解明にむかう文体の意義を宣揚した。それは、南方熊楠の批判に対する反批判でもあった『郷土誌論』や、当時の歴史学への対抗を強く意識した「聟入考」の方法意識の延長上での、当然の主張だったのである。

しかしながら、いわずもがなの注釈ではあるが、この柳田の「歴史」のとらえ方は、固有名詞で組み立てられた過去の物語としての従来の歴史と、かならずしも二律背反的で排他的に対立するものではない。すなわち、柳田の「伝記式歴史」批判のポイントは固有名詞の羅列と連接とにまどわされて、因果の〈構造〉の認識をおこたってはいけないという忠告であって、固有名詞の力をまったく禁じる極端な一般化志向の宣言と受け止めるべきではない。[9]

（8）同様の考えを、柳田国男は後に『国史と民俗学』に収めることになる一九三二（昭和七）年の講演「郷土研究と郷土教育」でも、明確に述べている。すなわち「私などの企てている研究では、歴史は竪に長い細引のようなものとは考えられていない。むしろこれを考察する者の属する時代が、切って与えたる一つの横断面と見るのである。この横断面に頭を出している史実、すなわち過去にあったらしき事実の痕跡は、実際はその過程の色々の段階において自分を示している。われわれの社会生活はけっして均等には発達し展開していない。」〔全集14：一五八〕
(9) また歴史の〈現前性〉については、忘却まで含めて論じた方がよい。すなわち現在はすでに忘れられていて、記録のなかに埋もれている、そのような「不在の現前」までふくめて考えるべきであろう。

このように考えてみるとき、われわれは民俗学史における「歴史」がどのようなものかについて、すこし拡げた考えかたを用意することができる。すなわち、過去にこのような研究があり、固有名詞で語られる偉大なあるいは特異な研究者によって、かくも先駆的になされたという蘊蓄の物語ではない。むしろ、今日において当然とされる、民俗のとらえ方や語り方が、どのような時期と場において芽吹き、人びとのどのような実践に媒介されて生まれたのかを、説明するものでなければならない。

一覧の技術としての可能性

もちろん年表がもつ力も大きい。そこも正当に評価しておかなければ、公平ではない。「年表」の本質は、統計的処理における「単純集計表」「クロス表」と同じ、データ処理の空間的な技術である。まずは事実の断片としてあらわれ、ときに相互に矛盾することすらある「記録」や「記憶」の情報を整理し、空間に配置して一覧することを可能にする。と同時に、そこにおいて見えてくる関係を発見し、不整合や矛盾を批判する。そうした方法であり、技術である。私自身が、まさしく年表の方法の恩恵を意識し、その力を存分に利用させてもらってきた。巻末付表1の基本も、雑誌を創刊年でならべた年表である。技法として見るならば、年表をふくむ「表」の作成は、ものごとやできごとの整理において、初歩的だが基本的で不可欠の作業でもある。

すこし寄り道になるが、私自身が年表づくりの効力を実感した、別な事例に触れておこう。

二〇〇六年の一一月に、まったく思いがけない縁がかさなって、「糸魚川郷土研究会」という人たちを中心とした聴衆を相手に、話をしなければならない羽目になった。(10) いそぎ「郷土研究の誕生」という題名で、柳田国男の『郷土生活の研究法』の方法論的解釈を中心に、せっかくなので糸魚川の郷土研究の展開をからめて話題にすることにした。しかし柳田国男の方法論はともかく、糸魚川や新潟県での民俗学については、なにもといっていいほど勉強していなかった。手もとにあった松本三喜夫『野の手帖』［一九九六］の青木重孝論と、矢野敬一［二〇〇四］論文があつかっている『高志路』周辺の民俗研究にかんする情報とを手がかりに、伊藤純郎の郷土教育運動の調査などをおぎなって、ビジネスホテルで夜なべして簡単な「年表」を作成して、とりあえずの配布資料とした。そのていどの準備しかできなかったのはまったく申し訳なかったが、にわか勉強ながら集まってきたことを年表の形に配置することで、私自身には見えてきたものも多かった。巻末の付表3は、その当日の資料にすこし手を入れたものである。

（10）発端は糸魚川出身でいま「百霊廟」を調べている社会学の先輩研究者に、「細野雲外」という人物について何か知らないか、と聞かれたのがきっかけであった。郷里の糸魚川で話すことになったので確かめている、という。その名前は聞いたことがあって、たしか『不滅の墳墓』（厳松堂書店、一九三二）という、伊藤彦造描くところの未来の墓地の風景を口絵にした奇妙な本を書いた人物であることは思い出したが、それ以上のことはよくわからなかった。ついでに調べてみると、世を慨嘆する書物をいくつか自費出版していたらしいが、それらの本の情報源はというと、新聞その他の既存のメディアらしかった。そして『不滅の墳墓』という本の百霊廟に関する情報については、相馬御風が『キング』に載せた記事の範囲を出るものがないことなどを伝えた。糸魚川でのお話についても時間が合えば聞きに行きたいと言ったところ、話は思わぬ方向に転回して、けっきょく私自身がその先輩と一緒に講演をする形になってしまった。

それぞれの地方の固有性と普遍性

この年表をつくるなかで、すこし考えた「日本民俗学史」の論点について、二点だけメモしておこう。

第1は、それぞれの地域における「民俗学」の、いわば着床の仕方が異なることである。こうした地方民俗学史の特質を、日本民俗学史がいかに取り入れられるかは、やはり一つの課題である。なるほど、昭和初年の「郷土教育」の運動は、さまざまな意味で「郷土研究」の追い風となったことはまちがいなく、地方地方で作成された各種の「郷土読本」にかかわった民俗の学究も少

資料 6-1-1　青年カード
相馬御風「郷土生活の話」

資料 6-1-2　青年カード
柳田国男「郷土研究の方法」

なくなかった。その時期の盛り上がりが、昭和一〇年の柳田国男の還暦記念民俗学講習会とも重なり、雑誌『民間伝承』の発行ともつながっていくために、ここがひとつの画期のように見えてしまうのは無理もない状況である。じっさいに、越後の民俗学あるいは郷土研究を考えてみても、小林存と青木重孝とが民俗学講習会に出席して、そこで出会ったことは意義深く、『高志路』の発刊もかさなって、ある活性化の様相が観察できる。

しかしながら、この表は、たとえば糸魚川において相馬御風が果たしてきた役割が固有の土台としてあったことも、考えてよい事実として教えてくれる。明治一三年に結成されたという「温古談話会」が三年ばかりつづけた雑誌『温

資料 6-2-1
山村調査のために作られた
『郷土生活研究採集手帖』

資料 6-2-2
高志路社同人による
『郷土研究入門手帳』

古乃栞』を復刻し、「西頸城郡郷土史料」の発行や展覧会などをおこなったことや、おびただしい数の校歌を作詞することを通じて郷土意識の涵養に貢献したことなど、相馬御風の注目すべき活動は多い。しかしながら、その郷土研究に対する考えかたは、柳田国男のそれとはすこし理路と位相とを異にしているように思う。たとえば資料6－1の相馬御風「郷土生活の話」は、柳田もまた講師として登場したことがある日本青年館の「青年カード」[11]という通信教育教材である。ここで議論されている「郷土」は、観察の対象というよりも、価値の源泉であり観念的な理想である点で、柳田がかかげた民俗学の郷土研究とはいささか異なる。にもかかわらず、こうした相馬御風のような媒介者の存在やその思想の位置もまた、この地の郷土研究の展開のなかであらためて描き直されるべき主題だと思うのである。

また、山村や海村の調査のためにつくられた『郷土生活研究採集手帖』を明らかに踏襲したと矢野敬一が論ずる［矢野 二〇〇四：二六］高志路会の『郷土研究入門手帳』（一九三八）も、実際に探し出して手にとってみると、まだ論ずるべき多くの点が残されているように思った（資料6－2）。書冊の大きさなどの機能の違いは、印象の問題でもあろうからあえて立ち止まらないとしても、資料6－3－1にあげた「百項目」の内容を構成する主題の設定や概念の並べ方は、すでに資料6－3－2の『採集手帖』（一九三七）の目次がその用語の並びで表現している生活の見方とは相当に異なっている。[12] たとえば、高志路会の手帳では「年中行事」や「民間信仰」といった概念が目立ち、複数の項目をまとめるものとしてあらわれてきている。これに対して、郷土研究社の手帖は「笑い」や「慎しみ」、「仲良い村・悪い村」「仕合わせな家」と主観や感覚の内側まで探ろうとしている。村の「大事件」への注目の順番の大きな違いなども、たぶん偶然ではない。果たして民俗のとらえ方そのものにおいて「踏襲」と論じられるかどうかをあらためて検討してみなければならない。

（11）「青年カード」は大日本聯合青年団が発行していた、通信教育の小冊子で、一枚の表裏刷を折りたたんで八頁構成のものにしている。何次かにわたって発行されたものらしく、柳田は第一次のカードに「都会と農村」［全集28所収］、第三次のカードに「郷土研究の方法」［全集29所

目次

(1) 類型
(2) 起源の一(自然的要目)
(3) 起源の二(人爲的要目)
(4) 興廢
(5) 墻併の區劃
(6) 部落と家
(7) 家族制度
(8) 本家と分家
(9) 親方子方
(10) 部落民の權利義務
(11) 部落民の出入
(12) 行政事情
(13) 産業系統
(14) 交通關係
(15) 飲料水、使用水と灌漑水
(16) 部落の中心勢力
(17) 信仰の傳統
(18) 年中行事の一(新年)
(19) 年中行事の二(小正月)
(02) 年中行事の三(二月三月)
(21) 年中行事の四(四月五月)
(22) 年中行事の五(六月七月)
(23) 年中行事の六(八月九月)
(24) 年中行事の七(十月十一月)
(25) 年中行事の八(十二月)
(26) 産業暦
(27) 産業神
(28) 住居
(29) 衣服
(30) 食物
(31) 食制
(23) 祭禮
(33) 出産
(34) 婚姻
(35) 婚姻の考察
(36) 葬式の一(内部の作法)
(37) 葬式の二(野での作法)
(38) 墓制
(39) 年忌日
(40) 若者組
(41) 若者組の試練
(42) 娘仲間
(43) 部落内の相互扶助
(44) 部落の協力作業
(45) 生産物の配當
(46) 私財産
(47) 家々の標識
(48) 占有を許さるゝ場合
(49) 部落の制裁
(50) 主婦と子供
(51) 年齡感覺
(52) 自治自足
(53) 市
(54) 文化の傳播者
(55) 部落の渡り鳥
(56) 特殊階級といふやうなもの
(57) 部落の偉人功勞者
(58) 部落の大事件
(59) 住民の勞働振り
(60) 休日
(61) 交際
(26) 饗宴
(63) 民間信仰の一(本体のある神)
(64) 民間信仰の二(自然現象崇拜)
(65) 民間信仰の三(偶像崇拜)
(66) 民間信仰の四(神物崇拜)
(67) 民間信仰の五(呪物崇拜)
(68) 妖怪變化
(96) 信仰に關するタブー
(70) 生活に關するタブー
(71) 一般的俗信
(72) 民間信仰の上に生活する階級
(73) 部落ではどんな自然物が注意されるか
(74) 自然暦
(75) 傳說
(76) 昔話
(77) 世間話
(78) 民謠
(79) 部落の娛樂
(80) 前項の傳承者の生活
(81) 方言
(82) 子供の遊び
(83) 郷土玩具
(84) 民間のこと
(85) 狩獵者の團体
(86) その他山での生活
(87) 漁業者の團体
(88) 網
(89) その他海での生活
(90) 淡水漁業
(91) その他川での生活
(62) 舟
(93) 港の習俗
(94) 山脊樂と沖詞
(95) 特殊産業に就いて
(96) 工場のある地方のこと
(97) 雪の一(雪の自然現象)
(98) 雪の二(雪中生活)
(99) 雪の利害
(100) 結び 以上

資料 6-3-1 『郷土研究入門手帳』の調査項目

引　索

一 村の起り
二 村の功勞者
三 村の大事件
四 暮しよかつた時
五 家の盛衰
六 新しい職業
七 燒畑作り
八 山小屋の作法
九 外から買ふ物
一〇 買物に出る場所
一一 物賣り
一二 物賣以外の來り人
一三 明治以後の土着者
一四 出稼地
一五 外で成功した人
一六 永く外にゐて歸つた人
一七 村の自治組織の今と昔
一八 講、組合
一九 女の講
二〇 「ユヒ」「モヤヒ」
二一 「テツダイ」「コーロク」
二二 大災難の時の援助
二三 共有の山河の利用法
二四 共有財產
二五 獵の獲物の分配
二六 村のつきあひ
二七 村ハチブ
二八 村の公と私
二九 村の階級、家の格式
三〇 家じるし、山じるし
三一 財產の繼承、分配法
三二 假の親子關係
三三 同族結合の樣式
三四 同族、親類の義理
三五 義理固い家
三六 變人、奇人
三七 笑ひ
三八 褒められる男女
三九 若者組
四〇 小供組
四一 產屋の行事
四二 氏子入り
四三 娘仲間
四四 夜なべ仕事
四五 女の仕事
四六 遠方結婚
四七 仲の良い村、惡い村
四八 他村からの手傳
四九 日傭、奉公人、名子
五〇 奉公人の居易い家
五一 食物の良し惡し
五二 特殊食物を拵る日
五三 酒宴をする日

引　索

五四 村寄り合の席、費用
五五 分配する食物
五六 土產の贈答
五七 晴着を着る日
五八 仕事着の種類
五九 イロリの座席
六〇 デイを使ふ場合
六一 門松、年木
六二 花嫁の入口
六三 棺の出口
六四 忌中の行事
六五 佛を迎へる入口
六六 佛を迎へに行く處
六七 年回の終り
六八 先祖祭り
六九 同族神
七〇 屋敷神
七一 植物の忌み
七二 氏神のきらふもの
七三 人が忌み、愼しむこと一般
七四 祭禮の全村の愼み
七五 頭屋、神役の愼み
七六 神田及びその世話をする家
七七 庄屋、舊家と神社
七八 宮座
七九 氏神參りに歸村
八〇 山の神
八一 神に祀られた人
八二 信心深い若い人
八三 土地で信心される神佛
八四 よくない場所
八五 不入山、クセ山
八六 神の祟り、不信心者の罰
八七 神佛の助け
八八 怖しい響
八九 狐狸の怪、變化物
九〇 變化を避ける手段
九一 シラセ、夢の告
九二 ウラナヒ
九三 治病の祈禱
九四 氏神に何と云つて拜むか
九五 雨乞、風祭
九六 張切り、道切り
九七 通り神
九八 疲勞、衰弱
九九 長生の家筋
100 仕合せのよい家柄

資料 6-3-2 『郷土生活研究採集手帖』の調査項目

収」（資料6－1－2）を寄せている。

（12）本論において展開すべき重要な論点ではあるが、その準備が十分でないので、欄外で注意喚起しておくが、民俗学において「項目」が果たした役割とその功罪とは、民俗学史の重要な課題だと思う。そのことに早くに気づき、「項目」に注目した形での調査史の必要を論じたのは、坪井（郷田）洋文「民俗調査の歴史」［一九六〇］である。折口信夫の「民間伝承蒐集事項目安」以前の、人類学の婚礼風俗の研究項目なども視野に入れたものではあるが、内郷村の調査で検討された項目［小野武夫 一九二五］や有賀喜左衛門が「民俗」の項目を工夫した信濃教育会の『郷土調査要目』［一九三三］などは取りあげられておらず、『民間伝承』誌上で展開した各種の「要項」の検討も不十分なままに残されている。山村生活調査や沿海諸村の生活調査に使われた『郷土生活研究採集手帖』や『採集手帖（沿海地方用）』の再検討を含め、さらに民俗学史の問題として深めて検討していく必要があろう。

小さな「全集」の意義

第2に、年表をつくりながら不自由に感じたのは、項目化しうるような情報の不足以上に、年代の配置がむずかしいような情報のあつかいである。その地での研究を実際に担ってきた人たちからの「聞き書き」もふくめて、年表の内と外とを充実させていくことなしに、おそらく民俗学史の基礎資料を収集するプロセスは進まない。しかしながら、情報が増え資料の範囲が拡大していくにつれて、その知識は年表という形式にはおさまりきらない部分が増え、けっきょくのところこの形式を踏み越えていかざるをえなくなる。

もちろん、書かれたものの世界を地方にまで拡げれば、その様態はばくぜんと考えている以上に広大である。

情けないことに、糸魚川で話をする前には青木重孝の名前くらいは『退読書歴』に再録された『佐渡年中行事』の序文を通じて知ってはいたものの、たとえばその数多い論考を組織的に追ってみたことはなかった。青木自身の研究回顧の文章をふくむ『青木重孝遺作集』も講演準備の段階では手に取ってはいなかった。現地での研究者との交流のなかで、中心人物であった青木の重要性に遅ればせながら気づいて、すこし注意して見てみると、新潟県公文書館には、柳田国男の還暦記念講習会に新潟県から参加したもう一人の郷土研究者である小林存《ながろう》の蔵書や、新潟県で活躍した別の郷土研究家の蔵書類も入っていたりした。そのなかに青木重孝のご子息（青木菁児氏）がまとめた著作の私家版がかなり寄贈されていて、たまたま見かけた遺作集の一冊を開いただけですこしわかったような気になっていたことを恥じた。

地方で活躍した民俗学者の著作を、まずは目録として、できるならば著作それ自体が、できるかぎり見えるようにすることは意味がある。それは簡単な伝記や生涯の紹介とか、主要な業績に限定して評価する以上に、基礎的で重要なことだと感じた。青木菁児氏がこの十数年をかけて、いわば私家版の「青木重孝著作集」（現在、一三冊まで刊行している。資料6－4参照）を積み上げておられるのは、まことにもって価値のある仕事である。とりわけ、地方の工場の社内印刷物（電気化学工業株式会社の『工場報知』や『工場ニュース』など）や、学校や町の配布物（『学校時報』『広

資料 6-4　青木菁児編「青木重孝著作集」リスト

『青木重孝遺作集』	1995年3月31日発行	240頁
『青木重孝郷愁「佐渡」Ⅰ』	1996年3月1日発行	296頁
『青木重孝郷愁「佐渡」Ⅱ』	1996年7月20日発行	298頁
『青木重孝郷愁「佐渡」Ⅲ』	1996年11月30日発行	298頁
『青木重孝郷愁「佐渡」Ⅳ』	1997年3月30日発行	294頁
『青木重孝懐古「越後糸西」Ⅰ』	1997年11月20日発行	298頁
『青木重孝懐古「越後糸西」Ⅱ』	1998年6月1日発行	299頁
『青木重孝懐古「越後糸西」Ⅲ』	1999年3月1日発行	298頁
『青木重孝古里「文化財訪問」上』	2000年2月20日発行	298頁
『青木重孝古里「文化財訪問」下』	2001年4月10日発行	300頁
『青木重孝「講座テクスト」など』	2003年10月1日発行	304頁
『青木重孝懐想「学校時報」など』	2005年3月15日発行	300頁
『青木重孝越後「市振の関」など』	2009年7月1日発行	300頁

報おうみ』『広報いといがわ』など）に連載した論考を収録しているのは、閲覧の手立てに乏しい遠隔地の読者としてじつにありがたい。その失われやすい掲載雑誌の収集は、郷土においても発掘に大変なご苦労があったと思うが、そこに住み暮らしてきた編者であればこそ、さまざまな情報のネットワークを通じて可能であったのだと考える。まさに「郷土で」のしごとである。

学史のまなざしとして考えるとき、さらに忘れてはならないのは、地方の民俗学者に採集成果や論考の発表の場を持続的に提供してきたのは、地方新聞の文化欄などをもふくめた、限られた範囲での、いわば「小さなメディア」であったという事実である。その意味で、その地方にいかなる表現・表象や交流の場が用意されていたか。それらを踏まえた民俗学史が書かれねばならない。

四　郷土での民俗学史のために——主体と場の交錯をたどる

糸魚川で得た小さな示唆は、ひとりその郷土での必要や課題だけに止まらないように思えた。一般に、地方の現地では民俗学の歴史もまた忘れられ、ご遺族の代替わりによって資料もまた散逸する危険性に直面している現状がある。そうした実態は、柳田国男全集の編集作業との関連で鳥取を訪ねて郷土の研究者と交流したときにも、また『岡山民俗』の周辺を取材した時にも思ったし、重信幸彦と一緒に小倉郷土会の末裔を訪ねたときにも感じた。ある意味で、全国に遍在している現実である。

「郷土研究」は中央から見えにくいだけでなく、地方においても埋もれている。だからこそ、民俗学史の構築というのは、発掘者の構えが問われる、相当な力業なのだということを覚悟しなければならない。

もちろん、「ローマは一日にして成らず」だと思う。

そしてまずは、小さな便利が必要である。きっかけはいろいろだろうが、興味を感じてちょっと調べてみようと思う人に、先人の研究実践の手がかりを提供する仕組みがあったほうがいい。あるいはいまだ正確な測量図のない迷宮かもしれない「民俗学」の文庫に誘う仕組みの共有において、国立歴史民俗博物館のような機構が果たす役割も大きいだろう。

著作目録は、そのほんとうに最初の小さな一歩である。

私刊本作りに熱心で比較的資料が残っていると思われる澤田四郎作にしても、たとえば追悼出版の『澤田四郎作博士記念文集』（一九七二）は、その頁の三分の二以上が「論叢」という論文集で、肝心の沢田の著作活動については、編著書が「他十数篇」、論文が「他四百数十篇」という不明確な記述に止まっている。むしろ一九六七（昭和四二）年に澤田自身が自らの記念としてまとめた『五倍子執筆目録』を、自伝的なメモを含めそのまま収録して、広く残すべきではなかったかとも思う。民俗学のなかであまり論じられることがないが、本山桂川の特徴ある活動について、『市川市歴史博物館年報』に小泉みち子が遺族の協力のもとで詳細な文献目録をまとめているが、[13]これはその後どう発展したのだろうか。小島勝治については、友人の努力もあって単なる著作目録を越えて、主要な著作を取り込んだ著作集ともいうべき集成がまとまったものの、[14]同じく戦死した太田陸郎については、まだ位置づけられないままに埋もれている。[15]あの民俗学講習会に参加した人たちについても、それぞれにそれまでの活動とその後の展開について、その研究がいかなるものであったのかを、『日本民俗学研究』（一九三五）の記述を手がかりにひとつひとつ位置づけてみる必要はあるのではないか。

すでに編まれたものを集めるだけでも、だいぶ見え方が変わる。柳田国男や折口信夫や南方熊楠などの「巨人」に限られ、宮本常一や桜田勝徳や瀬川清子等々の次世代の何人かの「スター」を中心に語られてしまう歴史は、そうした無数の研究グループや絡み合うネットワークによって、具体的に相対化されるはずである。

（13）小泉みち子の「研究ノート 本山桂川その生涯と書誌」は『市立市川歴史博物館年報』第一五号（平成一〇年三月二〇日発行）に掲載されたというが、現物は未確認。ただし、市川歴史博物館のホームページ（http://www.city.ichikawa.chiba.jp/net/kyouiku/rekisi/rekihaku/ronbun/koizumi/ koizumi96.htm）より論文がダウンロードできる。

（14）小島勝治については、故人の友人であった松野竹雄・丸山博が中心になって出版した『日本統計文化史序説』（一九七二）において、その主著が見られるようになり、未来社の助力で『統計文化論集』（一九八一―八五）の4巻が著作論考の集成として加えられた。澤田四郎作が小島勝治を追憶して作った小文集（昭和三九年三月頃に出されたものか）というのは残念ながら調査不足で未見、『五倍子執筆目録』にも対応させられるものが掲載されていないが、澤田の「小島勝治君の思い出」は『東大阪市史資料 第五集』として出された『小島勝治遺稿集』（東大阪市役所、一九七二）に再録されている。民俗学史の観点から、きちんとした評価がされてよい研究者だと思う。再評価はいずれも統計学の側からが中心で、民俗学からの評価はこれからという段階である。わずかに［小池淳一 二〇〇九］が論じはじめている。丸山博が経済統計と会の発表に際しての付属資料として公刊した『資料 小島勝治と『浪華の鏡』』（一九八一年七月一六日発行）なども、彼が活動した場に接近するためには有効な資料である。

小島勝治について柳田国男は「町家に人となって、職人の生活に深い親しみをもち」、都市をフィールドとして、職業や社会事業や統計の領域で「なるほど此人で無いと、こうは言い表わせまいと思うような文章」を残したと評価し「京都にはかえって見られなくて、大阪市中には昔からあった、気概ある民間学者の少数の例の一つである」［「還らざる同志」全集16：二二八一九」と惜しんでいる。

(15) 太田陸郎については、遺著の『支那習俗』以外の集成はあまり目につかない。管見のなかに『考古民俗雑纂』という一冊があるが、刊記も何もなく、多様な紙質や活字の不揃いなどを見ると抜刷を合本にする方法で作ったとしか思えない一冊である。あるいは、太田の残した「著書」と位置づけるべきものかもしれない。表紙のヒラの部分にはまるで目次のように収録の論文の題名を並べており、背にも「考古民俗雑纂　太田陸郎」と印刷してある。16本の所収論文のうちもっとも新しいのが昭和一一年なので、それ以降のある時期に太田自身によって制作された私刊本であろうと思われる。没後であれば、間違いなくなんらかの序跋等々を付けて記念であることを明示するだろうと考えると、昭和一七年一〇月の飛行機事故以前のもの、さらに出征してからこのような本を出版するのは難しいと考えるならば、昭和一一年から昭和一三年七月までの間に作られたとも推定できる。太田については、安田辰馬が財団法人日本職業協会の機関誌『清流』の第二三号に載せた「異色の民俗学者 太田陸郎先生：ある職業行政人の人間像」という論考を中心に資料を添えて別刷の小冊子(一九七四年七月刊行)を残し、加茂幸男の『太田陸郎伝　民俗学者太田陸郎を語る玄圃梨の記』(一九九二年七月一日発行)と題する私刊本は、遺族関係者が所有していた資料などを利用しながら、年譜に即して記述を進めている。

であればこそ、「ローマは一日にしてならず」でありながら、たどり方を間違えさえしなければ、「すべての道はローマに通じる」のである。

たしかに柳田国男という卓越した思想家の影響は、「日本民俗学史」にとって本質的といっていいほどに大きい。しかしながらむやみにすべてをそこに還元することはできず、さしあたり

「いくつもの民俗学史」といっておいた方がよい固有性と複数性とがありそうに思う。それゆえ「総体化」という理想のためには、研究主体の実践を丹念にたどるとともに、場として作用したものの構造を、想像力豊かに描きだす必要がある。

「場」としての民俗学

たとえば、昭和初年の「郷土教育」の展開は、柳田国男が選んだ批判的な関与の微妙な位置をふくめて、「民俗学」の形成に大きな意味をもった。しかし、ここで「学校」という装置が果たした役割は、日本民俗学史でどれだけ論じられているだろうか。

なるほど、一般的な意味で基盤となったのは小学校、中学校の教師たちであったことはすでに指摘されている。また「郷土教育」運動の全体については、伊藤純郎や小国喜弘の研究が明らかにしてくれている側面も大きいが、たとえばそれぞれの地域で編纂された『郷土読本』にしても、内容の比較に踏み込んだ分析がなされてよいのではないか。民俗学史がほんとうに現代においてアクチュアリティをもつかどうかは、このような研究の「場」の個性にどれだけ迫りうるかにもかかっている。地方で活躍した一人のユニークで個性的な民俗学者に焦点をあて、その研究上の生涯を発掘する没入もおもしろく、忘れられたものを掘り起こすうえでは必要である。しかしそこにおける民俗研究をある「運動」として把握するためには、「日本民俗学」の展開を見わたすマクロな民俗学史と視野を「郷土」に限ったミクロな民俗学史とをつなぐ「場」の把握と分析とが不可欠だと思う。

研究会や談話会への注目も、日本民俗学史研究の重要な現場となるだろう。これもまた歩みはじめの一歩にすぎないが、柳田国男の会での報告のために準備した大阪民俗談話会の記録（巻末の付表4）は、そのつもりもあって作成した。[16] いまだ「年表」でしかないけれども、そうした場の把握と分析を始めるための実験的な基礎作業である。

大阪民俗談話会は、手がかりとなる記録の多い事例だと思う。記録者として飛び抜けた能力と情熱をもつ宮本常一の個性も深く関わり、澤田四郎作の本づくりの熱心さとの共鳴も作用したのであろう。しかし、これにしても宮本常一の「大阪民俗談話会だより」や「大阪民俗談話会記録」「大阪支部報」などの謄写版での記録は、その成立が必ずしも単純ではないため、私の促成の集約ではない、もうすこし丹念な検討も必要である。ほんのすこしだけ踏み込んでおこう。

(16) この年表は「柳田国男の会」で報告のために準備し、『柳田国男研究』第六号（二〇〇六）に掲載したものの再録である。参照できたさまざまな資料から抜き出した。もちろん、表自体がまだまだ不十分である。にもかかわらず公開するのは、より正確で充実したものになっていってほしいからだ。共有することで、間違いや補足情報を指摘してくれる同志があらわれる。これもまだ十分ではない作業メモの段階ながら、典拠を具体的にできるかぎり挙げたのも、この表を行き止まりにしたくないからである。単純な打ち間違いを含め、疑問をもった場合に遡って確かめたり考えたりすることができれば、この表作成の試みは孤立しない。

付表4を参照しながら、ざっと読めるていどの大阪民俗談話会の歴史をふりかえってみる。「大阪民俗談話会」活動開始の直接のきっかけも、じつはひとつではないと考えておいたほうがよい。そこにも配慮しておきたかったので、中心メンバーとなる人びとが、柳田国男とそれ以前にどのような接触があったのか、気づいたものを挙げておいた。

しかし昭和九年一〇月二七日の朝、柳田国男から澤田四郎作に電話がかかったことが、その重要な一つであったことはまちがいない。大阪府女子専門学校（のち大阪女子大学、大阪府立大学となる）で講演をするから「久し振りに会い、又いろいろの人を紹介したい」という知らせである。小児科医として大阪に引きあげてから三年ほどたった頃、「久々に先生のお声を聞いて大変うれしかった」〔澤田四郎作編　一九六二：二三二〕。この夜、澤田は講演会の大学で、関西で活動する民俗学の仲間たち、岩倉市郎、藪重孝、水木直箭と引き合わせられ、柳田は澤田を含めた四人を「もう一人紹介したい人がある」といって、桜田勝徳のところにつれていく。

宮本常一は一日違いの一〇月二八日に、柳田国男を京都の石田旅館に訪ね、大阪は学者仲間が多いので「連絡をとるように」〔宮本常一　一九六三：一一九〕といわれる。桜田勝徳が、その後「百年の知己」のように交流したことを思うと、「大阪にありながらも互いに相知ることなく過ごしていたということに非常な驚きをおぼえ」「誠に奇妙に感ぜられる」〔澤田四郎作編　一九六二：三七〕と回顧しているのは、正直な実感だったのかもしれない。

大阪民俗談話会が、この九月の出会いをもとに、独自に集まりはじめたのが一一月の一一日で、参加者は「澤田四郎作（大和）、南要（阿波）、桜田勝徳（陸前）、宮本常一（周防）、岩倉市郎（喜界島）、鈴木東一（和泉）、杉浦瓢（河内）、小谷方明（和泉）」の８名。記録には「主催者小谷方明」［宮本常一 一九三五：四九］とあり、桜田は「宮本さんのお世話で行われた」［澤田四郎作編 一九六二：三七］と述べる。雑誌への掲載も、活動を拡大していく。岸田定雄は、「第一回の会合のあったことが「旅と伝説」や「ドルメン」に報告せられ、大阪にもこう言う会があるのを知って、第二回の会合から私が出席した。昭和九年の十二月であったかと思う」［同前：六五］と書く。

大阪民俗談話会には、民間学の要素があった。それはやはり中心となった澤田四郎作がアカデミズムの研究者ではなく、小児科医として社会で活躍していたことを抜きには考えられない。それだけではなく、参加者もさまざまな職業で、研究テーマもいろいろであった。柳田自身もまた、民間の学問であるという理念を、大阪民俗談話会の活動に期待していたふしがある。翌年の昭和一一年九月から半年をかけて「日本民俗学連続講習会」が大阪の懐徳堂で開かれた。柳田はそこで「政治教育の為に」［全集29：四九四―五］というあいさつをするが、開催場所がここでなければならなかった理由を、「大都市における平民の学問の発祥地」であったからであり、良家の子女をあつめて未来の学者を養成しようというのではない「弘く一般の市民に時世を見るの明」をあたえ「物の道理のわかる人」をできるだけ多くつくることが、創設者の意図だったからだと述べている。

その期待においても、また活動においても、京都帝国大学の文化史学派を中心としたものとは、やや異なる色彩が感じられる。とはいうものの、その京都帝国大学での集中講義が、澤田や宮本への最初の柳田からの連絡の機会を生んでいることを、あまり副次的なものとみることはできないだろう。この時期にすでに還暦記念の講習会をどのていど念頭においていたかどうかはまだ確認していないが、全国的な研究者のネットワークへの動きがあって、柳田の電話もまたそことむすびついていった可能性もある。

澤田四郎作の側からみても、ひとつの準備が整いつつあった。大阪に基盤を移したあとの自らの著作活動の軸とやがてなっていく『五倍子雑筆』の第一号を、同じ昭和九年の柳田の電話に五ヶ月先立つ、五月二七日に発行しているからである。

「場」としての澤田家

もうひとつ、どうしても見落とせない特質は、若者宿のような「場」として澤田家が存在したことである。これは一面でいえば、柳田の木曜会の構造と似た談話の機会という側面があったが、決定的に異なるのは澤田四郎作の夫人である澤田國枝の存在である。

宮本常一は『五倍子雑筆』の第九号にあたる追悼の『手向草』〔澤田四郎作 一九三九〕に寄せた文章で、奥さんである澤田國枝が談話会の維持持続に、いかに大きな役割を果たしたかを語っている。

「大阪民俗談話会が先生のお宅で御厄介になって催されて居た頃、蔭に居ての奥さんの御配慮は一通でなかったと思われる。会がはて、会員の方が帰ってしまうと、後に世話方の二三人が残って次回の事をとりきめる。先生は御多忙で、診察に出かけて居られる事も多いので、我々は卓をかこんで、あれこれと雑談がはずみ、計画よりは酒盃をあげ、気焔をあげる事の方が多かった。全くよい気になって、先生のお宅の二階で夜を更かした事は多かった。会は大抵午後二時頃からはじまり、終るのが七時すぎ、それからこの残留組の長座である。たち上ろうとしても「まあまあ」との奥さんの御言葉で、長尻が更に長尻になったものである。それで居て、御不快な顔をせられるような事は少しもなかった。姑終ニコニコして居られて、我々がそうして居る事が奥さんにも楽しそうに見えたのである。」［宮本常一「奥様の思ひ出」澤田四郎作 一九三九：五四］

同様の快い歓待については、多くの証言がある。岸田定雄は、國枝夫人の「御態度や御言葉は私達を澤田先生のお宅に足を運ばす事に気兼とか遠慮とかいふものを少なくさせた」［澤田、同前：七四］と述べ、岩倉市郎も「先生がお留守の場合でも、夫人さへ御在宅なら夜を徹して談論するといふ有様」［同前：八一］であったことを記憶し、桜田勝徳は「澤田さんがこの会を盛りたてて来られた無比の御尽力の背後には、夫人の絶えざる激励があった」〔同前：七二〕と証言している。面白いのは、赤松啓介（栗山一夫）の回想である。柳田国男の還暦記念の講演を聞きに大阪に出ていこうとしたが、金がなかったので自転車で兵庫からいって、澤田の家しか心当たりがなくて転がり込んだが、看護婦に乞食と間違えられて、ていよく追いかえされそうになる。ちょうど大阪民俗談話会の会員がいたのでようやく入れてもらうと、奥さんが風呂をすすめてくれて、いろいろとよくしてくれた。そして赤松は、自分は対人関係にとくに敏感なところがあって、もし澤田四郎作が自分たちの訪問を喜んでいたとしても「夫人が嫌われたのであったら、僕はきっと感じたに違いないと思うが、そういうことは絶対になかった」〔同前：六七—七〇〕と、澤田家がつくっていた場をふりかえる。

澤田四郎作宅が空間的な拠点となったことは、じつに幸運な出発点であったと思う。しかしなおその後においても、場所があるていどの固定されていたことは、こうした会を定期的に開催していくうえでは、よい条件として作用した。しかもそれが参加者のさまざまなコネクション（染料会館／後藤捷一、家庭薬組合事務所／田辺五兵衛、営林局宿舎／平野勝二）の活用であった点も、民間学の実質のひとつであろう。

付表4にまとめた活動は、そうした空間の土台のうえに、研究同志の交流が織りあげられた結果である。その中心で活動の結び目となった人物のうち、太田陸郎が召集されて中国に行き、宮本常一が大阪を離れてアチック・ミューゼアムに行く。澤田四郎作が召集されて満州に、続いて小島勝治が中国大陸に出征するなかで、昭和一六年までで会は自然休止を余儀なくされていく。

昭和二一年九月の『民間伝承』復刊第2号は「現に消息不明にて連絡の取れぬ会員が、評議員の澤田四郎作氏を始め、全会員の四分の一に当る六〇〇余名であります」と書く。中断は、昭和二二年一〇月に澤田四郎作がシベリアから帰ってくるまで続いたのである。

民俗学者たちの身体と個性

もし「大阪民俗談話会」を本格的に論じるのであれば、澤田四郎作だけでなく、宮本常一、小島勝治、太田陸郎、水木直箭、小谷方明、岩倉市郎、後藤捷一らの活動記録と研究著作とを探らねばならない。さらには宮本常一が謄写版の会報において会員として紹介している、あまり民俗学研究史では言及されない人びとも含めて、いわば関心と交流と方法の重ねあわせが、場の認識に必要であろう。

けれども、いまその準備も余裕もない。澤田四郎作のライフヒストリーと民俗学の方法の接点を考えながら、その枠組みとなるほんのいくつかを指摘するにとどめたい。

第1は、幼時の経験である。宮本常一も『民俗学の旅』であったか、幼かった頃の祖父との経験が民俗学と深い関係をもつことについて回顧していたが、澤田のばあいも、幼い頃の経験のかたちが面白い。たとえば、祖母の読書につきあったことである。澤田の実家は大和の造り酒屋で、酒樽の目張りのために大量の和紙を使う。その材料をとるための和本や古証文があって、祖母の部屋にうず高く積みかさねてあったのだという。「祖母は、毎晩、このうちから引き出されて音読して、私にきかしてくれられた」〔澤田四郎作 一九六九：三〕。『摂津名所図会』などの各地の名所案内から『女大学』の教育書まで、祖母の音読につきあったというが、これが退屈で不満不平をいうと、「よし、それでは話をしてやろう」と笑い話やおそろしい話をしてくれた〔澤田四郎作 一九三一：一―二〕。

澤田が祖母の満八周年忌を機縁にまとめた『大和昔譚』には、のちに民俗学で制度化される「昔話」とすこし違う要素が入っている。祖母の声の記憶に忠実なのであろう、むしろ載せられているのは高田十郎風味の「民話」であって、当代の世間話までが入りこんでいる。澤田は高田十郎の『随筆山村記』（桑名文星堂 一九四三）の序文を満州から書き送るが、そこに「私が学生の頃より、幼時寝物語りに聞かされた祖母の話を記録しておこうという心持ちになったのは」〔高田十郎 一九四三：二〕、高田の克明な記録を読み始めたからだったように思う、と書く。

第2に、学校制度が生みだした交通も民俗学への関心の生成において無視できない。澤田においても、高等学校や大学を通じての学校での経験は、文化の比較への興味を育てた。たとえば方言への関心である。岡山六高で、山形出身の学生に「異状ない」の意味で「ベッチョない」といったのを大笑いされて、各地の方言に興味をもった〔澤田四郎作 一九六九：四〕。誰も似たようなことを思いだせる、印象深い異文化体験であっただろう。石神への関心も、東北出身の友人の話が動機だったという〔澤田四郎作編 一九六二：一七〕。性の象徴の形態化としての道祖神や金精様への関心は、大学時代にさらに積み重なって最初の著作『日本生殖器崇拝概論』となり、後藤捷一から『石神問答』を教えられたり、澤田順次郎の『性』や中村古峡の『変態心理』といった雑誌へ寄稿したりしている。雑誌『変態心理』には、北野博美が深く関わっていたらしい。

第3に、雑誌をふくめ小冊子を自費出版していく志もまた、私は民俗学という学問のひとつの特徴ではなかったかと思う。柳田自身もまた「業と名づけてもよい程」のと自嘲した「出版道楽」〔全集30：二三四〕が、澤田四郎作にもある。「母のへそくりをねだって」〔澤田四郎作編 一九六二：一八〕印刷した『日本生殖器崇拝概論』に始まり、大学時代にも『PHALLUS KULUTUS』という謄写版の個人雑誌を一五号まで発行し、そして大阪で開業したあとの『五倍子雑筆』の一三冊にいたる。

参考のため、手元で確認できた澤田四郎作個人発行の冊子を、年代順に並べてみた（資料6－5）。雑誌掲載の論考などについては、昭和四二年の「五月二五日誕生日までの分」をまとめたという『五倍子執筆目録』を参照してもらいたい。

この「出版道楽」と収集や書誌への関心が、大阪民俗談話会に集まった、宮本常一、小谷方明、太田陸郎、横井照秀、小島勝治などにも、あらわれかたは異なるものの共有されていることは見落とせないように思う。

第4に、今回あらためて気づいたのは、生活のなかで出会った人びとから聞いたことへの関心が深く、それは医者としての生活を始めたあとも続いていることである。その点では、たんなる

資料 6-5 澤田四郎作著作目録

『日本生殖器崇拝概論』澤田四郎作，大正 11 年月 1 日発行
『PHALLUS KULUTUS』1 ～ 15，澤田四郎作，大正 13 年 4 月～大正 15 年 6 月
『無花果』温古書屋 坂本書店，大正 15 年 12 月 18 日発行（筆者名 澤田五倍子）
『ふるさと』澤田四郎作，昭和 6 年 2 月 20 日発行（14 頁の「方言補遺」あり）
『大和昔譚』澤田四郎作，昭和 6 年 10 月 29 日発行
『五倍子雑筆 第 1 号』澤田四郎作，昭和 9 年 7 月 1 日発行
『五倍子雑筆 第 2 号』澤田四郎作，昭和 10 年 1 月 1 日発行
『五倍子雑筆 第 3 号』澤田四郎作，昭和 10 年 8 月 8 日発行
『五倍子雑筆 第 4，5 号』澤田四郎作，昭和 11 年 7 月 1 日発行
『五倍子雑筆 第 6 号』澤田四郎作，昭和 13 年 1 月 1 日発行
『五倍子雑筆 第 7 号 飛驒採訪日誌』澤田四郎作，昭和 13 年 5 月 2 日発行
『五倍子雑筆 第 8 号 続飛驒採訪日誌』澤田四郎作，昭和 14 年 1 月 1 日発行
『五倍子雑筆 第 9 号 手向草』澤田四郎作，昭和 14 年 6 月 20 日発行
『五倍子雑筆 第 10 号 うつしばな』澤田四郎作，昭和 16 年 3 月 13 日発行
『異国より還りて（五倍子雑筆 第 11 号）』澤田四郎作，昭和 24 年 11 月 12 日発行
『熊岳城温泉附近遺跡の研究（五倍子雑筆 第 12 号）』澤田四郎作，昭和 26 年 1 月 1 日発行
『シベリア日記（五倍子雑筆 第 13 号）』澤田四郎作，昭和 29 年 10 月 1 日発行
『柳田国男先生』近畿民俗学会，昭和 37 年 12 月 20 日（序文日付）
『渋沢敬三先生』近畿民俗学会，昭和 39 年 8 月 15 日発行
『五倍子執筆目録』［昭和 42 年］5 月 25 日
『山でのことを忘れたか』澤田四郎作，昭和 44 年 11 月 16 日発行

二足のわらじ、すなわち休日にだけ民俗学者としての活動をしていたとはいえない。

その一例が、『五倍子雑筆第一号』の小菅新蔵の聞き書きである。第一号は「大正の末頃から昭和五年にかけて聞き得た話」〔澤田四郎作 一九三四：小序〕をまとめたというが、つまりは民俗学に惹かれていた学生時から東京生活のなかでの収集を、あらためてまとめなおしたものである。

小菅新蔵は、東京時代の家主であった大工の武田末吉が、小菅の弟子だったという機縁があったらしいが、とりわけ妻子の上京から一週間もたたないうちに関東大震災にあった野宿生活では、食糧に困らなかったのは小菅のお

かげであったと書く。やがて小菅の家作に移り住み、庭つづきのつきあいをしたという。昭和五年に故郷の伊勢に帰った。大工ゆえに、じつは旅の経験も多く、たとえば飛騨地方や名古屋の話が混じっているのはそのためである。

こうした身近な人物や、診察などを通じて知った人物の聞き書きは、ざっと見て気づいただけでも多い。たとえば『五倍子雑筆第二号』の新潟県の「堀之内村龍光」の目黒よね子は患者である子どもの母親であり、茨城県の木村亥之吉は東京時代の隣の老人、『五倍子雑筆第三号』に登場する藤野徳次郎は大学の教室の小使いで、田中国男は同僚の医者、同じ東筑摩郡の出身者として聞いたことをまとめている。医局の小使いや雑役婦から採集した情報は、雑筆の他の号でもみることができる。

『五倍子雑筆』が採訪記録の報告であり、フィールドノートであることとの意味は、そうした日常の業務での会話での聞き書きにまで拡大して考えるべきであろう。

民俗学史の複合戦略

固有の生活史を有する郷土の研究者たちの、個性に迫るような研究が一方では必要であることは否定しない。しかしながら、「民俗学」のフィールドワークの可能性が、「自分の調査地（フィールド）」や「我が村」の事例の羅列に閉じて孤立してしまった過ちを、もういちど「個人」「個性」への没入という行き止まりとして、繰り返すわけにはいかない。個性的な民俗学研究者へのまなざしを、現代への問いとしての「民俗学史」にむすびつけ、私のことばで表現するならば「運動としての民俗学」や「方法としての民俗学」の特質を明らかにするために活かす。そのためには、そのような複数の民俗学への興味が交差する「場」の分析が不可欠となる。研究会や雑誌をひとつの「広場」としてとらえ、そこで繰り広げられた問答や交流が「日本民俗学史」の主題として浮かびあがるのは、それゆえである。

歴史の掘り起こしが、新たな民俗学の構想といかにむすびつきうるのか。『石神問答』や『遠野物語』から数えても一〇〇年、民間伝承の会の組織化からでも七〇年以上の厚みがある民俗研究の実践の歴史的な展開を、いかに記述するかについては、方法の本格的な検討が要請されている。たとえば、なぜ研究雑誌が枠組みになりうるのか。あるいは、分野別動向として概説される研究ジャンルは、いかに生成し、いかに固定されたのか。日本での民俗学の歴史的展開を書こうとすれば、良かれあしかれ柳田国男の研究を軸のひとつにせざるをえないところがある。先覚者が起こした理論と方法の年表的な並列を離れて、民俗学を、その生成の「場」に即して考えてみることは、ある意味では「柳田中心主義」ののりこえである。

そのとき以下の3つほどの論点は有効であろう。

(1) 研究会と雑誌という広場の記録——問答・交流のコミュニケーション空間の分析

(2) 固有の生活史を有する研究者たち——その複数性と結節の分析

⑶ 運動としての民俗学――中央と地方の構造、問いと達成、課題と現状の分析

私自身は、学問のなかのイデオロギー批判を急ぐのではなく、その研究の実践をささえていたものを、まずはていねいに描きだしてみなければならないだろうと思っている。そして実践をささえるネットワークの具体的な形態、とりわけ研究会と雑誌に注目して論じてみるのは、たいへん有効な第一歩だと考える。

もちろん、調査採訪の「場」を軽視しているわけではない。それらが理論史としての学史とはことなる、実践史・方法史として重要な学史の領域を構成しうることは、社会学史においても人類学史においても民俗学史においても同様である。

五　再び、民俗学における「歴史」とは何か

最後にもういちど、「年表」型のアプローチの限界を、資料の拡大という「民俗学」が果たしてきた方法論的な役割とからめて論じ、もうひとつの歴史学としての民俗学の本願を確認しておこう。

年表の本質は、「表」すなわち一覧できるように整理され、空間的に配置されたリストという

ところにある。そこで表現されている関係は、空間的な並置であり、ただ並べられたなかでの距離や順序や隣接の関係にとどまっている。つまり、論述の文体である「散文」のようには、説明や因果的な関連づけには踏みこまないまま、年表はわずかに時間的な前後関係を表象しているにすぎない。しかも逆転しがたく絶対的なもののようにあらわれる、その前後関係を支えているのは、超越的で外在的で普遍的な「時間」の流れという、抽象的で形式的な枠組みでしかない。(17)

(17) そうした枠組みの有効性の感覚それ自体が、機械時計の普及や鉄道運行が織り上げていった均質な標準時間の社会的受容など、歴史的社会的な環境を充たす時間意識に支えられていることも見落とせない。この論点はじつは歴史意識を考えるうえでは大きな問題だが、ここでは深入りできない。

しかしながら、人間にとって「歴史」を意味のある物語、別な言い方をすれば説明力をもつ物語たらしめているものは、そうした形式的で外在的な時間の推移、すなわち機械時計によって測られ標準化された時の連続性ではない。むしろ、いま生きている主体である人間の「意味づけ」であり、人間によって「生きられた」関連づけである。ベンヤミンは、それを「均質で空虚な時間」と「生きられた時間」との対照においてとらえ、私はそれを「足し算としての歴史」と「かけ算としての歴史」という対比に言い換えて説明した［佐藤健二　二〇〇六：二九一—四］。年表は、結局のところ足し算に支えられた技法でしかない。もちろん、足し算において間違えないようにする、その基本的な技法の習得をないがしろにする必要はないが、われわれに求められているのは、かけ算という相互性の融合の理解に踏みこんで「関数」や「微積分」のような、いわば「関係」あるいは「関係分析」の論理を歴史認識において拓くことである。

民俗学がなぜ、身ぶりや声の「ハビトゥス」、すなわち慣習的実践の領域に資料の採集を拡げることになったのか。それは年表に加えられて空白を埋めてきた「書かれた記録」の「部分性」を発見したからである。「文書記録」と「採集記録」という、古くて新しい対立がここでも顔を出す。もちろん、この二つを固定的に考え、対立をそのまま歴史学と民俗学とに投射してしまう類の方法論は、不自由な自己呪縛であって、議論の組み立て方そのものがまちがっている。いうまでもなく、面接や観察を通じての採集記録、すなわち身ぶりや声としての記録もまた、書かれたものと同じく「部分性」を免れないからである。ただし、書かれた資料においては、それがさまざまな情報をもつ物質として残っていることを手がかりに、書いた主体や書かれた場や伝えられた経緯などを探り出し、その時代性を考察しやすいという利点があった。これに対して、口承資料は、そうした生成の場とのつながりを周辺資料の収集と総合のなかで探っていかなければならない困難を抱え込んでいる。その社会学といってもよい苦労と柳田が直面していたこともまた『史料としての伝説』（一九四四）や『口承文芸史考』（一九四七）などから読み取れる。

にもかかわらず、身ぶりや声の観察と採集とが戦略的であるのは、書かれることですでに切り離され、保存されることで、現在の生活から忘れられてしまうこともある文書記録とは異なり、遂行という行為によってあるいは発話という実践においてくりかえされる「眼前の事実」という意味での「現在性」を有しているからである。その「現在性」は、説明されるべき現象であり、歴史として認識されるべき拘束性やそこからの切断としての自由を表象している。現在の現象に、構造的に作用している力のありようを、変遷として、あるいは変容として語ることができた時、われわれは「歴史」を構築しえたといえるのである。

起源の探究という二つの知的操作

われわれが年表的な知識に止まってはならないのは、歴史の認識が過去の前身、すなわち以前そうであったという形態の発見にとどまるものではないからである。このことを明確に主題化したのは、フランスの社会史家のマルク・ブロックであった。

ブロックの『比較史の方法』[1928＝一九七八]は、ちょうど柳田国男がやがて「聟入考」となる婚姻制の考察を史学会で講演した頃に書かれたもので、後に社会史と呼ばれるようになる立場の方法意識を鋭く提起している。ブロックは、歴史家ルナンの「歴史における類似は、必ずしもつねに関連の存在を暗示しているとは限らない」という言葉を引用しつつ、類似性の認識が無自覚に模倣や伝播といった説明を立ち上げてしまうあやうさを切断している。民俗学がいかに外形の類似から、安易に伝承を仮定し呼びよせてしまうかを考えるならば、この警告は他人ごとではない。さらに比較の方法こそが、原因の探究における前進を可能にするとして、「起源の問題」すなわち「起源という表現のもとで、その本質において異なり、かつ、その射程においても等しくない二つの知的操作が混同されがちである」問題に踏みこんでいる点は、比較の意義を強調した『郷土誌論』の歴史認識の方法と深く呼応している。

そこでいう「起源の問題」すなわち「二つの知的操作の混同」とはなにか。ブロックは、一四世紀から一五世紀のフランスにおいて注目される「三部会」、僧侶・貴族・平民からなる身分制議会を例に、次のように説明している。

第1の知的操作は、「三部会がしばしばそれらの発展形態としか考えられないより古い諸制度（たとえば、公や伯の会議）」の探究で、前身となるものの研究である。それはまったく必要なもので、正しく押さえなければならない知識でもある。しかしながら、そこに付随して、しばしば混同されがちな第2の知的操作がある。それは変容の契機であり、変化が生み出されるメカニズムの把握である、という。

「この伝統的組織が、何故、所与の時期に拡大し、かつ新たな意味を獲得したのか、そして、それが何故、三部会すなわち政治的な、そして特に財政的な役割を与えられ、君主ないしその顧問会議に対しておそらく従属的ではあるがそれとは明確に区別される力――これは、無限に多様な仕方で当該地方の社会的諸力を究極的には表現するのだが――をもっていることを自覚している会議体に変容したのかを説明しうる理由を発見することである。胚を明らかにすること、それは発芽の原因を発見することではない。」［Marc Bloch 1928 = 一九七八：

［二三］

ブロックは、「多数の瑣細な地方的事実の迷路に迷い込む」だけの探究は「不可避的に、基本的なものを看過する」ことになると警告し、「一般的現象の原因は、同様に一般的なものでなければならない」として、「全ヨーロッパ的規模の」類似の比較の重要性を強調するが、次のような忠告も忘れずに加えている。

「私の言わんとするところを誤解しないでいただきたい。私が、今示唆したヨーロッパ全体にかかわる大問題の解決のための探究にとりかかるために、その著者たちが、彼らの固有の研究領域を放棄することなどを要求しているのではない。全く反対である。彼らが、相互に孤立して、各自勝手にやっていたのでは、その問題を解決することはできないということを自覚してほしいのである。ただし、彼らがわれわれに提供できる重要な貢献がある。すなわち、彼らは、彼らが対象とする地域において、三部会あるいは身分制議会の出現に先行しあるいは随伴し、かつそのことによって、暫定的にせよそれらの生成の可能的諸原因の中にふくまれるべきものと考えられるさまざまな政治的・社会的諸現象を明らかにするということである。こういった研究に際して、他の地域についてすでに得られた諸結果を吟味してみること——一言でいえば、小範囲の比較史——は、彼らの注意をどこに向ければいいかを定めるのに有効であろう。全体的比較は、そのあとでなければおこなわれえない。前提となる地方的研究がなければ、全体的比較をおこなっても、実りがないであろう。しかし、全体的比較のみが、考えられる諸原因の密林の中から、一般的影響力をもつもの、すなわち、真の原因だけを見分けることができるのである。」〔同前：二四―五〕

こうした視点は、たとえば柳田国男の「一国民俗学」という特殊な表現をめぐって九〇年代に繰り広げられた閉鎖性や国民国家的性格をめぐる議論の不毛さや、その反動という要素もあった「比較民俗学」への安易な同調や流行の批判すべき軽薄さを思い起こさせ、あるいは地方民俗学史の発掘へとわれわれの課題を導くだろう。

変数の構成、あるいは博物学と代数学

ブロックが論じた第2の知的操作の重要性は、ある意味では「かけ算としての歴史」の比喩を延長するなかで理解することができる。もっとも単純化していえば、ちょうど関数や変数をふくんで成立する「方程式」と、ある時点において観察される「値」の関係を考えればよい。個々の現象形態は、すべて「値」である。それがいかなる「変数」に属するものなのかも探り出すべき問題だが、変数間の関係を記述する「方程式」のレベルでとらえられる構造もまた、知的探究がとりくむべき重要な課題である。

さらに比喩的な展開ではあるが、「博物学」と「代数学」という対比を提示しておきたい。日本民俗学史の構築においては、地方において忘れられ埋もれてしまった研究や研究者たちの発掘や、場としての研究誌の探索や残された論考の収集など、いわば「博物学」的な作業もまだまだ必要であろう。しかし、それだけでは不十分である。そこで観察されたものを「値」として捉え直し、背後に潜む「変数」をあぶり出す「代数学」的な作業もまた、同時に立ち上げられる必要がある。国語教育を含めた近代の学校教育システムは、その作用を深く考えてみなければならない変数の一つであったと思うし、意外なことに郵便や鉄道などの交通手段の発達も、謄写版から写真にいたる記録複製技術の展開も、日本民俗学史の構築において無視できない変数として関与している。学校や交通や印刷を含むメディアの介在を、重要な変数として考えるような民俗学史の書き換えは、私自身にとっても魅力的な課題である。

最初に述べたように、まだ準備は不十分であるが、そのような構えにおいて「近代日本民俗学史」を構想してみることは、「民俗学」という概念の縛りを、ある意味で解放し、別な意味では積極的に選択するために、必要である。現状を告発するためにではなく、かつてあったかのように信じられた可能性の中心をとらえなおしたい。

この覚書は、そうした基礎作業のために書かれた宣言である。

あとがき

『柳田国男の歴史社会学』というタイトルは、ときに自分の専門を歴史社会学と説明したりする私にとって、まずは無難な選択だが、ここだけの話それほどいい題名だとは思っていない。「柳田国男」と「歴史社会学」との関係にかんする誤読が引き起こされやすいからだ。歴史社会学というディシプリンが既に柳田の実践のなかにあるという確信や、この思想家は民俗学者でも農政学者でも歴史学者でもなく社会学者なのだという位置決めは、私が考えているよりも相当に窮屈な解釈である。もうひとつ別な誤解封じもつけくわえておく。この一冊は『柳田国男における歴史社会学の方法』という題名で東京大学に提出した博士論文ではない。ごく一部分重なる記述もあるものの、まったく違う構成をもつ、異なる長さの別な著作である。

おそらく副題に添えた「続編」としての名づけのほうが、この論文集のねらいに近い。一九八七年に出した『読書空間の近代――方法としての柳田国男』は、私の柳田研究の出発点でもあり、歴史社会学者としての原点でもあった。その後のいくつかの著作で、この思想家の風景論や市民社会論や新語論などを新たに解釈してきた。しかし柳田の方法と思想に焦点をあてつつ、その学問の特質について考えた論考のいくつかは、論文のままに残されていた。とりわけ『柳田国男全集』の編集は、第一章で論じているとおり読書空間論以後の私にとって、まことに大きな変化で、具体的なテクスト空間との格闘は私の研究に、いわゆる思想史的な読解とは異なる厚みと現実性をあたえてくれた。いつものように、別々な論文をひとつに編集しなおすなどかなり書きなおしてしまっているので、出発点の記憶にすぎないが初出を以下に挙げておく。

・プロローグ「再び「柳田国男の老い」をめぐって」（原題「「柳田国男の老い」をめぐって」現代風俗研究会編『異文化老人の探検　現代風俗'88〜'89』一九八八年）
・第一章「テクスト空間の再編成：『柳田国男全集』の試み」（原題「『柳田国男全集』の編集から見えてきたもの」柳田国男の会編『柳田国男研究論集』第一号、二〇〇二年）
・第二章「「遠野物語」から「郷土誌」へ」（原題同じ。石井正己・遠野物語研究所編『遠野物語と21世紀　近代日本への挑戦』三弥井書店、二〇〇九年）
「付論：「郷土」と「常民」について」（原題「郷土」「常民」小松和彦・関一敏編『新しい民俗学へ：野の学問のためのレッスン26』せりか書房、二〇〇二年）
・第三章「柳田国男と写真：「自然主義」と「重ね取り写真」の方法意識」（原題同じ。緒川直人・後藤真編『写真経験の社会史：写真史料研究の出発』岩田書院、二〇一二年）
・第四章「歴史社会学の方法と実践」（原題「民俗学と郷土の思想」『岩波講座近代日本の文化史5

編成されるナショナリズム』岩波書店、二〇〇二年／原題「柳田国男の歴史社会学」鈴木幸寿・山本鎮雄・茨木竹二編『歴史社会学とマックス・ヴェーバー（上）』理想社、二〇〇三年）

・第五章「方法としての民俗学／運動としての民俗学／構想力としての民俗学」（原題同じ。小池淳一編『民俗学的想像力』せりか書房、二〇〇九年）

・第六章「近代日本民俗学史のために」（原題「近代日本民俗学史／覚書」『共同研究 日本における民俗研究の形成と発展に関する基礎研究』歴史民俗博物館研究報告第一六五号、国立歴史民俗博物館、二〇一一年／原題「「大阪民俗談話会」を考える」『柳田国男研究論集』第6号、柳田国男の会、二〇〇八年）

最初の『読書空間の近代』は、多くの印刷複製技術の成果がそうであるように、まだ会ったことも話したこともない読者とのつながりをもたらしてくれた。たとえば、たまたま開いた早稲田青空古本祭の連合目録『古本共和国』（第三号、一九八八年一〇月）を思い出す。文芸評論家の堀切直人氏が「雑書道楽の功徳」というエッセイを寄せ、そのなかで私の柳田の読書と民俗学との関係の解釈を「斬新な説」と評価してくれたのを発見したときはうれしかった。顔も知らないだれかに、なにかが届いたことに、単純だが感動した。柳田為正氏は、PR誌の『みすず』（第三九四号、一九九四年一月）で一九九三年中に読んだ特に興味を感じた書物のひとつに私の本を挙げ、父・柳田国男はそれにしても良い読者をもったものだと書いてくれた。身近に接していたひとからの所感だけにありがたかった。狭いアカデミズムへと閉じがちな民俗学を飛び出して介護の世界に身を投じた六車由実さんの『驚きの介護民俗学』（医学書院、二〇一二）に、四半世紀前の「柳田国男の老い」の解釈が寄り添う他者の読みとして参照されていたのは最近の驚きのひとつだ。この続編「読書空間」論の試みがまた、新しい親切な読者にとどくなら楽しく喜ばしい。

この一冊は、柳田国男の作品を自分の方法に活かしてきた、二人の卓越した読者に捧げる。一人は新全集編集の年来の同志である石井正己さんである。いまなおその探索や考証は精力的で、厳しい伴走者でありつづけてくれている。第二章の「遠野物語」論は、「『遠野物語』の文献学的研究」の石井さんに依頼されなかったら書かなかっただろう。もう一人は、社会学の大先達の加藤秀俊先生である。その数多くの著書は高校生の頃の愛読書で、文化研究のおもしろさを教えてくれた。偶然だが、私の父が学んだ仙台幼年学校の後輩であったことを、父のために『航跡雲』（二〇〇八年一二月発行）という聞き書きをまとめ、私家版で刊行したときに知った。

せりか書房の船橋純一郎さんと武秀樹さんには、面倒な本づくりでご迷惑をおかけした。お力添えに感謝申し上げる次第である。

二〇一五年一月一〇日深更　母の八四歳の誕生日に

佐藤 健二

年月日		名称	参加者	場所	内容	典拠
	8月23日	142回		大阪営林局	水木直箭・岸田定雄「大和吉野郡民俗調査」	近畿民俗12
	9月20日	143回		大阪営林局	高谷重夫「滋賀県湖北採訪談」、水木直箭「折口先生追憶談」	近畿民俗12
	10月18日	144回		大阪営林局	辻野セツ子「高知県土佐郡地蔵寺村採訪談」、竹田聴洲「羽黒山及び陸中採訪談」	近畿民俗12
	11月28日	145回		あやめ池大劇場	近畿地区民俗芸能大会見学	近畿民俗12
	12月20日	146回		大阪営林局	小林茂「部落の話」、鳥越憲三郎「トカラ十島調査」	近畿民俗12
昭和29	2月11日	147回	8名		岩井宏美「奈良県山辺郡東里村笠間の年中行事と結婚葬送」	近畿民俗13

1) この記録が昭和29年の2月の第147回で終わっているのは、単純に時間がなかったからで、特別な意味はない。

2) 短時間で作成したので、多くの点で不十分である。あるいは、すでに近畿民俗学会などでの網羅的な整理があるかもしれないけれども、参照できなかった。今後、充実させていきたい。

3) 主として、『民間伝承』『近畿民俗』を使った。足りないところを、『五倍子雑筆』等で補っている。回数の表記で、肩にマーク（＊）があるものは、推定。回数に関しては、他の事業との関係でやや解釈のゆれがあるのではないかと思われる。

4) 成城大学民俗学研究所所蔵の『大阪民俗談話会会報』は、宮本常一が去ったあと、昭和15年から活版で作られた会報である。それ以前の『大阪民俗談話会だより』として出されたものについては、おそらく同人のあいだとりわけ、小谷方明や後藤捷一の所蔵のなかに残っていようかと思うが、調べていない。成城にある『大阪民俗談話会記録』という謄写版本文を和綴じにしたものは、おそらく成立経緯がそれとは異なる。宮本常一が、昭和11年のあたりになってから、自分のノートをもとに再構成した記録と思われるからである。

5)「岩井宏実大福帳」とあるのは、大谷大学で行われた柳田国男の会の席上にて、岩井氏がお持ちになられた昭和24年の1月から6月までの例会の開催日と出席者の署名がある資料。もともと大福帳形式であったものを、宮本常一生誕100周年の記念展覧会に貸し出すために、表装し巻物にしたとのこと。ここに記載されている人名に、出席者でありながら署名していない、岩井の分を加えて、出席者数にした。

年月日		名称		参加者	場所	内容	典拠
	9月24日		近畿民俗学会 第2回共同調査			兵庫県宍粟郡奥谷村富栖村および原、音水	五倍子雑筆12
	10月29日		近畿民俗 例会		大阪営林局	柳田、折口両先生を中心とする座談会	民間伝承 14-12
	12月10日		近畿民俗 学会例会		大阪営林局 宿舎	錦耕三ほか5名「兵庫県宍粟郡奥谷村」	民間伝承15-1
昭和26	1月20日	118回	近畿民俗 学会例会		営林局深山 寮	乾健治「丹波市の伝説」、高谷重夫「志摩国南海村の民俗」	近畿民俗5、 民間伝承15-3
	2月25日	119回	近畿民俗 学会例会		営林局深山 寮	岩井宏実「大安寺の頭屋行事」、林宏「大和の民間療法」、野村豊「三島のり」	近畿民俗5、 民間伝承15-5
	3月18日	120回	近畿民俗 学会例会		営林局深山 寮	岸田定雄「肩車考(大阪町聞書)」、楳垣実「隠語と符牒」	近畿民俗5、 民間伝承15-7
	4月22日	121回	近畿民俗 学会例会		営林局深山 寮	鷲尾三郎「灘酒造歌に就いて」、西本珠夫「丹波篠山沢田の鱧祭」	近畿民俗5、 民間伝承15-6
	5月28日	122回	近畿民俗 学会例会		営林局深山 寮	池田源太「ケルト人の口誦伝承の習俗」、錦耕三・岩井宏実「若狭採訪談」	近畿民俗5
	7月1日	123回	近畿民俗 学会例会		営林局深山 寮	平山敏治郎「越前岡本村採訪談」、樋口孝太郎「ヤク除箸の話」、岸田定雄「大和民俗採訪談」	近畿民俗5
	7月8日	124回	近畿民俗 学会例会		澤田宅	渋沢敬三先生を囲む座談会	近畿民俗5
	7月29日	125回	近畿民俗 学会例会		営林局深山 寮	錦耕三「マナ神事の一考察(マナバシとヤクヨケバシ)」、鳥越憲三郎「桜井谷の民俗」、岸田定雄「信州東京旅行雑談」	近畿民俗5、 民間伝承15-9
	8月19日	126回	近畿民俗 学会例会		営林局深山 寮	岸田定雄・鳥越憲三郎「北山峡調査報告」	近畿民俗5
	9月23日	127回	近畿民俗 学会例会		営林局深山 寮	橋本鉄男「荘厳と大荘厳」、平山敏治郎「対馬調査報告」	近畿民俗5
	10月23日	128回	近畿民俗 学会例会	54名	澤田宅	柳田国男先生を迎えて座談会。民俗学の名称、社会科の目的、エビス神、米の話、弥勒信仰など。	近畿民俗5､岸田論文『柳田國男先生』所収
	11月25日	129回	近畿民俗 学会例会		営林局深山 寮	高谷重夫「度会郡漁村民俗採訪談」、保仙純剛「大和民俗採訪談」	近畿民俗5、 民間伝承16-1
	12月9日	130回	近畿民俗 学会例会		営林局深山 寮	鳥越憲三郎「西能勢の民俗」、平山敏治郎・竹田聴洲「平戸調査報告」	近畿民俗5、 民間伝承16-2
昭和27	2月17日		近畿民俗 学会例会		大阪営林局 宿舎	菅沼晃次郎「但馬の牛」、津田秀夫「近木の櫛」	民間伝承16-4
	3月16日		近畿民俗 学会例会		大阪営林局 宿舎	保仙純剛「ちゃんちゃん祭」、土田英雄「六島漁村採訪」	民間伝承16-5
	4月22日		大藤時彦西下、近畿民俗学会の諸氏と秋の民俗学会年会の件を打ち合わせる				民間伝承16-6
	5月18日		近畿民俗 学会例会		澤田宅	鈴木東一「岸和田山村の町中行事」、平山敏治郎「近江山前のオコナヒ行事」	民間伝承16-7
	6月15日		近畿民俗 学会例会		大阪営林局 官舎	岸田定雄「大和聞書」、岩井宏実「有馬採訪談」、錦耕三「若狭の祭」	民間伝承16-8
	7月13日		近畿民俗 学会例会		大阪営林局 宿舎	錦耕三「若狭の祭(第二講)」、楳垣実「フモゼ考(蚕)」	民間伝承16-9
	8月24日		近畿民俗 学会例会		大阪営林局 宿舎	鳥越憲三郎「大台ヶ原民俗採訪」、錦耕三「若狭の祭(二)」	民間伝承 16-10
	(この間、おそらく月例で会があったと思われるが、日付等の情報を確かめる記録未確認)						
昭和28	6月28日	140回			大阪営林局	平山敏治郎「能登採訪談」	近畿民俗12
	7月19日	141回			大阪営林局	保仙純剛「熊本県五箇山採訪談」	近畿民俗12

年月日		名称	参加者	場所	内容	典拠
	4月18日	復活第一回例会				
	（この間、まず隔月開催の予定が毎月に変わったとのことだが、具体的な日付が不明。毎月第三日曜日）					
	9月26日			家庭薬品組合事務所	岸田定雄「大和に残る星の古名について」	民間伝承13-1
	10月17日?				平山敏治郎「史料としての伝説」	民間伝承13-2
	11月21日?				笹谷・澤田	民間伝承13-2
昭和24	1月16日	近畿民俗学会例会	26名	家庭薬品組合事務所	宮本常一「兵庫県氷上郡鴨庄村の村落組織について」、錦耕三「若狭のダイジョウ講」	民間伝承13-3、岩井宏実大福帳
	2月20日	近畿民俗学会例会	25名	家庭薬品組合事務所		岩井宏実大福帳
	3月27日	近畿民俗学会例会	18名	家庭薬品組合事務所	宮本常一「村の構成」、津田秀夫「能勢山王村」	民間伝承13-5、岩井宏実大福帳
	4月24日	近畿民俗学会例会	22名	家庭薬品組合事務所		岩井宏実大福帳
	5月22日	近畿民俗学会	22名	家庭薬品組合事務所	平山敏治郎「史料と民俗学」(第3回民俗学講座)	民間伝承13-6
	5月29日	朝日新聞社古典講座講演		奈良女子大学講堂	柳田国男「大和と民俗学」	近畿民俗1
	6月19日	(近畿民俗学会例会)	12名			岩井宏実大福帳
	7月17日	(近畿民俗学会例会)	14-5名	今橋の家庭薬品組合	岸田日出男「吉野の修験道」	宮本常一の日記
	（この間、おそらく月例で会があったと思われるが、日付等の情報を確かめる記録未確認）					
	10月16日	(近畿民俗学会例会)	10名ほど	今橋の家庭薬品組合	柴田「上代の埋葬の話」	宮本常一の日記
	12月18日	近畿民俗学会例会		大阪家庭薬品組合事務所	松井佳一「水産と民俗」、酒井忠雄「平野郷のクリ綿の話」	民間伝承14-3、宮本常一の日記
昭和25	2月26日	近畿民俗学会			錦耕三「ダイジョウコウの話」	宮本常一の日記
	3月19日	近畿民俗学会例会		家庭薬組合	保仙純剛「最近の採集帖より」	民間伝承14-6
	4月26日?	4月例会		澤田宅	錦耕三「若狭のダイジョウコウの話」、宮本常一	近畿民俗3、民間伝承14-7
	5月28日	近畿民俗学会研究会		大阪営林局官舎	楳垣実「方言採集」、その他座談会	民間伝承14-8
	8月19日?	近畿民俗学会第1回共同調査			北江川の採訪、滋賀県高島郡今津町梅ヶ原	民間伝承14-10、五倍子雑筆12
	8月27日	近畿民俗学会例会		大阪営林局官舎	竹田聴洲「同族結合の紐帯」、『郷土生活の研究法』輪読	民間伝承14-10

年月日			名称	参加者	場所	内容	典拠
	12月15日	65回	大阪民俗談話会		染料会館	鈴木東一「和泉の父鬼の紹介」	民間伝承6-4
昭和16	1月19日	66回	大阪民俗談話会	13名	染料会館	岡見正雄「花まつり」	民間伝承6-5、大阪民俗談話会会報14
	2月16日	67回*	大阪民俗談話会	14名	染料会館	岩田準一「志摩国崎の年中行事」	民間伝承6-7、大阪民俗談話会会報15
	3月16日	68回*	大阪民俗談話会	13名	奈良図書館	水木直箭	民間伝承6-8、大阪民俗談話会会報16
	4月13日		臨時談話会	12名	澤田宅	渋沢敬三、宮本常一来る	大阪民俗談話会会報17
	4月20日	69回	大阪民俗談話会	7名	染料会館	松本員枝「紀伊加茂村大窪の民俗」 座談 一人前とその表示方法	民間伝承6-9、大阪民俗談話会会報18
	5月18日	70回	大阪民俗談話会	12名	染料会館	高谷重夫『産屋資料の展望」 座談 出産・てなし児・へそくり	民間伝承6-10、大阪民俗談話会会報19
			今次の会より大阪民俗学会と改称				民間伝承6-10
	6月15日	71回	大阪民俗学会例会	13名	染料会館	杉浦瓢「野暮のやりくり」 座談 へそくりに関連して	民間伝承6-11、大阪民俗学会会報19
	7月14日		澤田四郎作: 召集令により満光6004部隊に入隊。即日見習士官として満州に駐屯、黒河省山神府陸軍病院に勤務。				
			小島勝治: 澤田四郎作応召のあとをうけ、民俗学会の世話人の一人となる。				
	7月20日	72回	大阪民俗学会例会		染料会館	小島勝治「町方の奉公人」 座談 お化粧をした神仏(辰井隆氏提出)	民間伝承6-11
	(未詳)	73回					記録なし
	9月21日	74回	大阪民俗学会例会		明石水産試験場	松井佳一「民俗学的に見た水産」	民間伝承7-2
	10月		小島勝治: 教育召集。昭和17年1月 召集解除。4月に再召集され、中国大陸に赴任。昭和19年7月28日 戦病死と伝えられる。				
	10月19日	75回*	大阪民俗学会例会		澤田宅	高谷重夫「和泉宮座についての中間報告」	民間伝承7-3
	(未詳)	76回					記録なし
	12月21日	77回	大阪民俗学会例会		澤田宅	宮本常一「四国寺川の民俗(続報)」	民間伝承7-5
昭和19	7月19日		大阪民俗談話会再開第1回	4名	多井宅	(宮本常一が帰ってきたことで、動き出したものか。謄写版、民俗学研究所蔵)	大阪民俗談話会再開記録
	7月29日		大阪民俗談話会再開第2回	2名	多井宅		大阪民俗談話会再開記録
	8月13日		大阪民俗談話会再開第3回	3名	多井宅		大阪民俗談話会再開記録
昭和22	11月29日		澤田博士歓迎会		奈良女高師	大和民俗学会主催	民間伝承12-5・6
昭和23	2月8日		近畿民俗学会 復活総会	約20名	澤田宅	渋沢敬三。近畿民俗学会再出発の計画など。	民間伝承12-5・6

年月日		名称	参加者	場所	内容	典拠
11月27日	42回	大阪民俗談話会	8名	染料会館	感情を表す動詞、『郷土生活の研究法』分類篇住居、鈴木の植物標本と語彙、山田の因幡木地屋採訪談。	民間伝承4-4
12月18日	43回	(民俗談話会)	8名	染料会館	感情を表す形容詞、郷土生活の研究法輪読、植物の民俗、年中行事採集整理など	大阪民俗談話会記録
昭和14 1月22日	44回	大阪民俗談話会	9名	染料会館	『郷土生活の研究法』食物篇を中心に晴の食物について報告。	民間伝承4-6
2月12日	2月臨時会	古鏡見学	13名	高石町山川氏邸	古鏡見学	民間伝承4-7
2月26日	45回	大阪民俗談話会	7名	染料会館	各氏採集苦心談、水の問題、しつけの問題。『郷土生活の研究法』食物篇。	民間伝承4-7
3月19日		大阪民俗談話会	8名	染料会館	橘文策「宮城遠刈田の木地屋習俗について」	民間伝承4-8
4月23日	4月例会	大阪民俗談話会	6名		奈良県橿原神宮聖域拡張事務所で発掘遺物見学、および郡山町東郊稗田の環濠垣内や広大寺池の灌漑制度の見学	民間伝承4-9
6月20日		澤田四郎作:軍医予備見習士官として応召				民間伝承4-10
6月24日		近畿民俗講演会	64名	奈良図書館	岸田定雄「てぐり持の話」、笹谷良造「民俗学の現在及び将来」、野村伝四「野神さんの話」	民間伝承4-11
日時不明		山城当尾村採訪・無足人その他			宮本常一「南山城当尾郷民俗聞書」、高谷重夫「京都府相楽郡当尾村西小農村語彙」	近畿民俗88:32
7月16日	49回	大阪民俗談話会	10名	染料会館	高谷重夫「兵庫県の頭行事について」、山田隆夫「美濃揖斐郡坂内村の出作小屋について」	民間伝承5-1
10月17日		大阪民俗談話会	18名	記載ナシ	宮本常一「十津川採訪談」。宮本氏の送別会を兼ねて開催。	民間伝承5-4
10月25日		宮本常一:上京、アチックミューゼアムに入る。妻子は大阪におく。				
11月23日		大阪民俗談話会	7名	記載ナシ	『郷土生活の研究法』の労働の項の研討	民間伝承5-4
12月10日	53回	大阪民俗談話会	12名	染料会館	『郷土生活の研究法』労働篇の輪講。高谷重夫「越前西谷村温見の採訪談」、宮本常一「島根県広島地方採訪談」	民間伝承5-5
昭和15 1月21日	54回	大阪民俗談話会	13名	染料会館	鈴木東一「和歌山県下津川の採訪談」、平山敏治郎氏「下総高岡村の採訪談」。『郷土生活の研究法』輪講(後藤貞夫)	民間伝承5-6
2月18日	55回	大阪民俗談話会	5名	染料会館	水木直箭発掘の「山の神とオコゼ」懇談	民間伝承5-7
3月17日	56回	大阪民俗談話会	5名	染料会館	鈴木東一「南河内郡高向村の民間療法」、『郷土生活の研究法』輪講(平山敏治郎)	民間伝承5-8
4月21日	57回	大阪民俗談話会	6名	染料会館	西谷勝也「東播地方の頭組織の講話」	民間伝承5-9
5月19日	58回	大阪民俗談話会	6名	染料会館	山田隆夫「北摂地方山村の民俗採集談」、『郷土生活の研究法』輪講	民間伝承5-10
6月16日	59回	大阪民俗談話会	8名	染料会館	杉浦瓢「河内における灌漑用水について」	民間伝承5-11
7月21日	60回	大阪民俗談話会	11名	染料会館	小谷方明「和泉における池水文化」、郷土生活の研究法輪講(年中行事)	大阪民俗談話会会報8
8月18日	61回	大阪民俗談話会	7名	染料会館	小島勝治「あんこうとなかま」、輪講続き	大阪民俗談話会会報9
9月15日	62回	大阪民俗談話会	20名	染料会館	渋沢敬三出席。山田隆夫「神戸市山村の民俗」、郷土生活の研究法輪講(占法 呪法)	大阪民俗談話会会報10
10月20日	63回	大阪民俗談話会	11名	染料会館	高谷重夫「阿波東祖谷村深淵村を中心とする採訪談」	民間伝承6-3、大阪民俗談話会会報11
11月17日	64回	大阪民俗談話会	7名	染料会館	鳥越憲三郎「聖林を中心とする古代琉球の村落の発生」	民間伝承6-4、大阪民俗談話会会報12

年月日		名称	参加者	場所	内容	典拠
11月28日	25回	（第25回談話会）	不明	染料会館	柳田国男が講習会講義のために来阪したのを機に有志が集まって座談会。日本民俗学講習会報 第5号に要領を載せたという。	大阪民俗談話会記録
昭和12 5月30日	26回	近畿民俗学会談話会例会	11名	染料会館	宮本常一「瀬戸内海東部見聞談」、井野邊「岡山県牛窓の盆踊り歌」	民間伝承2-10
6月27日	27回	近畿民俗学会談話会例会	11名	染料会館	宮本常一「若狭採集旅行、年齢階級制」、岸田定雄「大和の烏勧請」、田植え行事の座談	民間伝承2-11
7月25日	28回	近畿民俗学会談話会例会	10名	染料会館	山田隆夫「兵庫県氷上郡鴨庄町の七夕および盆行事」	民間伝承3-1
9月19日	29回*	近畿民俗学会民俗談話会	4名	染料会館	宮本常一「周防平郡島の地割制度、舸子制度、頭屋および安下庄町の若者宿など」	民間伝承3-2、大阪民俗談話会記録
10月24日	30回*	近畿民俗学会民俗談話会	9名	澤田宅	岸田定雄「イヌビワの方言、カンジョウ掛の習俗」ほか	民間伝承3-3、大阪民俗談話会記録
11月28日	31回*	近畿民俗学会民俗談話会	10名	染料会館	神の問題、頭仲間の行事、戦争の習俗	民間伝承3-5
昭和13 1月29日		近畿民俗学会講演会	65名	神戸市医師会館		民間伝承3-6
1月30日	32回*	近畿民俗学会民俗談話会	5名	染料会館	物の単位および労働量、一人前	民間伝承3-7
2月27日	33回*	近畿民俗学会民俗談話会	10名	染料会館	家族の連合、分家の仕方	民間伝承3-7
3月13日	34回*	近畿民俗学会例会	7名	染料会館	山田隆夫「わん木地について」、橘文策「会津木地屋の現状」	民間伝承3-10
4月17日	35回	近畿民俗学会例会	8名	染料会館	岸田定雄「茅の言語学的考察、信仰と行事」、平山敏治郎「丹後久美浜の民俗調査」	民間伝承3-10
4月23日		近畿民俗学会講演会		和歌山高等商業学校		民間伝承3-9
5月22日	36回	近畿民俗学会例会	9名	染料会館	岸田定雄提出「七度及び七度半」「リレー式行事」、山田隆夫「木地屋について」	民間伝承3-10
6月26日	37回	近畿民俗学会例会	8名	染料会館	岸田定雄提出の質問「血の問題」	民間伝承3-11
7月1日		太田陸郎：応召、陸軍少尉として、中国大陸へ。戦地から『民間伝承』に多くの報告を送る。昭和17年10月29日内地勤務へ帰任の途上で戦死。				
7月31日	38回	近畿民俗学会例会	10名	染料会館	「一人前以下」の問題、身体異常とその信仰、砂糖以前、灌漑の慣習。	民間伝承3-12
8月28日	39回	近畿民俗学会例会	9名	染料会館	杉浦瓢「香川県男木島の見聞」、宮本常一「大和越智岡村寺崎の宮座など」、小谷方明「和泉久世村の講」	民間伝承4-1
9月18日	40回	大阪民俗談話会	11名	染料会館	山田隆夫「ボルネオのシーダイヤク族の習俗」、岸田定雄「南牟婁郡誌の方言学的紹介」牧田茂「海村調査から」	民間伝承4-2
10月1日		近畿民俗学会公開講演会	100名	信濃橋岡島会館	倉田一郎「神意の示顕」、山根徳太郎「住吉神社祭神考」、牧野信之助「村落結合の過程」	民間伝承4-2
10月23日	41回	大阪民俗談話会	10名	橘文策宅	木形子研究家の橘の業績見学。	民間伝承4-3

年月日		名称	参加者	場所	内容	典拠
7月31日–8月6日		日本民俗学講習会が開かれる。澤田は講習会には不参加。大阪からは西谷勝也、岩倉市郎、岸田定雄、宮本常一などが参加。				
9月15日	10回	大阪民俗談話会	19名	澤田宅	小谷方明「小さな祠とその祭祀法」、杉浦瓢・鈴木東一「カゴ屋の話」、宮本常一「民間伝承の会の設立」	民間伝承1-2
9月22日		見学・座談会	15名	北区駕友	葬儀人足の着物の着方、行列の型	民間伝承1-2
10月13日	11回	大阪民俗談話会	19名	澤田宅	竈の信仰、便所の信仰、祭礼行事	民間伝承1-3、大阪民俗談話会記録
10月28日		大阪民俗学講演会	300名	朝日新聞三階講堂	澤田四郎作・大間知篤三・折口信夫・シュミット・西田直二郎・柳田国男・宮本常一	民間伝承1-3
11月2日	12回	大阪民俗談話会	32名	染料会館	柳田国男・橋浦泰雄・守随一「都市民俗採集について、民謡など」	民間伝承1-3
12月8日	13回	大阪民俗談話会	25名	染料会館	横井照秀「民俗学上より見たる遊郭」、食物の座談会	民間伝承1-5
		近畿民俗刊行会会規抄				民間伝承1-5
昭和11 1月		『近畿民俗』が創刊される。				
1月5日		口承文学の会		堺市鈴木東一宅	近畿民俗支持のために口承文学休刊を決議。	民間伝承1-5
	柳田国男執筆記事［全集29：354］は、会誌『近畿民俗』の共同利用を呼びかける。					民間伝承1-6
1月12日	14回*	大阪民俗談話会		澤田宅	渋沢敬三「足半、塩、出産習俗など」	民間伝承1-6
1月12日		民俗映画会	40名	染料会館	渋沢「アチック・ミューゼアムの沿革と採集事業について」アチック撮影のフィルム映写(十島、三面、越後、桑取谷など)	民間伝承1-6、大阪民俗談話会記録
1月18日	15回*	大阪民俗談話会		澤田宅	柳田国男・橋浦泰雄・大間知篤三「宮座の話、長期講習、近畿民俗、採集計画など」	民間伝承1-6
1月19日		町家見学			橋浦・大間知を堺に案内	民間伝承1-6
		民間伝承の会大阪支部と改称				民間伝承1-6
2月23日	16回*	大阪民俗談話会		染料会館	小島勝治「河内の職人調査」	民間伝承1-7
3月8日	17回*	大阪民俗談話会	11名	染料会館	宮本常一「村の互助制と方法」、織戸健造「西葛城村採訪談」、小島勝治「まりのくけ方」	民間伝承1-8
4月12日	18回	大阪支部例会	16名	染料会館	岸田定雄「鳥取県東伯郡三朝の石工」、鈴木東一「天草御所浦島與一浦の見聞談」	民間伝承1-9
4月16日	19回	大阪支部例会	不明	澤田宅	桜田勝徳「土佐の採訪談、死人の島、四万十川の鮎漁」	民間伝承1-9
5月5日				澤田宅	柳田国男・柳田為正・平山敏治郎・藪重孝・宮本常一	五倍子雑筆4・5
5月10日	20回	(第20回談話会)	9名	染料会館	太田陸郎「市について」、市をめぐりて	大阪民俗談話会記録
6月14日	21回	大阪支部例会	14名	染料会館	横井照秀「奈良県吉野郡野迫川村の若者について」、共同話題「氏子総代について」	民間伝承1-10 大阪民俗談話会記録
7月12日	22回	大阪支部談話会	16名	染料会館	小島勝治「綿作の話」、杉浦瓢「農耕の田水について」、宮本常一「南河千代田村の水、滝畑の話」	民間伝承1-12
8月30日	23回	大阪支部例会	13名	澤田宅	渋沢敬三ほか「南鮮地方土産話」、杉浦瓢「天川村広瀬のサンカの漁法」	民間伝承2-1
9月12日		宮本常一『周防大島を中心とせる海の生活誌』の出版記念会を民俗談話会で行う。				
9月19日–3月20日		日本民俗学連続講習会		懐徳堂		民間伝承2-2
9月19日	24回	(第24回談話会)	11名他	染料会館	柳田国男出席。	大阪民俗談話会記録

付表4　大阪民俗談話会の記録

年月日		談話会同人関連の記事
大正 15	4月	澤田四郎作：柳田国男から葉書をもらう。個人雑誌を送ったのに対する返事。講演会に参加する。
大正 12		笹谷良造：國學院の学生として、郷土研究会に所属し、柳田の帰朝報告を聴く。
昭和 2	11月20日	澤田四郎作：柳田国男を砧村の書斎に訪問する。
昭和 5	9月	宮本常一：祖父や母から聞いていた昔話をまとめて『旅と伝説』に送る。柳田から手紙。
昭和 6	1月	澤田四郎作：柳田をたずね『ふるさと』の序文をお願いする。「母子草」を書いてくれる。
	6月	澤田四郎作：大阪に帰り、小児科医を開業する。
		岸田定雄：広島高等師範の学生のときに、広島方言学会に来た柳田国男の講演を聴く。
昭和 7		高谷重夫：姫路高等学校二年生の時で、柳田が講演。のち京都大学でも集中講義を聴く。
昭和 8		宮本常一：小谷方明らと和泉郷土会談話会を始める。9月 謄写版の『口承文学』を出す。
昭和 9	1月	横井照秀：住吉土俗研究会より、『いなか』（のち『田舎』）という土俗雑誌を刊行する。
	9月27日	澤田四郎作：柳田国男から電話。講演会。そのあとに民俗学の同志を紹介する。
	9月28日	宮本常一：京都大学の講義に来た柳田から連絡、宿を訪ね話を聞く。大阪の同志がいることを知る。

年月日			名称	参加者	場所	内容	典拠
	11月11日	1回	大阪民俗談話会	8名	浜寺公園海の家	昔話、石垣、一夜妻、陰茎習俗、洗い髪と山の神、草履、菓子、雇人制度、サンカ、旅、喜界島、性習俗など	旅と伝説85
	12月16日	2回	大阪民俗談話会	16名	澤田宅	和泉石津の火渡神事、焚き火の習俗、漁業権、凶事予報、住まいと信仰、覗き眼鏡、サンカ、数に関する言い習わし、つきものなど	五倍子雑筆3、旅と伝説86
昭和10	1月27日	3回	大阪民俗談話会	17名	澤田宅	桜田勝徳「大隅の正月行事」、門松、食べ物、歳徳神、エイコノ節、オネッコ、正月の挨拶、カンダテ祝、民俗雑事、南方先生のことなど	五倍子雑筆3、旅と伝説87
	2月24日	4回	大阪民俗談話会	13名	澤田宅	喜界島、狐つき、巫女寄せ、播磨小河(オーゴ)、死の予報、火の玉、狐火、唐土の火事を消す、奇怪な話、寒天小屋、山の神など	五倍子雑筆3、旅と伝説89
	3月31日	5回	大阪民俗談話会	10名	澤田宅	泉州に於ける紀州出稼人(小谷)、お多賀さん、座の制度、米つき部屋(杉浦)、ワタクシ、手拭いの民俗、新参者いじめ、制裁、ノージ、奉公人分家	五倍子雑筆3、大阪民俗談話会記録
	4月14日	6回	大阪民俗談話会	15名	澤田宅	渋沢敬三出席。和泉の頼母子(小谷)、徳川時代の幣制(藪)、喜界島の葬制(岩倉)、河内丹比の相互扶助(杉浦)、よそ者に対する待遇、和泉葛畑の相互扶助(山口)、番太、頼母子の計算、貧困者の救済・乞食、子供の相互扶助	五倍子雑筆3、大阪民俗談話会記録
	5月26日	7回	大阪民俗談話会	17名	澤田宅	(「一定せず、歓談をすごした。尚宮本遅参のため筆録せず」大阪民俗談話会記録)	五倍子雑筆3、大阪民俗談話会記録
	6月16日	8回	大阪民俗談話会	14名	澤田宅	亥の子行事(宮本)、倉橋島の娘宿(横井)、ほめられる青少年、制裁、青年の気風若者宿、盆と亥の子、山上参 若者入 子供組など、女講のいろいろ、倉橋島の娘宿細説(横井)娘仲間、恋愛、職人の風俗(雑賀)	五倍子雑筆3、大阪民俗談話会記録
	7月14日	9回	大阪民俗談話会	13名	澤田宅	玉岡松一郎・杉浦瓢「婚姻について」、宮本常一「婚姻と村との関係」	民間伝承1-1、大阪民俗談話会記録

	糸魚川を中心に	新潟県の他の地域の動き
昭和 12（1937）		5 月、長谷川正が参加して小国郷教員協議会編『小国郷土誌』（中里尋常高等小学校）が刊行される。
	11 月、『西頸城郡郷土誌稿（二）』（西頸城郡教育会）刊行。	
	この年に、郷土研究会の会員によって年中行事の調査が行われる。	
昭和 13（1938）		7 月、小林存が中心になって編集した『郷土研究入門手帳』が刊行される。
		8 月、小国郷教員協議会編『小国郷土史』（小国教員協議会）が刊行される。
	9 月、中山徳太郎・青木重孝『佐渡年中行事』刊行。柳田国男の序文。佐渡の小学校教師を中心とした国語研究会。「中山徳太郎が主として資金を提供し、青木重孝が資料採集と編集にあたった中心的に実務的な労をとった」［松本 1966:196］	
		10 月 16 日・17 日　高志社主催、県教育会協賛「郷土研究講習会」を新潟師範学校郷土教室において、金田一京助と最上孝敬を講師に開催。渋沢敬三、岩倉市郎も参加。
昭和 14（1939）		『高志路』創刊五周年記念「郷土研究講習会」の開催、橋浦泰雄を講師に迎える。
昭和 16（1941）		11 月、『西頸城郡年中行事　西頸城郡郷土誌稿（三）』（郷土研究会）刊行。

松本三喜夫『野の手帖』（青弓社、1996）、伊藤純郎『郷土教育運動の研究』（思文閣出版、1998）、矢野敬一「郷土誌・史編纂と「民間伝承」へのまなざし」『柳田国男研究』（第 3 号、柳田国男の会、2004）、青木菁児編『青木重孝遺作集』（私刊、1995）等から構成。

	糸魚川を中心に	新潟県の他の地域の動き
昭和 3（1928）	青木重孝、正教員の免許を得て、青海小学校に戻る。	
	○柳田国男『青年と学問』刊行（再版 1931 で『郷土研究十講』と改題）。	
昭和 5（1930）	5 月、信濃教育会による『北安曇郡郷土誌稿 第一冊 口碑伝説篇』が刊行される。「西頸城郡郷土誌稿」の一つの手本となる。	
	○ 11 月、郷土教育聯盟から雑誌『郷土』（後に『郷土科学』『郷土教育』となる）が発行される。	
	○ 12 月、文部省が師範学校への「郷土研究施設費」の交付。	
	西頸城郡郷土研究会会員の山崎甚一郎が、青海小学校の校長として赴任する。	
	『西頸城郡誌』の刊行。西頸城郡郷土研究会が、郡教育会と協力して作成。	
昭和 6（1931）	○ 1 月、文部省が師範学校規程に「地方研究」を導入。「地方研究を課して地方の風土に関する沿革及び情勢を理解せしめ且つ教授法を授くべし」。	
	青木重孝、青海小学校で『学校時報』を担当、「埋草みたいなかっこう」で郷土資料を取りあげ、郷土雑話を連載する。	
昭和 9（1934）		9 月、高志路会の結成。
	○柳田国男著『民間伝承論』刊行	
昭和 10（1935）		1 月、雑誌『高志路』発刊。
	青木重孝はこの頃、山崎甚一郎から郷土研究会の事業として、郡の口碑伝説集を作れと言われ、相馬御風に指示を仰ぐと柳田の民俗学講習会を紹介される。	
	○ 7 月 31 日～ 8 月 6 日、柳田国男の還暦を記念した民俗学講習会が開催される。新潟県からは、小林存と青木重孝が出席。「民間伝承の会」が結成される。	
	○柳田国男著『郷土生活の研究法』刊行。	
	10 月、青木重孝が佐渡の河原田高等女学校へ異動。佐渡で民俗学を研究。	
昭和 11（1936）	7 月 5 日、糸魚川小学校で柳田国男の講演「一人前と十人並」。西頸城郡郷土研究会の主催で、同郡の教員多数が参加。	7 月 6 日、新潟で高志路会の会員と座談会。市内の学校関係者など約 45 名が参加。この後、柳田は佐渡にわたり、中山徳太郎ら佐渡の研究者と座談会を行ったり、青木の河原田高等女学校で「妹の力」と題する講演を行っている。
		10 月、『高志路』に柳田国男が「越佐偶記」を寄せる。
	10 月、『西頸城郡郷土誌稿（一）』（西頸城郡教育会）刊行。	

付表3　糸魚川での郷土研究

	糸魚川を中心に	新潟県の他の地域の動き
明治13（1880）		温故談話会の結成　「越の国に於ける神社仏閣古城跡古俚歌物産及び土地の沿革を探究するの目的を以て」『温故乃栞』第36号
明治23～26（1890～93）		『温故乃栞』の発行、1-36号［長岡］
明治39（1906）		北魚沼郡教育会編『北魚沼郡志』巻之1、2刊行。
明治43（1910）	郷土研究会（後の「西頸城郡郷土研究会」）の結成。糸魚川尋常小学校校長だった花井平蔵の呼びかけ。「近隣の十の小学校と糸魚川中学校、糸魚川女子職業学校、さらには町の有力者をも加えて発会した。組織的には、地理歴史部と理科部の二部から構成されていた」［松本三喜夫 1996:176］	
大正2（1913）	○柳田国男・高木敏雄の雑誌『郷土研究』が発刊される。	
大正4（1915）		西蒲原郡教育会編『西蒲原郡誌』中編、下編刊行。
大正5（1916）	相馬御風、糸魚川に帰郷。大正9年頃から考古学に関心を示し、遺跡の発掘や寺社の考証のために地域の各地を歩き、郷土資料の収集も行った。雑誌『野を歩む者』の発行。	
大正7（1918）		西蒲原郡教育会編『西蒲原郡誌』上編刊行。
大正8（1919）	西頸城郡郷土研究会において、会則が作られる。郡長と相馬御風が名誉会長、郡視学を副会長とする。地域資料「西頸城郡郷土史料」等の発行。『明治天皇北陸巡幸記』もその一つ。	
		中魚沼郡教育会編『中魚沼郡誌』刊行。
大正9（1920）		南魚沼郡教育会編『南魚沼郡誌』刊行。
大正10（1921）	西頸城郡史料展覧会。相馬御風が発起人となって所蔵史料を糸魚川高等女学校で展観。	
	青木重孝、糸魚川中学校を出て代用教員となる。	
大正11（1922）	○柳田国男『郷土誌論』刊行。	
大正14（1925）	○文部省予算に「教育改善及農村振興基金」を財源とする「師範教育費補助」が計上される。郷土教育運動の財源となる。	
		高橋義彦（中蒲原郡大形村）が『越佐史料』の刊行を始める。

付表2　『地方別調査研究』の執筆者

	地方別調査研究	執筆者
九州・沖縄	沖縄	比嘉春潮
	奄美群島	山下文武
	鹿児島県	村田熙
	宮崎県	田中熊雄
	大分県	半田康夫
	熊本県	丸山学
	長崎県(長崎市付近)	伊藤一郎
	長崎県(壹岐・対馬・五島列島ほか)	井之口章次
	佐賀県	野間吉夫
	福岡県	野間吉夫
四国	高知県	桂井和雄
	愛媛県	森正史
	香川県	武田明
	徳島県	多田伝三
	山口県	松岡利夫
	広島県	藤原与一
	岡山県	土井卓治
	島根県	石塚尊俊
	鳥取県	田中新次郎 蓮仏重寿
近畿	和歌山県	五来重
	奈良県	笹谷良造
	兵庫県	西谷勝也
	大阪府	沢田四郎作
	京都府	柴田実
	滋賀県	橋本鉄男
	三重県	堀田吉雄
中部	愛知県	倉光設人
	静岡県	郷田洋文
	岐阜県(飛騨)	江馬三枝子
	岐阜県(美濃)	佐野一彦
	長野県(北信)	箱山貴太郎
	長野県(南信)	向山雅重
	山梨県	大森義憲
	福井県	斎藤槻堂
	石川県	長岡博男
	富山県	小寺廉吉
	新潟県	磯貝勇
	佐渡	山本修之助

	地方別調査研究	執筆者
関東	神奈川県	丸山久子
	伊豆七島	坂口一雄
	東京都	能田多代子 井之口章次
	千葉県	川端豊彦
	埼玉県	倉林正次
	群馬県	今井善一郎
	栃木県	青木直記
	茨城県	井之口章次 荒川潤
東北・北海道	福島県	岩崎敏夫
	山形県	戸川安章
	秋田県	富木友治
	宮城県	竹内利美
	岩手県	森口多里
	青森県	森山泰太郎
	北海道	高倉新一郎

雑誌名	創刊	復刻	発行主体	赤松[1938]	大藤[1938]	大藤[1942]	宮本[1944]	関[1958]	地方別[1958]
鈴鹿	昭和27年	×	三重県立亀山高校郷土研究部						◎
釜石郷土文化資料	昭和27年	×	土曜会(板橋武雄)						◎
日本民俗学	昭和28年5月	有	日本民俗学会					◎	◎
はなし(大野町文化財研究会)	昭和28年5月	×	大野町公民館(十時英司)						◎
防長民俗	昭和28年6月	×	防長民俗学会						◎
記録	昭和28年7月	×	小倉郷土会(曾田共助)						◎
山陰民俗	昭和29年2月	×	山陰民俗学会						◎
民俗	昭和29年5月	有	相模民俗学会						◎
郷土田川	昭和29年6月	×	田川郷土研究会						◎
越飛文化	昭和29年6月	×	越飛文化研究会(米沢康)						◎
兵庫史学	昭和29年8月	×	兵庫史学会(神戸大学文学部)						◎
会報	昭和29年	×	高原郷土学会						◎
紀州の民俗	昭和30年5月	×	紀州民俗学研究所						◎
日向民俗	昭和30年	×	日向民俗学会(田中熊雄)						◎
民俗手帖	昭和30年	×	山梨民俗の会						◎
杵築史談	昭和31年1月	×	杵築史談会						◎
飛騨春秋	昭和31年3月	有	飛騨郷土学会(桑谷正道)						◎
女性と経験	昭和31年4月	×	女性民俗学研究会(瀬川清子)						◎
社会と伝承	昭和31年6月	×	社会と伝承の会(原田敏明)						◎
釈迢空研究	昭和31年6月	×	大和迢空会(水木直箭・笹谷良造)						◎
若越郷土研究	昭和31年11月	×	福井県郷土誌懇談会						◎
ひでばち	昭和31年	×	ひでばち民俗談話会						◎
伊那路	昭和32年1月	有	上伊那郷土研究会						◎
西郊民俗	昭和32年6月	有	西郊民俗談話会						◎
仏教と民俗	昭和32年10月	×	仏教民俗学会(星野俊英)						◎
人吉文化	昭和32年	×	人吉文化研究会(高田素次)						◎
越後佐渡	?			◎					
麻尼亜	?			◎					
大阪土俗資料	?			◎					
土の香*4	?			◎					
民間信仰	?			◎					

◇赤松啓介『民俗学』(三笠全書、1938)、大藤時彦「日本民俗学小史」(ひだびと、1938)、大藤時彦執筆の柳田国男「日本民俗学」『日本の学術』(1942)、宮本常一「民俗研究史」『社会経済史学の発達』(1944)、関敬吾「日本民俗学の歴史」『日本民俗学大系 2』(1953)、『日本民俗学大系 11 地方別調査研究』(1953) 所収の各県別の記述より構成した。書誌情報に関しては、Webcat や『増補改訂 柳田文庫蔵書目録』などを参照したが、創刊の年月等に関しては現物未確認のものも多い。復刻は Webcat などで気づいたもののみで、雑誌の全体とは限らず、一部時期のみの復刻も「有」に含まれている。

*1 赤松［1938］は「和泉郷土資料」　*2 赤松［1938］は「日向郷土資料」
*3 赤松［1938］は「志多波多」　*4 赤松［1938］には「土の香（横浜）」とあるが不明

雑誌名	創刊	復刻	発行主体	赤松［1938］	大藤［1938］	大藤［1942］	宮本［1944］	関［1958］	地方別［1958］
三重郷土会誌	昭和22年8月	×	三重郷土会(鈴木敏雄)						◎
島根民俗通信	昭和22年9月	×	島根民俗通信部(石塚尊俊)						◎
しらまゆみ:郷土文化誌	昭和22年9月	×	三井神岡鉱業所労働組合文化部						◎
讃岐民俗［復刊］	昭和22年11月	×	讃岐民俗研究会						◎
民間伝承 兵庫篇	昭和22年	×	民間伝承の会兵庫支部(田岡香逸)						◎
郷土志	昭和23年5月	×	的形村郷土志社						◎
郷土研究	昭和23年6月	×	山梨郷土研究会						◎
あかり(→新郷土)	昭和23年8月	×	佐賀県中央公民館→県文化館						◎
岩手史学研究	昭和23年9月	有	岩手史学会(森嘉兵衛)						◎
瑞垣	昭和23年12月	×	神宮司庁教導部(宇仁一彦)						◎
阿波民俗	昭和24年2月	×	阿波民俗学会(多田伝三)						◎
津軽民俗	昭和24年3月	×	津軽民俗の会(松木明・森山泰太郎)						◎
岡山民俗	昭和24年4月	有	岡山民俗学会(土井卓治)						◎
若越民俗	昭和24年8月	有	福井県民俗学会(中谷文作)						◎
近畿民俗［復刊］	昭和24年10月	有	近畿民俗学会(沢田四郎作)						◎
出雲民俗(→山陰民俗)	昭和24年	×	出雲民俗の会(岡義重・石塚尊俊)						◎
伊賀郷土史研究	昭和24年	×	伊賀郷土研究会(沖森直三郎)						◎
信濃［復刊］	昭和24年	有	信濃郷土研究会						◎
鹿児島民俗	昭和25年1月	×	鹿児島民俗学会						◎
奥羽史談	昭和25年1月	有	奥羽史談会(金子定一)						◎
みんぞく	昭和25年2月	×	熊本民俗民族学会						◎
近畿方言	昭和25年3月	×	近畿方言学会(楳垣実)						◎
加能民俗	昭和25年4月	有	金沢民俗談話会(長岡博男)						◎
東北民俗研究	昭和25年	×	東北民俗学会(岩崎敏夫)						◎
因伯民俗	昭和25年	×	因伯民俗学会(田中新次郎)						◎
郷土研究	昭和25年	×	佐賀県郷土研究会(市場直次郎)						◎
ふく笛	昭和25年	×	関門民芸会(佐藤治)						◎
三河郷土学会報	昭和25年	×	三河郷土学会						◎
島根民俗［復刊］	昭和25年	×	島根民俗学会(牛尾三千夫)						◎
飛騨民俗	昭和25年	×	飛騨民俗社						◎
芸備民俗	昭和25-26年頃	×	郷田洋文						◎
広島民俗談話会報	昭和25-26年頃	×	広島文理大民俗談話会(河岡武春)						◎
郷土豊前	昭和26年1月	×	豊前郷土文化研究会(今永正樹)						◎
阿波方言	昭和26年1月	×	阿波方言学会→徳島県方言学会						◎
久波奈	昭和26年8月	×	三重県立桑名高校郷土研究部						◎
庄内民俗	昭和26	×	庄内民俗学会(酒井忠純)						◎
辰野町資料	昭和26	×	辰野中学校						◎
郷土志摩	昭和27年4月	×	志摩郷土会(鈴木敏雄)						◎
伊勢民俗	昭和27年4月	有	伊勢民俗学会(堀田吉雄)						◎
越佐研究	昭和27年5月	有	新潟県人文研究会						◎
大島文化研究	昭和27年6月	×	大島文化研究連盟(宮本常一・原安雄)						◎
兵庫民俗	昭和27年6月	×	兵庫民俗学会						◎
西郊文化	昭和27年9月	×	杉並区史編纂委員会→西郊文化研究会						◎
芸能復興(→民俗芸能)	昭和27年	×	民俗芸能の会(本田安次)					◎	
薩南民俗	昭和27年	×	指宿高等学校郷土研究部(重久重郎)						◎
仏教民俗	昭和27年	×	高野山大学歴史研究会(五来重)						◎
熊野文化	昭和27年	×	熊野文化社(山下幹夫)						◎

雑誌名	創刊	復刻	発行主体	赤松[1938]	大藤[1938]	大藤[1942]	宮本[1944]	関[1958]	地方別[1958]
とほつびと	昭和10年4月	×	下総郷土談話会(水野葉舟)						◎
昔話研究	昭和10年5月	有	三元社ほか(関敬吾)	◎			◎	◎	
日本民俗	昭和10年8月	×	日本民俗協会(折口信夫)	◎		◎	◎	◎	
豊前	昭和10年9月	×	小倉郷土会	◎			◎		◎
岩磐史談	昭和10年11月	×	岩磐郷土研究会(宮内富貴夫)						◎
民間伝承	昭和10年	有	民間伝承の会	◎	◎	◎	◎	◎	◎
灰	昭和10年?	×	灰発行所(太田雄治)	◎					◎
因伯民談	昭和11年1月	有	鳥取郷土会			◎	◎		◎
趣味と学問	昭和11年1月	×	文献書房(桂又三郎)						◎
近畿民俗	昭和11年2月	有	近畿民俗刊行会(澤田四郎作)			◎	◎		◎
郷土文化	昭和11年2月	×	郷土文化学会(浅田芳朗)						◎
上毛文化	昭和11年4月	有	上毛文化会						◎
高志人	昭和11年9月	×	高志人社(翁久允)	◎					◎
民謡研究	昭和11年11月	×	藤田徳太郎→白帝社			◎	◎	◎	
アチックミューゼアム彙報	昭和11年4月	×	アチックミューゼアム			◎	◎	◎	◎
ミネルヴァ	昭和11年	×	翰林書房(甲野勇)				◎		
防長文化	昭和12年1月	×	防長文化研究会						◎
紀州文化研究	昭和12年1月	有	紀州文化研究所(花田大五郎)						◎
越中郷土研究	昭和12年3月	有	越中郷土研究会(佐々木竜作)						◎
はやと	昭和12年4月	×	鹿児島民俗研究会				◎		◎
金沢民俗談話会報	昭和12年5月	有	金沢民俗談話会(長岡博男)			◎			◎
アチックミューゼアムノート	昭和12年5月	×	アチックミューゼアム					◎	
南越民俗	昭和12年7月	有	福井郷土研究会(江戸喜久治)			◎	◎		◎
南予民俗	昭和12年	×	南予民俗研究会(山口常助)						◎
民家研究	昭和12年	×	民家研究会(今和次郎)				◎		
はたのとも(→伊那)	昭和12年	×	はたのとも社→伊那文化研究社						◎
日本談義	昭和13年5月	×	日本談義社(荒木精之)						◎
島根民俗	昭和13年9月	×	島根民俗学会(牛尾三千夫)			◎	◎		◎
海南風	昭和13年9月	×	長崎民間習俗の会(林郁彦)						◎
磯城	昭和13年10月	×	磯城郡郷土文化研究会(辻本好孝)						◎
讃岐民俗	昭和13年12月	有	讃岐民俗研究会(武田明)						◎
あしなか	昭和14年2月	有	山村民俗の会						◎
大阪民俗談話会会報	昭和15年1月	×	大阪民俗談話会			◎	◎		◎
瑞木	昭和15年4月	×	北方文化連盟(富木友治)						◎
南島	昭和15年8月	有	南島発行所(須藤利一・金関丈夫)						◎
五湖文化	昭和15年8月	×	富士五湖地方文化協会(中村星湖)						◎
民族文化	昭和15年	×	山岡吉松				◎		
民俗台湾	昭和16年7月	有	金関丈夫・池田敏雄						
郷土神奈川	昭和17年1月	×	神奈川県郷土研究会						◎
九州民俗	昭和18年2月	×	九州民俗の会						◎
満州民族学会会報	昭和18年	×	満州民族学会						
郷土文化	昭和21年6月	有	名古屋郷土文化会						◎
いたどり	昭和21年	×	八戸郷土研究会(小井川潤次郎・静夫)						◎
上毛民俗	昭和21年	×	上毛民俗の会(上野勇・今井善一郎)						◎
豊橋文化	昭和21年	×	豊橋文化協会						◎
うぶすな	昭和21年	×	うぶすな研究会(伊那森太郎)						◎
仙台郷土研究[復刊]	昭和21年	有	仙台郷土研究会						◎

雑誌名	創刊	復刻	発行主体	赤松［1938］	大藤［1938］	大藤［1942］	宮本［1944］	関［1958］	地方別［1958］
仙台郷土研究	昭和06年1月	有	仙台郷土研究会(藤原相之助)						◎
郷土誌むつ	昭和06年3月	有	陸奥郷土会(神良治郎)	◎					◎
南方土俗(→南方民族)	昭和06年3月	有	南方土俗学会	◎					
郷土和泉*1	昭和06年6月	×	郷土和泉刊行会	◎		◎			
越中方言研究彙報	昭和06年7月	×	越中方言研究会	◎					
設楽	昭和06年7月	有	設楽民俗研究会	◎		◎	◎		
方言	昭和06年9月	有	春陽堂(沢野武馬)	◎	◎	◎	◎	◎	◎
中国民俗研究	昭和06年10月	×	中国民俗学会(桂又三郎)	◎		◎	◎		◎
社会経済史学	昭和06年	有	社会経済史学会					◎	
土の色(→福岡県郷土研究)	昭和06年	×	福岡土俗玩具研究会(梅林新市)	◎					◎
日向郷土志資料*2	昭和06年	×	日向郷土会	◎			◎		
信濃	昭和07年1月	有	信濃郷土研究会						◎
俚俗と民譚	昭和07年1月	×	中道等	◎	◎	◎	◎		
旅と郷土と	昭和07年1月	×	北斗社	◎			◎		
満州土俗資料	昭和07年2月	×	武田鋭二	◎					
郷土風景(郷土芸術)	昭和07年3月	×	郷土風景社(郷土芸術社)	◎			◎		◎
民間伝承	昭和07年3月	×	民間伝承学会(佐々木喜善)	◎	○		◎		◎
怒佐布玖呂	昭和07年4月	×	土俗同好会	◎					
ドルメン	昭和07年4月	有	岡書院(岡村千秋)	◎		◎	◎	◎	◎
兵庫県民俗資料	昭和07年5月	有	兵庫県民俗研究会(河本正義)	◎			◎		◎
播磨	昭和07年11月	×	播磨郷土研究同攷会(玉岡松一郎)	◎			◎		◎
京都	昭和07年12月	×	郷土趣味社	◎					
筑後	昭和07年12月	有	筑後郷土研究会(浅野陽吉)	◎					◎
土俗研究	昭和07年	×	佐渡民俗研究会(青柳秀雄)	◎					
むさしの	昭和07年	×	武蔵野郷土会	◎			◎		
讃岐郷土研究会会報	昭和07年	×	讃岐郷土研究会						
蕗原	昭和07年	×	伊那富小学校郷土研究会	◎		◎	◎		◎
歴史と郷土(→相武研究)	昭和07年	×	神奈川県郷土研究会連盟						◎
うとう：郷土誌	昭和08年1月	有	青森郷土会(貝森格正)						◎
人情地理	昭和08年1月	×	武侠社	◎					
嶋	昭和08年5月	有	比嘉春潮	◎	◎	◎	◎	◎	◎
年中行事	昭和08年5月	有	年中行事刊行会(北野博美)	◎			◎		
口承文学	昭和08年9月	×	口承文学の会(宮本常一)	◎			◎		◎
山彦	昭和08年	×	飛騨土俗研究会	◎					
郷土玩具	昭和08年	×	建設社	◎					
いなか	昭和09年1月	×	住吉土俗研究会	◎			◎		
尾参郷土研究	昭和09年2月	×	郷土研究同好会						
加賀文化	昭和09年4月	有	加越能史談会						◎
古典風俗(民俗の風景)	昭和09年8月	×	朝日書房	◎					
山郷：伊那郷土研究	昭和09年9月	×	信濃郷土出版社				◎		◎
フォークロア	昭和09年11月	×	広島民俗同好会(丸山学)						◎
志豆波多*3	昭和09年	×	志豆波多会	◎					
祭礼と民俗	昭和09年	×	伊藤一郎	◎					
大阪民俗談話会だより	昭和09年	×	大阪民俗談話会				◎		
ひだびと	昭和10年1月	有	江馬修(飛騨考古土俗学会)	◎		◎	◎		◎
高志路	昭和10年1月	有	高志路会(小林存)	◎		◎	◎		◎
季刊民族学研究	昭和10年1月	有	日本民族学会	◎			◎	◎	◎

付表1　民俗学雑誌年表

雑誌名	創刊	復刻	発行主体	赤松［1938］	大藤［1938］	大藤［1942］	宮本［1944］	関［1958］	地方別［1958］
人類学会報告(→東京人類学会雑誌)	明治19年2月	有			◎		◎	◎	
風俗画報	明治22年2月	有	山下重民・野口勝一	◎	◎	◎	◎	◎	◎
北陸人類学会志	明治29年5月	有	北陸人類学会						◎
人類学雑誌	明治44年4月	有			◎	◎	◎	◎	◎
郷土研究	大正02年3月	有	柳田国男	◎	◎	◎	◎	◎	◎
民俗	大正02年5月	×	石橋臥波		◎	◎	◎	◎	◎
上毛及上毛人	大正03年4月	有	上毛郷土史研究会						◎
土佐史壇(→土佐史談)	大正06年9月	×	土佐史談会(武市佐市郎・寺石正路)						◎
郷土趣味	大正07年1月	有	郷土趣味社(田中緑紅・明石染人)	◎	◎	◎			◎
土俗と伝説	大正07年8月	有	文武堂(折口信夫)	◎	◎	◎	◎	◎	◎
民族と歴史	大正08年1月	有	日本学術普及会(喜田貞吉)	◎	◎	◎	◎	◎	◎
下野史談	大正08年2月	有	下野史談会						◎
土の鈴	大正09年6月	有	本山桂川		◎	◎	◎		◎
なら	大正09年8月	有	高田十郎	◎			◎		
土のいろ	大正13年1月	有	土のいろ社(飯尾哲爾)	◎		◎	◎		◎
遠野	大正13年9月	×	遠野郷土館(鈴木重男)						◎
民族	大正14年11月	有	金田一・折口・柳田	◎	◎	◎	◎	◎	◎
紀伊郷土研究	大正15年4月	×	紀伊郷土研究社(堂場式三郎)	◎					
郷土	昭和02年5月	×	伊那富村郷土研究会(矢島麟太郎)						◎
文献	昭和02-03年頃	×	岡山文献研究会(桂又三郎)						◎
旅と伝説	昭和03年1月	有	三元社(萩原正徳)	◎	◎	◎	◎	◎	◎
民俗芸術	昭和03年1月	有	民俗芸術の会(小寺融吉・北野博美)	◎	◎	◎	◎	◎	◎
あく趣味	昭和03年1月	×	岡山文献研究会(桂又三郎)						◎
民俗研究(史談と民俗)	昭和03年2月	×	日本民俗研究会(本山桂川)	◎			◎		◎
南島研究	昭和03年2月	×	南島研究会(島袋全発・島袋盛敏)						◎
長崎談叢	昭和03年5月	有	長崎史談会						◎
東北文化研究	昭和03年9月	有	東北帝大奥羽史料調査部(喜田貞吉)	◎		◎	◎		◎
グロテスク	昭和03年11月	×	グロテスク社	◎					
岡山文化資料	昭和03年12月	有	岡山文献研究会(桂又三郎・島村知章)	◎		◎			◎
土の香	昭和03年?	×	土俗趣味社(加賀紫水)	◎		◎	◎		
史考	昭和03年	×	角館史考会(吉成直太郎)						◎
民俗学	昭和04年7月	有	折口信夫ほか	◎	◎	◎		◎	◎
猟奇画報	昭和04年12月	×	日本風俗研究会	◎					
芳賀郡土俗研究会会報	昭和04年?	×	芳賀郡土俗研究会	◎					
九州民俗学	昭和05年1月	×	九州民俗学会(三松荘一)	◎		◎			◎
佐渡郷土趣味研究	昭和05年1月	×	青柳秀夫	◎		◎			◎
犯罪科学	昭和05年6月	有	武侠社	◎					
方言と土俗	昭和05年8月	×	橘正一		◎	◎	◎		
防長史学	昭和05年8月	有	防長史談会						◎
郷土	昭和05年10月	有	郷土発行所(有賀・池上・中村)	◎	◎	◎	◎	◎	◎
北方郷土	昭和05年	×	函館郷土研究会	◎					
愛媛県周桑郡郷土研究彙報	昭和05年	×	郷土研究会(杉山正世)	◎		◎			
安藝國	昭和05年	×	安芸郷土研究会(磯貝勇・結城次郎)	◎					◎
上方：郷土研究	昭和06年1月	有	上方郷土研究会(南木萍水)	◎			◎		◎

1999　松田素二『抵抗する都市―ナイロビ移民の世界から』岩波書店
2000　石井正己『遠野物語の誕生』若草書房→ちくま学芸文庫
加藤典洋「ジュネーブでの「常民」」『本郷』26，吉川弘文館
佐藤健二「社会学の言説：調査史からの問題提起」吉見俊哉ほか編『言説：切り裂く』越境する知３，東京大学出版会：135-159.
2001　佐藤健二『歴史社会学の作法』岩波書店
小国喜弘『民俗学運動と学校教育』東京大学出版会
2002　佐藤健二ａ「『妖怪談義』の地層」『山桃』３：1-8
佐藤健二ｂ「民俗学と郷土の思想」小森陽一他編『編成されるナショナリズム』近代日本の文化史５，岩波書店：51–81
佐藤健二ｃ「民俗学と郷土の思想」小森陽一ほか編『編成されるナショナリズム』岩波講座近代日本の文化史５，岩波書店：51-81
佐藤健二ｄ「郷土」小松和彦・関一敏編『新しい民俗学へ』せりか書房：311–321
橋川文三『柳田国男論集成』作品社
横浜市歴史博物館・神奈川大学日本常民文化研究所『屋根裏の博物館』横浜市歴史博物館
2003　田中紀行「現代日本における歴史社会学の特質」鈴木幸壽・山本鎮雄・茨木竹二編『歴史社会学とマックス・ヴェーバー』上，理想社：161-184
2004　矢野敬一「郷土誌・史編纂と「民間伝承」へのまなざし」『柳田国男研究』３，柳田国男の会：21-37.
2005　鶴見俊輔『埴谷雄高』講談社
2006　佐藤健二「歴史と出会い，社会を見いだす」苅谷剛彦編『いまこの国で大人になるということ』紀伊国屋書店：285-305.
小川徹太郎『越境と抵抗』新評論
2009　小池淳一「町・職人・統計：小島勝治論序説」同編『民俗学的想像力』せりか書房：112-133.
佐藤健二ａ「方法としての民俗学／運動としての民俗学／構想力としての民俗学」小池淳一編『民俗学的想像力』せりか書房：260-281.
佐藤健二ｂ「書評・福田アジオ『日本の民俗学』」『週刊読書人』12月18日号
福田アジオ『日本の民俗学：「野」の学問の200年』吉川弘文館
2011　佐藤健二『社会調査史のリテラシー』新曜社

University East Asia Papers No.37, China-Japan Program Cornell University.
1986　大月隆寛「常民・民俗・伝承」『常民文化』9，成城大学大学院日本常民文化専攻院生会議
谷沢永一 a「お粗末全集の公害」『紙つぶて（全）』文春文庫：151-2
谷沢永一 b『谷沢永一書誌学研叢』日外アソシエーツ：809-816
1987　鶴見俊輔「泡発生装置としての座」現代風俗研究会編『ノスタルジック・タウン　現代風俗 87』リブロポート：106-111
佐藤健二『読書空間の近代』弘文堂
1988　柳田国男研究会「『定本柳田国男集』書誌未掲載論文・講演・談話・座談」『［別冊］柳田国男伝　年譜・書誌・索引』三一書房：89-91
1989　菊池照雄『山深き遠野の里の物語せよ』梟社
『柳田国男全集』文庫版，1～32（～1991），筑摩書房
1990　吉本隆明『柳田国男論集成』JICC 出版局
1991　石塚尊俊「常民」日本民俗研究大系編集委員会編『日本民俗研究大系　第 1 巻　方法論』國學院大学
1992　村井紀『南島イデオロギーの発生』福武書店→ 1995 増補・改訂版，太田出版→ 2004 新版，岩波書店
大月隆寛『民俗学という不幸』青弓社
1994　佐藤健二『風景の生産・風景の解放』講談社
田中正明『柳田国男書目書影集覧』岩田書院
谷沢永一『読書人の悦楽』ＰＨＰ研究所
1995　内田隆三『柳田国男と事件の記録』講談社
佐藤健二『流言蜚語―うわさ話を読みとく作法』有信堂高文社
1996　岩竹美加子編訳『民俗学の政治性』未来社
川村湊『「大東亜民俗学」の虚実』講談社
松本三喜夫『野の手帖：柳田国男と小さき者のまなざし』青弓社
1997　石井正己「テクストとしての柳田国男」アエラ編集部編『民俗学がわかる。』朝日新聞出版
大月隆寛『顔あげて現場へ往け』青弓社
佐藤健二・船曳建夫（対談）「メーキング・オブ・柳田国男」『ちくま』筑摩書房：320-321
柳田國男全集編集委員会編『柳田國男全集』（全 36 巻予定）筑摩書房
1998　伊藤純郎『郷土教育運動の研究』思文閣出版
小泉みち子「研究ノート　本山桂川その生涯と書誌」『市立市川歴史博物館年報』15

ロナルド・モース（岡田陽一・山野博史訳）『近代化への挑戦：柳田国男の遺産』NHK 出版→ 1990 *Yanagita Kunio and the Folklore Movement: The Search for Japan's National Character and Distinctiveness*, Garland Publishing
1978 竹田聴洲「常民」大藤時彦編『講座日本の民俗 1　総論』有精堂：81-102
千葉徳爾『民俗のこころ』弘文堂
『新編柳田国男集』1 ～ 12（～ 1979），筑摩書房
福富正実『日本マルクス主義と柳田農政学』未来社
マルク・ブロック『比較史の方法』（高橋清徳訳）創文社
Said, E., *Orientalism*, Vintage Books ＝ 1993 今沢紀子・板垣雄三・杉田英明訳『オリエンタリズム』平凡社ライブラリー
1979 田中純一郎『日本教育映画発達史』蝸牛社
1980 桑原武夫「柳田さんの一面」『桑原武夫集』6，岩波書店：362-368
鶴見俊輔「老いへの視野」『思想の科学』125，思想の科学社：16-25
1981 有賀喜左衛門『一つの日本文化論』未来社
谷口貢「柳田國男の「常民」—その評価の歴史」『常民文化研究』第 5 号，常民文化研究会：48-62
柳田為正「父と写真」大藤・柳田編『柳田国男写真集』岩崎美術社：166-184
1982 岩本由輝『柳田国男　民俗学への模索』柏書房
1983 岩本由輝『もう一つの遠野物語』刀水書房
柳田国男・徳川夢声「問答有用」長浜功編・解説『柳田国男文化論集』新泉社：79-91
Hobsbawm, E. & T. Ranger, *The Invention of Tradition*, Cambridge University Press ＝ 1992 前川啓治・梶原景昭ほか訳『創られた伝統』紀伊國屋書店
1984 柴田武「柳田国男の『蝸牛考』と私」『信濃教育』1176，信濃教育会：60-64
竹田旦「柳田先生の記憶術」『信濃教育』1176，信濃教育会：69-74
福田アジオ『日本民俗学方法序説：柳田国男と民俗学』弘文堂：27
1985 岩本由輝『論争する柳田国男　農政学から民俗学への視座』御茶の水書房
Koschman, J.V., Ōiwa Keibō and Yamashita Shinji ed. International Perspectives on Yanagita Kunio and Japanese Folklore Studies, *Cornell*

6-7
谷沢永一「柳田国男著作目録（第20巻の補）」『現代日本文学大系20　柳田国男集』月報10投げ込み→1986『谷沢永一書誌学研叢』日外アソシエーツ：809-16
『柳田国男・斎藤茂吉・折口信夫』日本の文学26，中央公論社
1971　『柳田国男選集』1～8（～1971），修道社
水木直箭「書誌」『定本柳田国男集』別巻5，筑摩書房：539-618
1973　水木直箭「柳田国男編著目録解題」『随筆折口信夫』角川書店：236-265
『柳田国男集』日本近代文学大系45，角川書店
1974　中井信彦「歴史学としての柳田民俗学―常民概念を中心に」『伝統と現代』第28号，伝統と現代社：65-72
野口武徳・宮田登・福田アジオ編　『現代日本民俗学Ⅰ：意義と課題』三一書房
『柳田国男』日本の名著50，中央公論社
1975　伊藤幹治『柳田国男：学問と視点』潮出版社
杉本仁「〝柳田学〟における「常民」概念の位相」後藤総一郎編『柳田國男の学問形成』白鯨社：105-156
高取正男『日本的思考の原型』講談社現代新書
野口武徳・宮田登・福田アジオ編　『現代日本民俗学Ⅱ：概念と方法』三一書房
『柳田国男集』近代日本思想大系14，筑摩書房
1976　有賀喜左衛門『一つの日本文化論―柳田国男と関連して』未来社：99-111
飯倉照平編『柳田国男南方熊楠往復書簡集』平凡社
玉城哲『風土の経済学―西欧モデルを超えて』新評論
見田宗介編『社会意識論』社会学講座12，東京大学出版会
和歌森太郎「歴史と現代の間で」和歌森太郎編『日本民俗学講座5民俗学の方法』朝倉書店：174-219
1977　家永三郎「岩本由輝「柳田国男の農政学」をめぐっての雑感」『社会科学の方法』10-2，御茶の水書房
谷川健一『古代史と民俗学』ジャパン・パブリッシャーズ
鶴見和子『漂泊と定住と―柳田国男の社会変動論』筑摩書房
土門拳『風貌』講談社文庫
橋川文三『柳田国男　その人間と思想』講談社学術文庫

75-83
無署名「柳田国男著書目録」『日本古書通信』9月号，10月号
柳田国男「豊かな国語のために」『言語生活』121→『柳田国男全集』33：540-541
和歌森太郎「柳田先生に学んだもの」『定本柳田国男集月報』9，筑摩書房：71-72
1963 飯島小平「柳田のおじさんの思い出」『定本柳田国男集月報』23，筑摩書房：177-179
桂井和雄「晩年の柳田先生」『定本柳田国男集月報』19，筑摩書房：150-151
津村秀夫「柳田国男さんの白タビ（朝日の論説委員時代）」『定本柳田国男集月報』17，筑摩書房：129-131
宮本常一「柳田先生のお目にかかるまで」『定本柳田国男集月報』15，筑摩書房：117-119
村治夫「柳田国男先生と記録映画」『定本柳田国男集月報』23，筑摩書房：179-180
吉本隆明「無方法の方法」『定本柳田国男集月報』21，筑摩書房：165-166→2002『柳田国男論集成』JICC出版局：276-280
1964 石田英一郎「柳田先生と人類学」『定本柳田国男集月報』32，筑摩書房：251-252
石田幹之助「柳田先生追憶」『定本柳田国男集月報』35，筑摩書房：274-276
橋川文三「柳田国男：その人間と思想」久野収・鶴見俊輔編『世界の知識人』20世紀を動かした人々1，講談社→1977『柳田国男』講談社学術文庫
1965 益田勝実「柳田国男の思想」『柳田国男』現代日本思想大系29，筑摩書房
『柳田国男』現代日本思想大系29，筑摩書房
1967 デュルケーム＆モース（山内貴美夫訳）『人類と論理：分類の原初的諸形態』せりか書房
1968 谷沢永一「柳田国男書目補遺」『愛書家くらぶ』7：19-22
中野重治「草餅の記」『日本現代文学全集月報』89，講談社：1-2
『柳田国男集』日本現代文学全集36，講談社
1969 澤田四郎作『山でのことを忘れたか』澤田四郎作
谷沢永一「柳田国男研究案内」『現代日本文学大系月報』10，筑摩書房：

家永三郎「柳田史学論」『現代史学批判』和光社→ 1957『日本の近代史学』日本評論社新社
森山太郎「戦後に於ける（二〇・八以降）柳田国男先生著作目録」『書物展望』15-1：27-31
森山太郎「柳田国男先生著作目録（東京朝日新聞社々説之部）」『書物展望』15-2：28-32
1951 大藤時彦「柳田国男先生著作目録」柳田国男先生喜寿記念会編『後狩詞記』実業之日本社：99-130
柳田国男監修『民俗学辞典』東京堂書店
1953 早川孝太郎「民俗学と常民」『民間伝承』17-5 → 2000『早川孝太郎全集』第 11 巻，未来社：105-11
家永三郎『現代史学批判』和光社
関敬吾「日本民俗学の歴史」『日本民俗学大系２』、『日本民俗学大系 11 地方別調査研究』平凡社
1954 『柳田国男・笠信太郎集』現代随想全集１，創元社
1955 柳田国男「序」柳田国男監修・民俗学研究所編『日本民俗図録』朝日新聞社→『柳田国男全集』22：692-693
1958 大間知篤三ほか編『地方別調査研究』日本民俗学大系 11，平凡社
関敬吾「日本民俗学の歴史」大間知篤三ほか編『日本民俗学の歴史と課題』日本民俗学大系 2，平凡社：81-196
1960 郷田（坪井）洋文「民俗調査の歴史」大間知篤三ほか編『日本民俗学の調査方法 文献目録・総索引』日本民俗学大系 13，平凡社：59-108
1962 朝日新聞社史編修室編『朝日新聞グラビア小史』朝日新聞社
伊馬春部「先生の先生」『定本柳田国男集月報』7，筑摩書房：55-56
佐多稲子「柳田先生」『定本柳田国男集月報』7，筑摩書房：54
澤田四郎作編『柳田国男先生』近畿民俗学会
白石凡「ステッキをついて」『定本柳田国男集月報』9，筑摩書房：65-66
坪田譲治「柳田先生の思出」『定本柳田国男集月報』12，筑摩書房：89-90
『定本柳田国男集』1 ～ 31，別巻 1 ～ 4（～ 1964），別巻 5（1971），筑摩書房
谷沢永一「『時代ト農政』前後」『国語と国文学』12 月号，東京大学国語国文学会→ 1964『近代日本文学史の構想』晶文社：93-123
林大・鎌田久子「柳田国男国語学関係著述論文目録」『国語学』51：

1934　澤田四郎作『五倍子雑筆 第 1 号』澤田四郎作
柳田国男『民間伝承論』共立社書店→「民間伝承論」『柳田国男全集』8：3-194
1935　水木直箭『柳田国男先生著作目録』大阪民俗談話会
宮本常一「大阪民俗談話会の記録」『旅と伝説』8-1：49-53
柳田国男『郷土生活の研究法』刀江書院→「郷土生活の研究法」『柳田国男全集』8：195-368
鷲尾三郎「柳田国男先生著作目録」『陳書』5：9-15
1938　赤松啓介『民俗学』三笠書房
大藤時彦「日本民俗学小史」『ひだびと』6ノ7～10, 7ノ1, 飛騨考古土俗学会
1939　澤田四郎作『手向草』五倍子雑筆 9, 澤田四郎作
1940　柳田国男「話せない人を作る教育」『コトバ』2-3→「標準語と方言」『柳田国男全集』18：426-428
柳田国男「選後評「農家と人」審査感想」『オリエンタルニュース』231（オリエンタル写真工業社）→『柳田国男全集』30：307-308
1942　大藤時彦（柳田国男）「日本民俗学」国民学術協会編『学術の日本』中央公論社→『柳田国男全集』30：524-567
1943　高田十郎『随筆山村記』桑名文星堂
柳田国男 a「序」福原信三編『武蔵野風物』靖文社→「老読書歴」『柳田国男全集』18：526-528
柳田国男 b「美と民族学」『生活美術』アトリエ社→『柳田国男全集』31：112-119
柳田国男・田中俊雄・土門拳・坂本万七・濱谷浩「柳田国男氏を囲んで 民俗と写真 座談会」『写真文化』27-3, アルス：39-45
1944　宮本常一「民俗研究史」社会経済史学会編『社会経済史学の発達』岩波書店：257-280
柳田国男「雪国の話」柳田国男・三木茂共著『雪国の民俗』養徳社→『柳田国男全集』22：560-570
1945　柳田国男「親棄て山：お噺のふるさと」1・2『少女の友』38-2～38-3→「村と学童・母の手毬歌」『柳田国男全集』14：481-492
1947　『柳田国男先生著作集』1～12（～1953）実業之日本社
和歌森太郎「世界における民俗学の発達」『日本民俗学概説』東海書房：50-111
1948　新井恒易『新教育と郷土の科学』西荻書店

1926　小原敏丸「南部叢書刊行に就て」『岩手毎日新聞』7月23日
小原敏丸「再び南部叢書の刊行に就て」『岩手毎日新聞』9月14日～16日
柳田国男「書物の話」『岩手日報』9月20日～10月8日→「郷土叢書の話」『柳田国男全集』7：358-385
1927　柳田国男「ダイダラ坊の足跡」『中央公論』42-4→「一目小僧その他」『柳田国男全集』7：567-587
1928　柳田国男「昔風と当世風」『彰風会報』（号数不明），松本女子師範学校彰風会→「木綿以前の事」『柳田国男全集』9：445-457
Marc Bloch, 'Pour une histoire comparée des sociétés Européennes' *Revue de Synthèse Histrique*, Déc.：15-50 = 1978　高橋清徳訳『比較史の方法』創文社
1929　有賀喜左衛門「民俗学の本願」『民俗学』1-3→1969『有賀喜左衛門著作集8 民俗学・社会学方法論』未来社：15-31
水木直箭「柳田国男先生論文随筆目録稿」上・中・下、『愛書趣味』4-3：1-10, 4-5：1-4, 4-6：6-9,18
柳田国男a「風土と美人系」1～3，『アサヒグラフ』12-14～12-16，東京朝日新聞発行所→『柳田国男全集』28：56-62
柳田国男b「凡人史の省察」『農村教育研究』2-11→『柳田国男全集』28：188-192
1930　橘正一「柳田先生方言関係論文目録」『方言と土俗』1-6：23-26
1931　澤田四郎作『大和昔譚』澤田四郎作
水木直箭「柳田先生著作年譜」1・2『旅と伝説』4-3：53-60，4-6：53-58
柳田国男『明治大正史4 世相篇』朝日新聞社→「明治大正史 世相編」『柳田国男全集』5：331-609
「柳田国男集」『現代日本文学全集』第58篇，改造社：131-234
1932　柳田国男「食物と心臓」『信濃教育』543，信濃教育会→「食物と心臓」『柳田国男全集』10：367-382
有賀喜左衛門「民俗」信濃教育会編『郷土調査要目』信濃毎日新聞社：179-302
1933　柳田国男「郷土研究と郷土教育」『郷土教育』27，刀江書院→「国史と民俗学」『柳田国男全集』14：144-170
柳田国男『退読書歴』書物展望社→「退読書歴」『柳田国男全集』7：209-386

引用参照文献

1907　柳田国男「写生と論文」『文章世界』2-3，博文館→『柳田国男全集』23：482-483
柳田国男「官吏の読む小説」『文章世界』2-11，博文館→『柳田国男全集』23：538-540
1908　柳田国男「読者より見たる自然派小説」『文章世界』3-5, 博文館→『柳田国男全集』23：572-575
1909　柳田国男 a「新旧両時代の文芸」『無名通信』12，無名通信社→『柳田国男全集』23：644-646
柳田国男 b「言文の距離」『文章世界』4-14, 博文館→『柳田国男全集』23：646-649
1910　柳田国男『遠野物語』自刊→「遠野物語」『柳田国男全集』2：3-60
柳田国男『時代ト農政』聚精堂→「時代ト農政」『柳田国男全集』2：229-385
1912　柳田国男「塚と森の話」1～5『斯民』6-10～7-2→『柳田国男全集』24：95-124
1916　柳田国男「老女化石譚」上･下『郷土研究』4-5～4-6→「妹の力」『柳田国男全集』11：366-379
1918　柳田国男 a「村を観んとする人の為に」1～4『都会及農村』4-11～5-2（～1919）→「郷土誌論」『柳田国男全集』3：150-175
柳田国男 b「相州内郷村の話」『三越』8-10 付録→「郷土誌論」『柳田国男全集』3：142-149
柳田国男 c「民俗学上に於ける塚の位置」『中外』2-8→『柳田国男全集』25：286-289
1922　柳田国男『郷土誌論』郷土研究社→「郷土誌論」『柳田国男全集』3:3:113-188
1923　柳田国男「比丘尼石の話」『史学』2-3→「史料としての伝説」『柳田国男全集』14：280-300
1925　小野武夫『農村研究講話』改造社
柳田国男「当面の国際語問題」1～3『大阪朝日新聞』10月6日～8日→『柳田国男全集』26：471-477
柳田国男『日本農民史』早稲田大学出版部→「日本農民史」『柳田国男全集』3：407-480

ラ行

ハ行

マ行

ヤ行

サ行

タ行

ナ行

柳田国男著作・論文索引

ア行

カ行

デュルケーム（Durkheim, Emile）　232
ゴルトン（Galton, Francis）　177, 301
ジンメル（Simmel, Georg）　234
ヘーゲル（Hegel, G.W.F.）　71
アナトオル・フランス（Jacques Anatole François Thibault）　109
メーテルリンク（Maeterlinck, Maurice）　158-159
マルセル・モース（Mauss, Marcel）　232
ウェーバー（Max Weber）　234-235, 276, 281
マクルーハン（McLuhan, Herbert Marshall）　68
ピエル・ロチ（Pierre Loti）　160
プラトン（Platon）　40
ランケ（Ranke, Leopold von）　278
ルナン（Renan, Joseph Ernest）　361

サ行

タ行

ナ行

人名索引

ヤ行

ラ行

マ行

ナ行

タ行

サ行

事項索引

著者紹介

佐藤 健二（さとうけんじ）

1957年、群馬県高崎市に生まれる。東京大学教養学部助手、法政大学助教授を経て、現在、東京大学大学院人文社会系研究科教授。博士（社会学）。専攻は、歴史社会学、社会意識論、社会調査史、メディア文化など。
主な著書に、柳田国男のテクストの新たな読解や書物論をふくむ『読書空間の近代』（弘文堂）、絵はがき論や風景論の『風景の生産・風景の解放』（講談社選書メチエ）、うわさ話の基礎研究で「クダンの誕生」を収録した『流言蜚語』（有信堂高文社）、歴史社会学の方法意識を論ずるとともに新語論や石井研堂論をふくむ『歴史社会学の作法』（岩波書店）、近代日本の社会調査の歴史的展開を考察した『社会調査史のリテラシー』（新曜社）、ケータイを切り口にことばの力と他者認識の変容を論じた『ケータイ化する日本語』（大修館書店）、社会学の論文をどう書くかを主題とした『論文の書きかた』（弘文堂）などがある。

柳田国男の歴史社会学——続・読書空間の近代

2015年2月27日　第1刷発行

著　者　佐藤健二
発行者　船橋純一郎
発行所　株式会社　せりか書房
　　　　〒101-0064　東京都千代田区猿楽町1-3-11　大津ビル1F
　　　　電話03-3291-4676　振替00150-6-143601
　　　　http://www.serica.co.jp
印　刷　信毎書籍印刷株式会社
装　幀　工藤強勝

ISBN978-4-7967-0338-3